나의 첫! 불가리아어

나의 첫! 불가리아어

채유정 · Lyudmila Atanasova · Spas Rangelov

HUiNE

감사의 글

인간을 정의하는 다양한 말 중에 호모 로퀜스라는 말이 있다. Homo Loquens, 즉 '언어 하는 인간'이다. '언어 하다'는 말은 사실 옳은 표현은 아니지만, 인간은 자신을 둘러싼 세상을 '언어'를 수단으로 하여 인지한다. 따라서 우리는 많은 외국어를 배우고, 이는 또 하나의 세상을 인지하는 수단을 배우는 것과 같다.

지금으로부터 약 천 년 전, 우리가 이 땅에서 말과 글을 써 왔듯이, 저 멀리 불가리아에서도 새로운 글말을 쓰기 시작했다. 이 글자는 주변 지역과 러시아에까지 퍼져서 고대 문학의 기틀을 이루었고, 현대 대부분의 슬라브어의 근간을 이루었다.

이 책을 읽는 모든 독자들이, '아하, 불가리아어는 이렇구나!'하고 불가리아어에 관심을 갖고 학습을 할 수 있는 동기가 생긴다면 그것만큼 보람된 일도 없을 것이다.

지금까지 이 책을 낼 수 있도록 도움을 준 많은 분들께 감사드린다. 또한 한국외대 불가리아학 센터를 통해 많은 저술들이 앞으로도 출판되어 한국에서 불가리아학 연구에 밑거름이 되기를 소망한다.

2020년

저자 일동

들어가기에 앞서

이 책의 구성에 대하여...

이 책은 모든 단원이 본문, 새로운 어휘, 문법, 표현, 응용 대화, 연습문제로 구성되어 있다. 이 책은 학습자가 일상에 접하기 쉬운 내용을 간단한 표현과 쉬운 어휘를 나열하고, 학습이 진행되어 문법적 요소를 학습하면 점점 더 복잡하고, 정교한 표현까지 할 수 있도록 구성되어 있다.

[본문]은 해당 단원에서 가장 핵심적으로 학습하게 될 문법과 어휘를 중심으로 만들어졌다. 각 단원의 어휘목록에는 본문이나, 예문, 표현 등에 나오는 새로운 단어를 포함하고 있다. 또한 핵심 문법이 자세히 설명되어 있고, 문법의 실제 용례를 들어 설명하고 있다. **[표현 따라하기]** 부분에서는 일상생활에서 자주 사용되는 문장을 제시하고 있다. 그리고 **[응용해서 말하기]** 부분에서는 해당 단원에서 배운 문법과 표현을 중심으로 여러 상황에서 쓸 수 있는 대화 모형을 제시한다. 마지막으로 연습문제는 앞서 배운 문법과 어휘, 표현을 반복하여 학습할 수 있도록 돕고 있다.

이 책의 활용법...

이 책은 이렇게 활용할 수 있다.

1. 먼저 본문을 보지 않고, 듣는다.
2. 이번에는 본문을 눈으로 따라 읽으면서 듣는다.
3. 새로운 단어를 들으면서 익힌다.
4. 본문 아래 해석을 보면서 이번에는 본문을 큰 소리로 읽어본다.
5. 문법을 공부한다.
6. 새로운 단어와 문법을 보고, 다시 본문을 읽어본다.
7. **[표현 따라하기]**에 있는 문장과 **[응용해서 말하기]**에 대화를 읽어본다.
8. 연습문제를 통해 각 단원에서 배운 내용을 확인해 본다.
9. 입에 익어질 때까지 반복한다.

ПОВТОРЕНИЕТО Е МАЙКА НА ЗНАНИЕТО!
REPETITIO EST MATER STUDIORUM!

차례

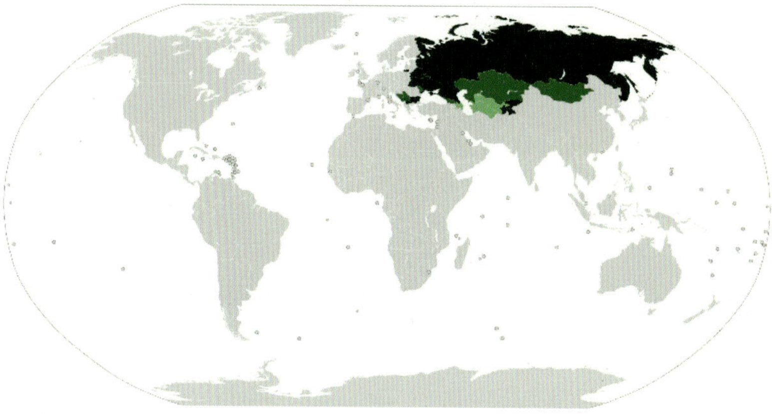

[오늘날 키릴 문자를 사용하는 지역]

불가리아어와 불가리아어 알파벳

불가리아어는 불가리아 공화국 (Република България, Republic of Bulgaria)의 공용어이자, 유럽연합의 24개 공식 언어 가운데 하나이다. 불가리아어는 불가리아 외에도 이웃하고 있는 몰도바, 우크라이나 등의 일부 지역, 불가리아인 디아스포라로 인해 유럽, 아메리카 대륙의 여러 나라에서 사용된다. 불가리아 내에서 불가리아어를 사용하는 인구 900만 명 외에도 다양한 지역에서 커뮤니티를 형성하고 있는 사람들까지 더하면, 전 세계적으로 약 천만 명이 불가리아어를 모국어로 한다.

불가리아어는 유럽에서 가장 오래된 언어 가운데 하나이다. 언어 유형론적으로 불가리아어는 인도유럽어, 그 가운데서도 슬라브어 그룹에 속한다. 슬라브어 그룹에서는 남슬라브어군으로 분류된다. 하지만 불가리아어는 슬라브어 가운데서도 독특한 언어적 특징을 가지고 있다. 특히 현대의 국경을 맞대고 있는 발칸반도에 속한 여러 나라, 특히 루마니아어, 알바니아어 그리스어 등 슬라브어에 속하지 않는 다른 언어와 많은 유사점을 보이고 있다. 이러한 언어들은 소위 발칸어 연합(Балканският езиков съюз, Balkan Sprachbund / Balkan language area)으로 분류되어 많은 공통점을 보여준다.

불가리아어는 인도유럽어에 속하므로 유럽의 다른 언어들과 공통적인 유형론적 특징을 가지고 있다. 이미 유럽어를 배워 본 경험이 있다면 불가리아어 구조에도 빨리 익숙해질 수 있을 것이다. 반대로 불가리아어를 알고 있다면 다른 유럽어를 더욱 빨리 배울 수 있을 것이다.

불가리아어는 9세기에 만들어진 문자 체계인 키릴문자(키릴리차, Кирилица, Cyrillic alphabet)로 쓰여진다. 고대 불가리아어는 정교의 확산과 맞물려 러시아 등 여러 나라에서 문자 체계로 사용되며 고전 문학의 견인차 역할을 하였다. 현재 키릴 알파벳은 유럽과 아시아[1]의 약 50개 언어[2]로 쓰이며, 약 3억 명[3]의 사람들이 키릴 알파벳을 그들 언어의 문자 체계로 사용하고 있다.

---

1) https://namu.wiki/w/%ED%82%A4%EB%A6%B4%20%EB%AC%B8%EC%9E%90
2) https://www.britannica.com/topic/Cyrillic-alphabet
3) https://visitmybulgaria.com/cyrillic-alphabet/

БЪЛГАРСКАТА АЗБУКА 불가리아어 알파벳 (키릴 문자)

인쇄체		필기체	발음	예시
А а	А а	А а	[a]	Àна, ананàс, артѝст, мàма, бàба
Б б	Б б	Б б	[b]	Бългàрия, бàба, брат, боб, бѝра
В в	В в	В в	[v]	Вàрна, вѝно, врат, водà, молѝв
Г г	Г г	Г г	[g]	Гъ̀рция, гòре, гъ̀ба, Геòрги, грòзде
Д д	Д д	Д д	[d]	Дàния, дървò, дю̀ля, добрè, ден
Е е	Е е	Е е	[e]	Егѝпет, Ѐма, елèн, ескалàтор, èто
Ж ж	Ж ж	Ж ж	[zh]	Жасмѝна, жàба, жирàф, мòже, вàжен
З з	З з	З з	[z]	Зòя, зѝма, зелèн, земя̀, прозòрец
И и	И и	И и	[i]	Испàния, Ивàн, иглà, ѝмам, искрà
Й й	Й й	Й й	[y]	Йордàния, йод, мàйка, Пèйо, пèйка
К к	К к	К к	[k]	Калѝна, крàва, китàра, кòтка, ку̀че
Л л	Л л	Л л	[l]	Лѝлия, лалè, лèля, лòдка, мàлко
М м	М м	М м	[m]	мàма, мля̀ко, Мѝла, морè, майму̀на
Н н	Н н	Н н	[n]	Норвèгия, нòмер, нивò, наш, нар
О о	О о	О о	[o]	Отàва, окò, òхлюв, обѝчам, орèл

인쇄체		필기체	발음	예시
П п	П п	П п	[p]	**П**ло̀вдив, **п**ола̀, **п**лод, **п**рѝмер, **п**ѝле
Р р	Р р	Р р	[r]	**Р**умъ̀ния, **Р**ѝла, **р**ѝба, **р**а̀дост, **р**о̀за
С с	С с	С с	[s]	**С**о̀фия, **с**ом, **с**порт, **с**вѐже**с**т, ма̀**с**а
Т т	Т т	Т т	[t]	**Т**у̀рция, **т**о̀**т**о, **т**о̀пка, **т**ел, **т**аралѐж
У у	У у	У у	[u]	**У**р**у**гва̀й, **у**хо̀, **у**м, **у**чѝтел, с**у̀**па
Ф ф	Ф ф	Ф ф	[f]	**Ф**инла̀ндия, **Ф**ра̀нция, **ф**ар, **ф**илм, **ф**илосо̀**ф**ия
Х х	Х х	Х х	[h]	**Х**рѝсто, **х**ляб, **х**ол, **х**рам, **х**о̀би
Ц ц	Ц ц	Ц ц	[ts]	**Ц**ветелѝна, **ц**а̀**ц**а, **ц**ел, **ц**еремо̀ния, **ц**ирк
Ч ч	Ч ч	Ч ч	[ch]	**Ч**авда̀р, **ч**а̀ша, **ч**ѐло, **ч**у**ч**улѝга, **ч**овѐк
Ш ш	Ш ш	Ш ш	[sh]	**ш**ѝя, **ш**оп, **ш**и**ш**а̀рка, ка̀**ш**а, Вѝто**ш**а
Щ щ	Щ щ	Щ щ	[sht]	**щ**у̀ка, ба**щ**а̀, но**щ**, **щ**ра̀ус, **щ**а̀стие
Ъ ъ	Ъ ъ	Ъ ъ	[ə]	**ъ̀**г**ъ**л, Г**ъ̀**рция, д**ъ**лжина̀, вр**ъ**х, кр**ъ**г
ь	ь	ь	[y]	Ко̀л**ьо**, Дѐл**ьо**, шоф**ьо̀**р, фриз**ьо̀**р, сервит**ьо̀**рка
Ю ю	Ю ю	Ю ю	[yu]	**Ю̀**лия, **ю̀**ни, **ю**тѝя, л**ю**бо̀в, у**ю̀**т
Я я	Я я	Я я	[ya]	**Я**по̀ни**я**, Б**я̀**ла, **Я̀**на, **я̀**сен, **я̀**бълка

각 단원에 나오는 새로운 단어는 이 책의 끝에 알파벳 순서로 정리되어 있으므로 알파벳의 순서를 안다면 단어를 찾는데 더 수월할 것이다.
불가리아어 알파벳은 인쇄체와 필기체로 쓸 수 있는데, 예를 들면 문장 “Аз уча български език.”은 다음과 같은 형태의 글꼴로 보일 것이다.

Аз уча български език.
나는 불가리아어를 공부합니다.

인쇄체	Аз уча български език.
	Аз уча български език.
	Аз уча български език.
	Аз уча български език.
필기체	*Аз уча български език.*
	Аз уча български език.
	Аз уча български език.

손으로 직접 불가리아어를 쓸 때 대부분의 불가리아인은 필기체를 쓴다. 그러나 일부의 경우는 손으로 쓸 때도 인쇄체를 쓰기도 한다. 특히 외국인의 경우는 인쇄체를 필기체보다 더 선호하기도 한다.

불가리아어 쓰기 연습

А а

Б б

В в

Г г

Д д

Е е

Ж ж

З з

И и

Й й

К к

Л л

М м

Н н

О о

П п

Р р

С с

Т т

У у

Ф ф

Х х

Ц ц

Ч ч

Ш ш

Щ щ

Ъ ъ

ь

Ю ю

Я я

다음의 나라 이름과 불가리아 도시 이름을 써보세요.

България
Корея
Гърция
Турция
Румъния
Сърбия
Северна Македония
Англия
Германия
Франция
Испания
Италия
Япония
Китай

София
Пловдив
Варна
Бургас
Русе
Велико Търново
Плевен
Габрово
Стара Загора

1 Това е България
이것은 불가리아입니다

1. 본문

– Това е България.

– Това е София.

– Това е Черно море.

– Това е река Дунав.

– Това Пловдив ли е?

– Да, това е Пловдив. Пловдив е в България.

– Това Варна ли е?

– Не, това не е Варна. Това е Бургас. Бургас е до Черно море.

– Какво е това?

– Това е карта. Това е карта на България.

– 이것은 불가리아입니다.

– 이것은 소피아입니다.

– 이것은 흑해입니다.

– 이것은 다뉴브강이다.

– 이것은 플로브디프입니까?

– 네, 이것은 플로브디프입니다. 플로브디프는 불가리아에 있습니다.

– 이것은 바르나입니까?

– 아니요, 이것은 바르나가 아닙니다. 이것은 부르가스입니다. 부르가스는 흑해에 있습니다.

– 이것은 무엇입니까?

– 이것은 지도입니다. 이것은 불가리아의 지도입니다.

2. 단어 및 숙어

Àзия ⓜ 아시아

Балкàнски полуòстров ⓜ 발칸반도

Бургàс ⓜ 부르가스 (불가리아의 도시)

България ⓜ 불가리아

бюрò ⓜ 책상

в ⓟ ~에 (장소/시간), 안에

Вàрна ⓜ 바르나 (불가리아의 도시)

Вѝтоша ⓜ 비토샤 (불가리아의 산)

Гърция ⓜ 그리스

да ⓢ 네/응 (긍정 대답)

до ⓟ 옆에, ~까지 (장소/시간)

дървò ⓜ 나무

е ⓥ ~이다 (동사 съм의 3인칭 단수형)

Еврòпа ⓜ 유럽

Европèйски съюз ⓜ 유럽 연합 (EU)

каквò ⓘ 무엇

кàрта ⓜ 지도

ли ⓢ 의문사 없는 의문문을 만들 때 쓰임

мàса ⓜ 식탁, 테이블

на ⓟ ~의

не ⓢ 아니요/아니 (부정 대답)

оновà ⓓ 저것은 (저 사람은)

планинà ⓜ 산

Плòвдив ⓜ 플로브디프 (불가리아의 도시)

рекà ⓜ 강

рекà Дỳнав ⓜ 다뉴브강

Румъ̀ния ⓜ 루마니아

Сèверна Македòния ⓜ 북마케도니아

Сеỳл ⓜ 서울

Сòфия ⓜ 소피아 (불가리아의 수도)

стòлица ⓜ 수도

Сърбия ⓜ 세르비아

товà ⓓ 이것은 (이 사람은)

Тỳрция ⓜ 터키

Чèрно морè ⓜ 흑해

3. 문법 따라잡기

1. 지시대명사

това, онова는 지시대명사로 това는 나와 가까운 대상을 지칭할 때 쓰고, онова는 나와 비교적 먼 대상을 지칭할 때 쓰인다.

Какво е **това**?	이것은 무엇입니까?
– **Това** е карта.	이것은 지도입니다.
Какво е **онова**?	저것은 무엇입니까?
– **Онова** е маса.	저것은 테이블입니다.

2. съм 동사

영어의 be 동사와 같이 '~이다, ~입니다'의 의미이다. 본문에 나오는 **е**는 **съм** 동사의 현재시제 3인칭 단수형이다. 이 동사의 부정 형태는 동사 앞에 부정을 의미하는 소사 **не**를 더하고 의문 형태는 의문소사 **ли**를 더한다.

Това **е** бюро.	이것은 책상입니다.
Това **не е** маса.	이것은 테이블이 아닙니다.
Това бюро **ли е**?	이것은 책상입니까?
– Да, това **е** бюро.	네, 이것은 책상입니다.
Това маса **ли е**?	이것은 테이블입니까?
– Не, това **не е** маса.	아니요, 이것은 테이블이 아닙니다.
Онова Мила **ли е**?	저 사람이 밀라입니까?
– Да, онова **е** Мила.	네, 저 사람이 밀라입니다.

3. 전치사 в, до, на

전치사 в는 일반적으로 장소를 표현할 때 많이 쓰인다. 전치사 до는 '옆에, 가까이, 곁에'를 뜻하고, 전치사 на는 소유의 '~의'를 의미한다.

България е **в** Европа. 불가리아는 유럽**에** 있습니다.

София е **в** България. 소피아는 불가리아**에** 있습니다.

Витоша е планина **в** България. 비토샤는 불가리아**에** 있는 산입니다.

Витоша е **до** София. 비토샤는 소피아 **근교에 (옆에)** 있습니다.

Варна е **до** Черно море. 바르나는 흑해 **연안에 (옆에)** 있습니다.

Румъния е **до** България. 루마니아는 불가리아 **가까이에 (옆에)** 있습니다.

София е столица **на** България. 소피아는 불가리아**의** 수도입니다.

Това е карта **на** Европа. 이것은 유럽**의** 지도입니다.

Брюксел е столица **на** Европейския съюз. 브뤼셀은 유럽 연합**의** 수도입니다.

4. 접속사 и, а

접속사 и는 의미가 비슷한 절을 연결할 때 쓰는 반면, 접속사 а는 의미가 다른 (서로 대조가 되는) 절을 연결할 때 쓴다.

София е в България **и** Пловдив е в България.
소피아는 불가리아에 있고 플로브디프도 불가리아에 있습니다.

Варна е до Черно море **и** Бургас е до Черно море.
바르나는 흑해 연안에 있고 부르가스도 흑해 연안에 있습니다.

София е в България**, а** Истанбул е в Турция.
소피아는 불가리아에 있으나 이스탄불은 터키에 있습니다.

България е в Европа**, а** Корея е в Азия.
불가리아는 유럽에 있지만 한국은 아시아에 있습니다.

4. 표현 따라하기

Какво е това?
이것은 무엇입니까?

Какво е онова?
저것은 무엇입니까?

Това е дърво.
이것은 나무입니다.

Онова е река.
저것은 강입니다.

Това е Гърция.
이것은 그리스입니다.

Гърция е до България и Турция.
그리스는 불가리아와 터키 옆에 있습니다.

Това е Сърбия, а това е Северна Македония.
이것은 세르비아이고 이것은 북마케도니아입니다.

Това е Милен, а това е Поля.
얘는 밀렌이고, 얘는 폴야입니다.

Къде е България?
불가리아는 어디입니까?

Къде е Корея?
한국은 어디입니까?

Корея е в Азия, до Китай и Япония.
한국은 아시아이고, 중국과 일본 옆에 있다.

Къде е Бургас?
부르가스가 어디입니까?

Къде е Иван?
이반은 어디에 있습니까?

Сеул е в Корея.
서울은 한국에 있습니다.

Инчон е до Сеул.
인천은 서울 옆에 있습니다.

5. 응용해서 말하기

Диалог 1

– Какво е това?

– Това е море.

– Онова море ли е?

– Не, онова не е море. Онова е езеро.

대화 1

– 이것은 무엇입니까?

– 이것은 바다입니다.

– 저것은 바다입니까?

– 아니요, 저것은 바다가 아닙니다. 저것은 호수입니다.

Диалог 2

– Къде е България?

– България е в Европа.

– Индия в Азия ли е?

– Да, Индия е в Азия.

대화 2

– 불가리아는 어디에 있나요?

– 불가리아는 유럽에 있어요.

– 인도는 아시아에 있나요?

– 네, 인두는 아시아에 있습니다.

Диалог 3

– Румъния в Европа ли е?

– Да, Румъния е в Европа.

– А в Европейския съюз ли е?

– Да, в Европейския съюз е.

대화 3

– 루마니아는 유럽에 있나요?

– 네, 루마니아는 유럽에 있어요.

– 그런데 (루마니아는) 유럽 연합에 있나요?

– 네, 유럽 연합에 있어요.

Диалог 4

– Това Иван ли е?

– Не, това не е Иван. Това е Петър.

– Къде е Иван?

– Иван е до Ирина и Борис.

대화 4

– 이 사람은 이반인가요?

– 아니요, 이 사람은 이반이 아니에요. 이 사람은 페트르입니다.

– 이반은 어디에 있나요?

– 이반은 이리나와 보리스 옆에 있어요.

Диалог 5

– Това карта на Европа ли е?

– Не, това не е карта на Европа. Това е карта на Балканския полуостров.

– Къде е България?

– България е на Балканския полуостров. България е до Черно море, Румъния, Сърбия, Северна Македония, Гърция и Турция.

대화 5

– 이것은 유럽의 지도인가요?

– 아니요, 이것은 유럽의 지도가 아닙니다. 이것은 발칸반도의 지도입니다.

– 불가리아는 어디에 있나요?

– 불가리아는 발칸반도에 있어요. 불가리아는 흑해 연안에, 루마니아, 세르비아, 북마케도니아, 그리스, 터키와 이웃해 있어요.

6. 함께 연습하기

1. 단어가 완성되도록 빈칸에 알맞은 글자를 넣으세요.

Б___лга___ия, К___ре___, то___а, ка___та, Г___р___ия, Балк___н___ки пол___остро___,
е___еро, о___ова, ре___а, Е___ропе___ски съ______, Евро___а, А______я, мор___,
Т___р___ия, Рум___н___я, м___с___, б______о, д___р___о, с___о___ица

2. 문장이 되도록 빈칸에 알맞은 단어를 넣으세요.

А. ____________ е това?

Б. ____________ е маса.

В. ____________ е България?

Г. Това е ____________ на Европа.

Д. София е ____________ на България.

Е. Варна е ____________ Черно море.

Ж. Корея е ____________ Азия.

З. Сеул е столица ____________ Корея.

И. България е ____________ Балканския полуостров.

Й. ____________ Дунав е до България.

3. 주어진 문장을 불가리아어로 옮기세요.

А. 인천은 서울 옆에 있습니다.

Б. 이 사람은 아나(Ана)인가요?

В. 이것은 무엇입니까?

Г. 서울은 한국에 있습니다.

Д. 저것은 지도입니다.

Е. 이것은 나무입니다.

Ж. 저것은 바다입니까?

З. 저것은 바다가 아닙니다.

И. 서울은 어디에 있나요?

Й. 이것은 책상입니까?

2 Приятно ми е!
만나서 반갑습니다!

1. 본문

Минхо – Здравейте!

Елица – Здравейте!

Минхо – Как се казвате?

Елица – Аз съм Елица. А Вие как се казвате?

Минхо – Аз се казвам Минхо. Откъде сте?

Елица – От България. А Вие?

Минхо – Аз съм от Корея. Приятно ми е!

민호 – 안녕하세요!

엘리짜 – 안녕하세요!

민호 – 이름이 뭐예요?

엘리짜 – 나는 엘리짜라고 해요. 근데 당신은 이름이 뭐예요?

민호 – 나는 민호라고 해요. 어디서 왔어요?

엘리짜 – 불가리아에서 왔어요. 근데 당신은요?

민호 – 나는 한국에서 왔어요. 만나서 반가워요.

2. 단어 및 숙어

а 접 그런데, 그리고 (대화의 주제나 대상이 바뀔 때 사용)

аз 대 나(1인칭 단수)

Вѝе 대 당신, 너희들(2인칭 단수/복수형)

здравѐйте 동 안녕하세요

кàзвам се, кàзваш се 동 이름은 ~입니다.

как 의 어떻게

от 전 ~에서부터 (장소, 시간)

откъдѐ 의 어디에서부터

Приятно ми е! 만나서 반갑습니다!

сте 동 ~이다(съм 동사의 2인칭 단수/복수형)

съм 동 ~이다(1인칭 단수형)

인사말

Здравѐйте! 안녕하세요!

Здравѐй! 안녕!

Здрàсти! 안녕! (격식 없는 사이에 나누는 인사)

Добрò ỳтро! 아침에 하는 인사

Дòбър ден! 낮에 하는 인사

Дòбър вѐчер! 저녁에 하는 인사

Довѝждане! 헤어질 때 하는 인사

Чàо! 헤어질 때 하는 (비공식적) 인사

Лѐка нощ! (자기 전에 하는 인사) 잘 자!, 안녕히 주무세요!

Как сте? – Добрѐ! 어떻게 지내나요? – 잘 지냅니다!

Как си? – Добрѐ! 어떻게 지내니? – 잘 지내!

Заповя̀дайте! (어떤 행동이나 물건 등을 권할 때) 자, ~하세요! ~ 받으세요! 어서 오세요!

Заповя̀дай! (어떤 행동이나 물건 등을 권할 때) Заповядайте! 보다 덜 격식적 표현

Благодаря̀! – Мòля! 감사합니다! – 천만에요.

Извинѐте! 실례합니다!

Извиня̀вайте! 미안합니다!

Извиня̀вай! 미안해! (Извиня̀вайте!보다 덜 격식적 표현)

3. 문법 따라잡기

1. 인칭대명사 (주격)

인칭대명사가 문장에서 주어로 쓰일 경우

аз	나 (1인칭 단수형)
ти	너 (2인칭 단수형)
той	그 (3인칭 단수, 남성형)
тя	그녀 (3인칭 단수, 여성형)
то	그것 (3인칭 단수, 중성형 – 중성 명사를 지칭할 때)
ние	우리들 (1인칭 복수형)
вие	당신들 (2인칭 복수형)
※ Вие	당신 (2인칭 단수형, 격식 – 첫 글자를 대문자로 쓴다)
те	그들 (3인칭 복수형)

2. 동사 **съм**의 현재시제 활용과 부정문

활용	аз **съм** ти **си** той **е** тя **е** то **е** ние **сме** вие **сте** Вие **сте** те **са**	부정형	аз **не съм** ти **не си** той **не е** тя **не е** то **не е** ние **не сме** вие **не сте** Вие **не сте** те **не са**

기억해 두세요!

동사 съм은 문장의 맨 처음에 올 수 없다. 불가리아어에서 동사는 주어에 따라 활용을 하며 주어가 자주 생략된다. 주어가 생략되는 경우는 문장의 어순이 바뀔 수 있다.

Аз **съм** от Корея. ~~Съм от Корея.~~ = От Корея **съм.**
나는 한국에서 왔습니다.

Те **са** от Италия. ~~Са от Италия.~~ = От Италия **са**.
그들은 이탈리아에서 왔습니다.

★ съм 동사가 문장의 맨 앞에 올 수는 없지만, съм 동사의 부정형인 не съм은 문장 처음에 올 수 있다!

Той **не е** от Испания. = **Не е** от Испания.
그는 스페인 출신이 아니다.

★ 의문문에서 주어를 명시해도 좋고, 생략할 수도 있다!

Вие откъде сте? = Откъде сте?
당신은 어디에서 왔나요?

3. 동사 казвам се

불가리아어 동사는 세 개의 그룹으로 나뉜다. казвам се 동사는 '-а' 그룹으로 다음과 같이 활용을 한다.
※ казвам се 동사의 се는 동사의 부분으로 이를 생략하면 뜻이 달라진다.

аз се казва**м**	내 이름은 ~이다
ти се казва**ш**	네 이름은 ~이다
той се казва	그의 이름은 ~이다
тя се казва	그녀의 이름은 ~이다
то се казва	그것의 이름은 ~이다
ние се казва**ме**	우리들의 이름은 ~이다
вие се казва**те**	당신들의 이름은 ~이다
Вие се казва**те**	당신의 이름은 ~이다
те се казва**т**	그들의 이름은 ~이다

기억해 두세요!
동사의 부분인 се는 문장의 맨 처음에 올 수 없다. 주어의 생략으로 동사가 문장의 앞에 나올 경우는 문장의 어순이 달라지게 된다.

Аз се казвам Илия. ~~Се казвам Илия.~~ = Казвам се Илия.
내 이름은 일리야입니다.

Те се казват Петър и Димитрина. ~~Се казват Петър и Димитрина.~~ = Казват се Петър и Димитрина.
그들의 이름은 페트르와 디미트리나입니다.

★ 부정문이나 의문문 경우에는 주어가 생략되어도 어순이 달라지지 않는다.

Ти не се казваш Михаил. = Не се казваш Михаил.
네 이름은 미하일이 아닙니다.

Вие как се казвате? = Как се казвате?
당신은 이름이 무엇입니까?

Тя Любомира ли се казва? = Любомира ли се казва?
그녀의 이름이 류보미라입니까?

4. 불가리아인의 이름

여성의 이름	주로 -а나 -я로 끝난다. 예를 들면 아나 Ана, 다리나 Дарина, 비스트라 Бистра, 마리야 Мария, 아넬리야 Анелия.
남성의 이름	주로 자음으로 끝나지만, 간혹 모음으로 끝나는 경우도 있다. 예를 들면 자음으로 끝나는 남성의 이름은 마린 Марин, 보리스 Борис, 페트르 Петър, 모음으로 끝나는 남성의 이름은 게오르기 Георги, 페트코 Петко, 니콜라 Никола, 일리야 Илия 등이 있다.
세 개의 이름	불가리아인의 이름을 '풀네임'으로 말하라고 하면 трите имена 즉 세 개의 이름으로 말한다. 친구들과 가족들 사이에서는 세 개의 이름을 한꺼번에 쓰지 않는다. 공문서 등 중요한 서류를 작성하거나 아주 격식 있는 자리에서만 세 개의 이름을 부른다. **[내 이름 + 부성 + 성]** 이 세 개의 이름은 **이름**과 아버지의 이름에서 딴 **부성(父性)**과 **성**으로 세 부분으로 나눠진다. 가족 중에 여성의 이름의 성과 부성은 -ова, -ева, -ска로 끝나는 경우가 대부분이다. 가족 중에 남성의 이름은 -ов, -ев, -ски로 끝난다. 예를 들면 남성의 성이나 부성이 이바노프 Иванов, 콜레프 Колев, 모민스키 Момински이면 여성의 부성은 이바노바 Иванова, 콜레바 Колева, 모민스카 Момินска이다. 공식적인 자리에서는 개인의 이름과 가족의 성을 같이 쓰지만, 비공식적인 자리에서는 대개 이름만 쓴다.

5. 호칭 господин, госпожа, госпожица:

불가리아어에서 이름, 성과 함께 호칭을 쓸 수 있다. 나이나 지위가 있는 남성에게는 господин, 여성에게는 госпожа, 이보다 좀 어린 여성에게는 госпожица로 부를 수 있다.

господин	~씨, ~님
госпожа	~씨, ~님
госпожица	~씨, ~님

호칭은 줄여서 쓰기도 한다.

господин – г-н

госпожа – г-жа

госпожица – г-ца

여성에 대한 호칭

남성에 대한 호칭이 господин 하나인데 비해 여성에 대한 호칭은 나이나 결혼 유무에 따라 госпожа, госпожица로 나뉜다. 요즘은 여성에 대한 호칭도 하나로 통일해 госпожа만 사용하고, госпожица는 더 이상 사용하지 않는 추세이다. 특히나 학교 등이나 공문서, 서신이나 격식을 차린 이메일의 경우 거의 госпожа만을 사용한다.

Това е господин Иван Петров. Това е господин Петров.

이분은 이반 페트로프 씨입니다. 이분은 페트로프 씨입니다.

Това е госпожа Димитрина Иванова. Това е госпожа Иванова.

이분은 디미트리나 이바노바 씨입니다. 이분은 이바노바 씨입니다.

Това е госпожица Анелия Димитрова. Това е госпожица Димитрова.

이분은 아넬리야 디미트로바 씨입니다. 이분은 디미트로바 씨입니다.

호칭 뒤에 이름만 쓸 수는 없다.

~~Това е господин Иван.~~
~~Това е госпожа Димитрина.~~

이러한 호칭은 이름과 성을 붙이지 않고 단독으로 누구를 부를 때 쓸 수도 있다. 이때 호칭을 나타내는 명사는 '호격'이라는 특별한 형태를 가진다.

Господин**е**, откъде сте? 선생님(남성), 당신은 어디서 오셨나요?
Госпож**о**, откъде сте? 선생님(여성), 당신은 어디서 오셨나요?
Госпожиц**е**, откъде сте? 선생님(여성), 당신은 어디서 오셨나요?

★ 호칭명사의 호격은 성과 함께 쓰일 수 있다.

Господин Иванов, откъде сте? 이바노프 씨, 당신은 어디서 오셨나요?
Госпож**о** Петрова, откъде сте? 페트로바 씨, 당신은 어디서 오셨나요?
Госпожиц**е** Иванова, откъде сте? 이바노바 씨, 당신은 어디서 오셨나요?

4. 표현 따라하기

Здрасти, Георги!

안녕, 게오르기!

Здравейте, госпожице!

안녕하세요, 선생님 (여성)!

Добро утро, Яна!

좋은 아침이야, 야나!

Добър ден, госпожо!

좋은 날이네요, 선생님 (여성)!

Добър вечер, господине!

좋은 저녁이네요, 선생님 (남성)!

Как сте, господин Илиев?

어떻게 지내십니까, 일리에프 씨?

Как си, Ана?

어떻게 지내지, 아나?

Аз съм добре.

나는 잘 지내.

Откъде си?

어디서 왔니?

Аз съм от Корея.

나는 한국에서 왔어.

От Сеул съм.

나는 서울에서 왔어.

Ние сме от България.

우리는 불가리아에서 왔어요.

Те са от Германия.

그들은 독일에서 왔어요.

Вие сте от София.

당신들은 소피아에서 왔습니다.

Госпожо Иванова, Вие от София ли сте?

이바노바 씨, 당신은 소피아에서 왔나요?

Илияна, от Варна ли си?

일리야나, 너는 바르나에서 왔니?

Минхо, ти от Корея ли си?

민호야, 너는 한국에서 왔니?

Господин Пак от Корея ли е?

박 선생님은 한국에서 왔나요?

Госпожа Ким и господин Канг от Корея ли са?

김 선생님과 강 선생님은 한국에서 왔나요?

Госпожице, Вие от Япония ли сте?

선생님(여성), 당신은 일본에서 왔나요?

Госпожица Танака от Япония ли е?

타나카 씨는 일본에서 왔나요?

Господин Янг е от Китай.

양 선생님은 중국에서 왔다.

Сеул е в Южна Корея.

서울은 남한에 있다.

Пхенян е в Северна Корея

평양은 북한에 있다.

Как се казваш?

이름이 무엇이니?

Казвам се Димитър.

내 이름은 디미트르야.

Те Добрин и Галя ли се казват?

그들의 이름은 도브린과 갈랴니?

Господине, как се казвате?

선생님, 성함이 어떻게 되시나요?

Той се казва Илия Илиев.

그의 이름은 일리야 일리에프라고 합니다.

Тя е от Италия и се казва Мария Ана.
그녀는 이탈리아에서 왔고, 이름은 마리야 아나라고 합니다.

Аз съм Хьонджун Чой от Корея.
제 이름은 최현준이고 한국에서 왔어요.

Довиждане, госпожо Иванова!
안녕히 가세요, 이바노바 씨(여성)!

Минхо, чао!
민호야, 안녕!

5. 응용해서 말하기

Диалог 1

– Здрасти!

– Здравей!

– Как се казваш?

– Ана. А ти?

– Аз съм Димитър. Откъде си, Ана?

– От Варна. А ти?

– Аз съм от Пловдив.

대화 1

– 안녕!

– 안녕!

– 이름이 뭐니?

– 아나라고 해. 근데 넌?

– 난 드미트르라고 해. 어디서 왔니, 아나?

– 바르나에서 왔어. 근데 넌?

– 난 플로브디프에서 왔어.

Диалог 2

– Добър ден, господине!

– Добър ден, госпожо! Приятно ми е! Аз съм Велислав Георгиев.

– Приятно ми е, господин Георгиев! Казвам се Яна Митева.

– Откъде сте, госпожо Митева?

– От Велико Търново. А Вие?

– А! И аз съм от Велико Търново.

대화 2

– 안녕하세요, 선생님!

– 안녕하세요, 선생님(여성)! 만나서 반갑습니다.
저는 베리슬라프 게오르기에프라고 합니다.

– 만나서 반갑습니다, 게오르기에프 선생님!
저는 야나 미테바라고 합니다.

– 어디서 오셨나요, 미테바 선생님?

– 벨리코 터르노보에서 왔습니다. 당신은요?

– 아! 저도 벨리코 터르보노에서 왔어요.

Диалог 3

Георги – Ана, добър вечер!

Ана – Добър вечер, Георги!

Георги – Ана, това е Сумин. Запознайте се!

Ана – Приятно ми е! Казвам се Ана. Сумин, откъде сте?

Сумин – От Корея съм. Приятно ми е да се запознаем!

Ана – От Южна Корея ли сте?

Сумин – Да, аз съм от Сеул. А Вие?

Ана – Аз съм от София, България.

* Приятно ми е! = Приятно ми е да се запознаем!
Запознайте се! 인사하세요.

대화 3

게오르기 – 아나, 안녕!

아나 – 안녕, 게오르기!

게오르기 – 아나, 이 사람은 수민이라고 해. 서로 인사해.

아나 – 만나서 반가워요. 나는 아나라고 해요. 수민, 어디서 왔나요?

수민 – 한국에서 왔어요. 인사하게 되어서 반가워요.

아나 – 남한에서 왔나요?

수민 – 네, 서울에서 왔어요. 근데 당신은요?

아나 – 저는 불가리아, 소피아에서 왔어요.

Диалог 4

– Илия, как си?

– Добре! А ти, Мила?

– И аз съм добре. Чао!

– Чао!

대화 4

– 일리야, 어떻게 지내니?

– 잘 지내! 근데 넌, 밀라?

– 나도 잘 지내. 안녕!

– 잘 가!

6. 함께 연습하기

1. 단어가 완성되도록 빈칸에 알맞은 글자를 넣으세요.

___драве___те, г___спо___а, ка___ ___ам се, добр___ утр___, изв___няв___йте, о___къ___е, с___е, го___ ___один, до___и___дане, ле___а но___, б___аго___аря, при___тн___ми е, доб___р___ен, го___по___ица

2. 동사 **съм**과 **казвам се**를 문장이 되도록 알맞게 넣으세요.

А. Ти ______________ от Корея.

Б. Тя ______________ Стела.

В. Ние ______________ от Гърция.

Г. Те не ______________ от Китай.

Д. Тя как ______________?

Е. Те от Япония ли ______________?

Ж. Вие от Сеул ли ______________?

З. Аз и Валя ______________ от Пловдив.

И. Теодора ______________ от Бургас.

Й. Те ______________ Ирина и Иван.

3. 문장이 되도록 빈칸에 알맞은 단어를 넣으세요.

А. ________ сте?

Б. ________ се казвате?

В. Тя от Корея ________ е?

Г. Той ________ Иван.

Д. Те Петър и Галя ли ________ ?

Е. Ти ________ Емил.

Ж. Той ________ се казва Димитър.

З. ________ се казвам Маргарита.

И. Откъде ________ Минхо и Суми?

Й. Ти как ________ ?

4. 단어 **господин, госпожа, госпожица**를 주어진 문장에서 알맞은 형태가 되도록 고쳐 넣으세요.

А. Госпож___, откъде сте?

Б. Госпож___ Иванова е от Варна.

В. Госпожиц___ Ана Петрова е от Пловдив.

Г. Господин___ Иванов, как сте?

Д. Господин___, как се казвате?

Е. Госпожиц___ Димитрова, как сте?

Ж. Госпож___, какво е това?

З. Госпожиц___, от Германия ли сте?

И. Госпож___ Дюбоа е от Франция.

Й. Господин___ Мюлер от Германия ли е?

3 Какво има в стаята?

방에는 무엇이 있나요?

1. 본문

Соджин е студентка. Тя е от Инчон. Тя следва български език в Университета Ханкук.

Това е стаята на Соджин.

В стаята има бюро, стол, етажерка, диван и легло.

На бюрото има лаптоп. До лаптопа има флашка и мишка. Има също една тетрадка и чаша кафе.

Столът е до бюрото.

Етажерката се намира до вратата. На етажерката има една книга, един учебник по български език, един българско-корейски речник и едно списание. Има също и едно растение в саксия.

На стената над леглото има лампа и картина.

Диванът е под прозореца. Пред дивана има масичка, а на масичката има вестник и ваза с една роза.

В стаята няма телевизор. Няма и климатик.

Сега Соджин не е тук. Тя е в университета, защото има лекция по икономика и политика на България.

소진이는 학생이다. 그녀는 인천에서 왔다. 그녀는 한국 대학교에서 불가리아어를 전공한다.

이것은 소진이의 방이다.

방에는 책상, 의자, 책장, 소파와 침대가 있다.

책상 위에는 노트북이 있다. 노트북 옆에는 USB와 마우스가 있다. 노트 한 권과 커피 한 잔도 있다.

의자는 책상 옆에 있다.

책장은 문 옆에 있다. 책장에는 책 한 권, 불가리아어 교과서 한 권, 불가리아어-한국어 사전 한 권과 잡지 한 권이 있다. 또한 화분에는 식물도 하나 있다.

침대 위 벽에는 전등과 그림이 있다.

소파는 창문 아래에 있다. 소파 앞에는 작은 탁자가 있고, 그 탁자에는 신문과 장미 한 송이가 꽂혀 있는 화병이 있다.

방에는 TV가 없다. 에어컨도 없다.

지금 소진이는 여기에 없다. 그녀는 학교에 있다. 왜냐하면 불가리아 경제와 정치 수업이 있기 때문이다.

2. 단어 및 숙어

български езѝк 불가리아어

българско-корѐйски рѐчник 불가리아어-한국어 사전

бюрò 명 책상

вàза 명 꽃병

вѐстник 명 신문

вратà 명 문

герòй 명 영웅

дивàн 명 소파

едѝн 수 하나/하나의(남)

еднà 수 하나/하나의(여)

еднò 수 하나/하나의(중)

езѝк 명 언어

етажѐрка 명 책장

женà 명 여자

живòт 명 삶, 인생

зад 전 ~뒤에

защòто 접 왜냐하면

иконòмика 명 경제

ѝма 동 (~이) 있다

ѝмам 동 가지고 있다

ѝме 명 이름

картѝна 명 그림

кафè 명 커피

климатѝк 명 에어컨

кнѝга 명 책

компютър 명 컴퓨터

лàмпа 명 전등

лàптоп 명 노트북

леглò 명 침대

лѐкция 명 강의

лицè 명 얼굴

мàсичка 명 작은 탁자

мѝшка 명 마우스, 쥐

молѝв 명 연필

момѝче 명 소녀

момчè 명 소년, 청년

мъж 명 남자

на 전 ~에/~ 위에 (on)

над 전 ~ 위쪽에 (above)

намѝрам се, намѝраш се 동 ~에 위치해 있다

нѝма 동 (~이) 없다

нѝмам 동 가지고 있지 않다

под 전 ~ 아래에

политѝка 명 정치

пред 전 ~앞에

прозòрец 명 창문

растѐние 명 식물

рѐчник 명 사전

ròза 명 장미

с 전 ~와 함께

саксѝя 명 화분

сегà 부 지금, 현재

слѐдвам, слѐдваш 동 전공하다

списàние 명 잡지

стàя 명 방

стенà 명 벽

3. 수사 1의 변화형

'한 개의'라는 표현은 뒤에 오는 명사의 성에 따라서 형용사처럼 변화한다: един + 남성 명사, една + 여성 명사, едно + 중성 명사. 때에 따라서는 명사 뒤에 붙이는 관사 -ът/-а, -та, -то 등과 구별하여 영어의 a/an과 같은 개념으로 부정(否定) 관사 표현으로 설명하기도 한다.

един стол	의자 한 개
един диван	소파 한 개
една етажерка	선반 한 개
една картина	그림 한 점
едно легло	침대 한 개
едно списание	잡지 한 권

4. 장소를 나타내는 전치사 **на, под, над, пред, зад**

на ~ 위에 (표면이 붙어 있는), под ~ 아래에, над ~ 위에 (표면이 붙어 있지 않고 그 위에), пред ~앞에, зад ~뒤에

Вестникът е на масата.	신문은 탁자 위에 있습니다.
Компютърът е под бюрото.	컴퓨터는 책상 아래에 있습니다.
Лампата е над масата.	전등은 탁자 위에 있습니다.
Масичката е пред дивана.	작은 탁자는 소파 앞에 있습니다.
Прозорецът е зад дивана.	창문은 소파 뒤에 있습니다.

5. 동사 имам과 нямам

활용은 동사의 -а 그룹과 같이 활용한다.

	어미 변화	~을/를 가지고 있다	~을/를 가지고 있지 않다
аз	-ам	имам	нямам
ти	-аш	имаш	нямаш
той/тя/то	-а	има	няма
ние	-аме	имаме	нямаме
вие	-ате	имате	нямате
те	-ат	имат	нямат

Мариана има телефон Самсунг. 마리아나는 삼성 휴대폰이 있습니다.
Те имат таблет. 그들은 태블릿 PC가 있습니다.
Аз нямам лаптоп. 나는 노트북이 없습니다.
Те имат лекция. 그들은 강의가 있습니다.
Вие нямате компютър. 당신들은 컴퓨터가 없습니다.
Имаш ли химикалка? 볼펜 있나요?
Нямаш ли молив? 연필 없나요?

6. 동사 има와 няма

동사 има는 '(무엇이, 누가) ~ 있다'(존재)의 의미이다. 이 동사는 부정형 '(무엇이, 누가) ~ 없다'가 няма이다.

주의!
동사 имам와 нямам는 '(무엇을) 가지고 있다/없다'(소유)를 의미한다.

В стаята има маса и стол.	그 방에는 테이블과 의자가 있습니다.
В офиса няма етажерка.	그 사무실에는 책장이 없습니다.
На стола има списание.	그 의자 위에는 잡지가 있습니다.
На бюрото няма клавиатура.	그 책상 위에는 자판기가 없습니다.
На етажерката има ли книга?	그 책장 위에는 책이 있나요?

7. 동사 **намирам се, следвам**은 -a 그룹이다.

※ 불가리아어 동사는 어미 변화에 따라 세 개의 그룹으로 나뉜다. -a 그룹/ -и 그룹 / -e 그룹

	어미 변화	~에 (위치해) 있다	~을 전공하다
аз	-ам	намирам се	следвам
ти	-аш	намираш се	следваш
той/тя/то	-а	намира се	следва
ние	-аме	намираме се	следваме
вие	-ате	намирате се	следвате
те	-ат	намират се	следват

4. 표현 따라하기

Къде се намира България?
불가리아는 어디에 위치해 있나요?

Къде се намират България и Румъния?
불가리아와 루마니아는 어디에 위치해 있나요?

Унгария не се намира до България.
헝가리는 불가리아와 이웃해 있지 않습니다.

Какво следваш?
무엇을 전공하나요?

Какво следва Албена?
알베나는 무엇을 전공하나요?

Те следват корейски език.
그들은 한국어를 전공합니다.

На масата има една химикалка и един молив.
탁자 위에는 볼펜 한 자루와 연필 한 자루가 있습니다.

Химикалката е до молива.
볼펜은 연필 옆에 있습니다.

На масата няма лампа.
탁자 위에는 스탠드가 없습니다.

Аз нямам телефон.
나는 전화기가 없습니다.

Той има ли компютър?
그는 컴퓨터가 있나요?

В офиса има ли компютър?
그 사무실에 컴퓨터가 있나요?

Какво има до вратата?
문 옆에는 무엇이 있나요?

Къде е списанието?
그 잡지가 어디에 있나요?

Списанието е до вестника.

그 잡지는 신문 옆에 있다.

Списанието, вестникът и книгата са на масата.

잡지, 신문, 책은 탁자 위에 있습니다.

5. 응용해서 말하기

Диалог 1

– Какво е това?

– Това е карта на Европа.

– Къде е България?

– България е тук, на Балканския полуостров.

– А къде се намира Корея?

– Тя не е тук. Корея е в Азия.

대화 1

– 이것은 무엇입니까?

– 이것은 유럽의 지도입니다.

– 불가리아는 어디에 있나요?

– 불가리아는 여기, 발칸반도에 있어요.

– 그러면 한국은 어디에 위치해 있나요?

– 한국은 여기에 없어요. 한국은 아시아에요.

Диалог 2

– Това стаята на Соджин ли е?

– Да, това е стаята на Соджин.

– В стаята на Соджин има ли маса?

– Не, няма маса, но има масичка.

– Къде е масичката?

– Тя е пред дивана.

– Какво има на масичката?

– На масичката има вестник и ваза с една роза.

– Соджин има ли компютър?

– Да, тя има компютър. Той е на бюрото.

대화 2

– 이 방은 소진이의 방입니까?

– 네, 이것은 소진이의 방입니다.

– 소진이의 방에는 탁자가 있나요?

– 아니요, 탁자는 없지만 작은 테이블은 있습니다.

– 작은 테이블은 어디에 있는데요?

– 소파 앞에 있어요.

– 작은 테이블 위에는 뭐가 있어요?

– 작은 테이블 위에는 신문과 장미 한 송이가 있는 꽃병이 있어요.

– 소진이는 컴퓨터가 있어요?

– 네, 소진이는 컴퓨터가 있어요. 컴퓨터는 책상 위에 있어요.

Диалог 3

– Имаш ли химикалка?

– Не, нямам.

– А молив?

– Имам един молив. Заповядай!

– Благодаря!

– Моля!

대화 3

– 볼펜 있어?

– 아니, 없어.

– 그러면 연필은?

– 연필 한 자루 있어. 자!

– 고마워!

– 천만에!

Диалог 4

– Здравей!

– Здрасти!

– Ти български език ли следваш?

– Не, аз следвам корейски. А ти какво следваш?

– Аз следвам български език.

대화 4

– 안녕!

– 안녕!

– 너 불가리아어 전공하니?

– 아니, 나는 한국어를 전공해. 근데 넌 뭘 전공하니?

– 난 불가리아어를 전공해.

Диалог 5

(В книжарницата)

– Извинете, имате ли българско-корейски речник?

– Не, нямаме, но имаме корейско-български речник.

– Добре. А имате ли учебник по корейски език?

– Да, имаме.

– Чудесно!

대화5

(서점에서)

– 죄송합니다만, 불가리아어-한국어 사전이 있나요?

– 아니요, 없어요. 하지만 한국어-불가리아어 사전은 있어요.

– 잘됐네요. 그러면 한국어 교과서는 있나요?

– 네, 있어요.

– 정말 잘됐네요!

6. 함께 연습하기

1. 단어가 완성되도록 빈칸에 알맞은 글자를 넣으세요.

ст___л, д___ван, м___са, н___ма___, ва___а, е___и___, ___имика___ка, с___е___вам, ве___ ___ник, п___оз___рец, те___е___изор, та___л___т, ___омп___тър, т___ле___он, ___рат___, ___пи___ание, и___ам, к___ига, ро___а

2. 빈칸에 ***един, една, едно*** 중에 알맞은 단어를 골라 넣으세요.

А. ____________ вестник

Б. ____________ бюро

В. ____________ флашка

Г. ____________ стая

Д. ____________ етажерка

Е. ____________ списание

Ж. ____________ лекция

З. ____________ дърво

И. ____________ река

Й. ____________ море

К. ____________ таблет

Л. ____________ речник

М. ____________ тетрадка

Н. ____________ растение

О. ____________ роза

3. 다음 [보기]와 같이 문장을 만드세요.

> 보기 Къде е списанието? - *То* е на масата.

А. Къде е бюро_______? - _______ е до врата_______.

Б. Къде се намира телевизор_______? - _______ се намира до прозорец_______.

В. Къде е картина_______? - _______ е над телевизор_______.

Г. Къде е книга_______? - _______ е на легло_______.

Д. Къде е вестник_______? - _______ е на масичка_______.

Е. Къде е учебник_______? - _______ е до вестник_______.

Ж. Къде е списание_______? - _______ е до ваза_______.

З. Къде е картина_______? - _______ е на стена_______.

И. Къде се намира диван_______? - _______ се намира зад масичка_______.

Й. Къде е речник_______? - _______ е под учебник_______.

4. 문장이 되도록 빈칸에 알맞은 말을 넣으세요.

А. В стаята има ли стол?

- Да, ______________________________.

Б. Къде се намира леглото?

- То ____________________ до стената.

В. До бюрото има ли етажерка?

- Не, ______________________________.

Г. Къде е картината?

- ______________________________ стената.

Д. Какво има на масичката?

- ________________________ чаша кафе и вестник.

Е. ________________________?

- Да, до вазата има книга.

Ж. ________________________?

- Мишката е до компютъра.

З. ________________________?

- До бюрото има стол.

И. ________________________?

- Не, в стаята няма климатик.

Й. ________________________?

- Лампата се намира над масичката.

4 Какъв сте по професия?
직업이 무엇입니까?

1. 본문

(В двора на университета)

Студентка – Кой е онзи мъж?

Студент – Кой? Мъжът с очилата?

Студентка – Да.

Студент – Това е господин Чой.

Студентка – Какъв е по народност?

Студент – Той е кореец.

Студентка – А какъв е по професия?

Студент – Той е инженер, но сега учи български език в Софийския университет.

Студентка – А коя е жената до господин Чой? Каква е по народност?

Студент – Това е Ана Костакис. Тя е от Гърция.

Студентка – А каква е по професия?

Студент – Тя е дипломат, но в момента също учи български език.

Студентка – Те на английски ли разговарят?

Студент – Може би. Те говорят английски много добре, но говорят също и български доста добре.

(대학교 안 정원에서)

여학생	– 저 남자는 누구야?
남학생	– 누구? 안경 쓰고 있는 남자?
여학생	– 응.
남학생	– 그 사람은 최 선생님이야.
여학생	– 국적이 어떻게 되는데?
남학생	– 그는 한국인이야.
여학생	– 그러면 직업은 어떻게 되는데?
남학생	– 그는 엔지니어야, 근데 지금은 소피아 대학교에서 불가리아어를 공부해.
여학생	– 근데 최 선생님 옆에 계신 여자분은 누구야? 국적은 어떻게 되는데?
남학생	– 이분이 아나 코스타키스야. 그녀는 그리스 출신이야.
여학생	– 직업은 뭔데?
남학생	– 그녀는 외교관인데, 지금은 그녀도 역시 불가리아어를 공부해.
여학생	– 그들은 영어로 대화하니?
남학생	– 아마도. 그들은 영어를 정말 잘해, 근데 불가리아어도 말을 꽤 잘해.

나라 이름, 국적, 언어

	Държава 나라	Мъж 남성	Мъже Мъже и жени заедно 복수형(남자, 혹은 남자와 여자 여러 명)
불가리아	България	българин	българи
한국	Корея	кореец	корейци
일본	Япония	японец	японци
중국	Китай	китаец	китайци
영국	Англия	англичанин	англичани
독일	Германия	германец	германци
이탈리아	Италия	италианец	италианци
스페인	Испания	испанец	испанци
프랑스	Франция	французин	французи
루마니아	Румъния	румънец	румънци
그리스	Гърция	грък	гърци
세르비아	Сърбия	сърбин	сърби
터키	Турция	турчин	турци
러시아	Русия	руснак	руснаци
유럽	Европа	европеец	европейци
미국(U.S.A.)	Америка (САЩ)	американец	американци

Жена 여성	Жени 여성 복수형	Език 언어
българка	българки	български език
корейка	корейки	корейски език
японка	японки	японски език
китайка	китайки	китайски език
англичанка	англичанки	английски език
германка	германки	немски език
италианка	италианки	италиански език
испанка	испанки	испански език
французойка	французойки	френски език
румънка	румънки	румънски език
гъркиня	гъркини	гръцки език
сръбкиня	сръбкини	сръбски език
туркиня	туркини	турски език
рускиня	рускини	руски език
европейка	европейки	-
американка	американки	английски език

3. 문법 따라잡기

1. 지시대명사 този, тази, това, тези; онзи, онази, онова, онези

지시대명사 този, тази, това, тези (이~), онзи, онази, онова, онези (그/저~)는 수식하는 명사의 성과 수에 따라서 형태가 바뀐다.

този	남성형	가까운 대상을 가리킬 때
тази	여성형	
това	중성형	
тези	복수형	
онзи	남성형	보다 먼 대상을 가리킬 때
онази	여성형	
онова	중성형	
онези	복수형	

2. 의문사 кой, коя, кое, кои:

кой, коя, кое, кои는 의문사로 '누구'*의 의미로 주로 '정체, 명명'을 물어볼 때 쓴다.

кой	남성형
коя	여성형
кое	중성형
кои	복수형

* кой, коя, кое, кои는 '어느, 어떤, 무슨'의 의미로도 쓰인다 (제8과).

기억해 두세요!

Кой, коя, кое, кои는 동사 съм과 함께 쓰면 물어보는 대상과 의문사의 성과 수를 일치시켜야 한다. 다만, съм 이외의 동사와 쓰일 경우에 의문사는 항상 кой이다.

Коя е тя? 그녀는 누구입니까?

Кои са тези студенти? 이 학생들은 누구입니까?

Кой следва български език? – Ана следва български език.

~~Коя следва български език?~~ 누가 불가리아어를 전공합니까? – 아나가 불가리아어를 전공해.

3. 의문사 какъв, каква, какво, какви:

какъв, каква, какво, какви는 의문사로 대상의 '특징'을 물어볼 때 쓴다. 물어보는 대상의 성과 수에 따라서 변화한다.

какъв	남성형
каква	여성형
какво	중성형
какви	복수형

대상의 특징을 물어보는 것이지만, 대상이 사람이면 по професия (직업)나 по народност (국적)를 덧붙여서 대상의 직업이나 국적을 물어볼 수 있다.

Какъв е той? – Той е студент. / Той е българин. / Той е добър.
그는 어떤 사람입니까? – 그는 학생입니다. / 그는 불가리아인입니다. / 그는 착합니다.

Каква е Ана Костакис? – Тя е гъркиня. / Тя е дипломат. / Тя е висока.
아나 코스타키스는 어떤 사람입니까? – 그녀는 그리스인입니다. / 그녀는 외교관입니다. / 그녀는 키가 큽니다.

Какъв е той по професия? – Той е готвач.
그의 직업은 무엇입니까? – 그는 요리사입니다.

Каква е тя по професия? – Тя е фризьорка.
그녀의 직업은 무엇입니까? – 그녀는 미용사입니다.

Какъв е той по народност? = Какъв е той по националност? – Той е руснак.
그의 국적은 무엇입니까? – 그는 러시아인입니다.

Каква е тя по народност? = Каква е тя по националност? – Тя е германка.
그녀의 국적은 무엇입니까? – 그녀는 독일인입니다.

Какви са те по народност? = Какви са те по националност? – Те са испанци.
그들의 국적은 무엇입니까? – 그들은 스페인 사람들입니다.

4. 동사 -и 그룹

1인칭 단수형이 자음+-я, -оя 또는 -жа, -ша, -ча로 끝나는 경우가 이에 해당한다. 그러나 -оя나 -жа, -ша, -ча로 끝나는 -и 그룹 동사는 그 수가 매우 적다. (-жа, -ша, -ча로 끝나는 동사 중의 일부분은 -е 그룹에 속한다.(제6과))
동사 -и 그룹은 다음과 같이 변화한다.

인칭대명사	어미 변화	일하다	말하다	공부하다
аз	-자음+-я, -оя 또는 -жа: -жа, -ша, -ча	работя	говоря	уча
ти	-иш	работиш	говориш	учиш
той, тя, то	-и	работи	говори	учи
ние	-им	работим	говорим	учим
вие	-ите	работите	говорите	учите
те	-ят/-ат	работят	говорят	учат

5. 의문문 만들기

(1) **의문사가 있는** 의문문 만들기

의문사가 있는 의문문에서는 항상 의문사 바로 뒤에 술어(동사)가 와야 한다. 의문문의 주어는 의문사의 앞이나 술어 뒤에 오거나, 생략할 수 있다.

Тя откъде е? = Откъде е тя? = Откъде е?
(주어가 의문사 앞에 오는 경우) = (주어가 술어 뒤에 오는 경우) = (주어가 생략된 경우)
그녀는 어디에서 왔나요?

Ти какво следваш? = Какво следваш ти? = Какво следваш?
(주어가 의문사 앞에 오는 경우) = (주어가 술어 뒤에 오는 경우) = (주어가 생략된 경우)
너는 무엇을 전공합니까?

Нора и Борис какво работят? = Какво работят Нора и Борис? = Какво работят?
(주어가 의문사 앞에 오는 경우) = (주어가 술어 뒤에 오는 경우) = (주어가 생략된 경우)
노라와 보리스는 무슨 일을 합니까?

(2) **의문사가 없는** 의문문 만들기

의문사가 없는 의문문은 물어보고 싶은 것 뒤에 의문소사 **ли**를 붙여 만든다. 다만 ли는 문장의 처음에 올 수 없으므로 대개의 경우 어순은 주어 + 질문의 대상 + **ли**의 순서가 된다.

Ти **учиш ли** български език? – Да, уча. (Да, аз уча български език.)
너는 불가리아어를 **공부합니까?** – 네, **공부합니다.** (네, 나는 불가리아어를 **공부합니다.**)

Ти ли учиш български език? – Да, аз. (Да, аз уча български език.)
불가리아어를 공부하는 사람이 **너입니까?** – 네, **나입니다.** (네, **나는** 불가리아어를 공부합니다.)

Ти **български език ли** учиш? – Да, български език. (Да, аз уча български език.)
너는 **불가리아어**를 공부합니까? – 네, **불가리아어입니다.** (네, 나는 **불가리아어**를 공부합니다.)

※ 대답을 할 때는 완전한 문장으로 대답할 수도 있고, 질문의 대상이 된 것에 대해서만 간단하게 답을 해도 된다. 완전한 문장으로 대답할 경우는 질문의 대답에 대해서는 억양으로 강조할 수 있다.

4. 표현 따라하기

Кой е този студент?
이 학생은 누구입니까?

Коя е тази студентка?
이 여학생은 누구입니까?

Кои са онези студенти?
저 학생들은 누구입니까?

Коя е онази корейка?
저 한국인은 누구입니까?

Кой е онзи японец?
저 일본인은 누구입니까?

Кой е онзи професор?
저 교수님은 누구입니까?

Кое е онова дете?
저 아이는 누구입니까?

Кой е президентът на България?
불가리아 대통령이 누구입니까?

Онази жена е госпожа Иванова.
저 여자분이 이바노바 선생님입니다.

Онзи студент учи икономика.
저 학생은 경제학을 공부합니다.

Този мъж е министърът на икономиката.
이 남자분이 경제부 장관입니다.

Онази госпожа посланикът на Корея в България ли е?
저 여자분이 주불가리아 한국 대사입니까?

Госпожа Ли посланик ли е?
이 여사님이 대사님인가요?

- Не, не е посланик. Тя е консул.
- 아니요, 대사님이 아니세요. 그녀는 영사입니다.

Кой говори български език?
누가 불가리아어를 말합니까?

Кой работи в университета?
누가 대학에서 일합니까?

Каква е Ана по народност?
아나의 국적은 무엇입니까?

Какъв е Петър по националност?
페트르의 국적은 무엇입니까?

Каква е Мария по професия?
마리야의 직업은 무엇입니까?

Тя е лекарка.
그녀는 의사입니다.

Какъв е Георги по професия?
게오르기의 직업은 무엇입니까?

Той е лекар.
그는 의사입니다.

Какви са Джузепе и Сара по народност?
주세페와 사라의 국적은 무엇입니까?

Джузепе и Сара са италианци.
주세페와 사라는 이탈리아인입니다.

Откъде са Джузепе и Сара?
주세페와 사라는 어디에서 왔습니까?

Те са от Италия.
그들은 이탈리아에서 왔습니다.

Вие от Корея ли сте?
당신은 한국에서 왔습니까?

Вие ли сте от Корея?
한국에서 오신 분이 당신입니까?

Те сервитьори ли са?
그들은 웨이터들입니까?

Те ли са сервитьори?
웨이터들은 그들입니까?

Говориш ли немски?
너는 독일어를 말합니까?

Говорите ли български? – Малко.
당신들은 불가리아어를 말할 줄 압니까? – 조금요.

Какво работите?
당신은 무슨 일을 합니까?

Какво учите?
당신을 무엇을 공부합니까?

Те разговарят за политика.
그들은 정치에 대해서 대화를 합니다.

5. 응용해서 말하기

Диалог 1

– Извинете, какъв сте по народност?

– Японец съм. А Вие от Китай ли сте?

– Не, аз съм от Виетнам, но говоря китайски език.

대화 1

- 실례지만, 국적이 어떻게 되시나요?

- 일본인입니다. 근데 당신은 중국에서 왔습니까?

- 아니요, 나는 베트남에서 왔지만, 중국어는 할 수 있습니다.

Диалог 2

– Извинете, говорите ли български език?

– Да, малко.

– Как се казва „ball“ на български?

– Топка.

– А как се казва това на български?

– Това е молив.

– Благодаря много!

대화 2

– 실례지만, 불가리아어를 하실 수 있나요?

– 네, 조금.

– 'ball'을 불가리아어로 뭐라고 합니까?

– 토프카.

– 그럼, 이것은 불가리아어로 뭐라고 하나요?

– 이것은 몰리프입니다.

– 정말 감사합니다!

Диалог 3

– Госпожо Манчева, каква сте по професия?

– Аз съм лекарка. А Вие какво работите?

– Още съм студент.

대화 3

– 만체바 선생님, 당신의 직업이 뭔가요?

– 저는 의사입니다. 근데 당신은 무슨 일을 하나요?

– 전 아직 학생입니다.

Диалог 4

– Какъв е Димитър по професия?

– Той е още студент. Следва китайски език, но също работи като сервитьор.

– Така ли? Къде работи?

– В един китайски ресторант в София.

대화 4

– 디미트르는 직업이 뭐야?

– 그는 아직 학생이야. 중국어를 전공해. 근데 웨이터로 일하고 있어.

– 그래? 어디서 일하는데?

– 소피아에 있는 한 중국 식당에서 일해.

Диалог 5

– Петя, Ирина, за какво разговаряте?

– За домашното.

대화 5

– 페탸야, 이리나야, 무엇에 대해서 얘기하고 있어?

– 숙제에 대해서.

6. 함께 연습하기

1. 빈칸에 **този, тази, това, тези** 중에 알맞은 단어를 골라 넣으세요.

А. ______________ пилот

Б. ______________ дърво

В. ______________ тетрадка

Г. ______________ книга

Д. ______________ море

Е. ______________ американци

Ж. ______________ човек

З. ______________ японци

И. ______________ таблет

Й. ______________ столица

2. 빈칸에 **онзи, онази, онова, онези** 중에 알맞은 단어를 골라 넣으세요.

А. ______________ корейка

Б. ______________ японец

В. ______________ картина

Г. ______________ лампа

Д. ______________ легло

Е. ______________ дете

Ж. ______________ професор

З. ______________ жена

И. ______________ американци

Й. ______________ американки

3. 다음 [보기]와 같이 문장을 만드세요.

보기	Тя от Русия ли е?	– Да, тя е рускиня.

А. Те от България ли са? – Да, ______

Б. Тези жени от САЩ ли са? – Да, ______

В. Онези хора от Корея ли са? – Да, ______

Г. Онзи господин от Германия ли е? – Да, ______

Д. Тази певица от Англия ли е? – Да, ______

Е. Мениджърът от Китай ли е? – Да, ______

Ж. Готвачът от Франция ли е? – Да, ______

З. Тези хора от Япония ли са? – Да, ______

И. Г-ца Мариани от Италия ли е? – Да, ______

Й. Г-н Танасе от Румъния ли е? – Да, ______

4. 다음에서 주어진 대답이 나올 수 있도록 알맞은 의문문을 만드세요.

А. ______________________________?

– Ана е сервитьорка.

Б. ______________________________?

– Те са от Турция.

В. ______________________________?

– Преподавател съм.

Г. ______________________________?

– Г-н Петров е шофьор.

Д. ______________________________?

– Италианци сме.

Е. ______________________________?

– Аз съм грък.

Ж. ______________________________?

– Лекарка е.

З. ______________________________?

– Те са лекари.

И. ______________________________?

– Силви е от Франция.

Й. ______________________________?

– Мария е испанка.

5. 대화가 될 수 있도록 알맞은 문장을 만들어 넣으세요.

А. Мария фризьорка ли е?

– Не, ______________________

Б. Коя е жената до господин Ким?

– ______________________ е госпожа Пак.

В. Къде работи професор Ли?

– ______________________ в Сеулския университет.

Г. ______________________?

– Да, аз говоря английски.

Д. ______________________?

– Българка съм.

Е. ______________________?

– Господин Смит е дипломат.

Ж. ______________________?

– Ние сме италианци.

З. ______________________?

– Не, аз не съм преподавателка. Аз съм мениджър .

И. ______________________?

– Те са адвокати по професия.

Й. ______________________?

– Да, те учат в Софийския университет.

5 Къде се намира станцията на метрото?
지하철역이 어디에 있나요?

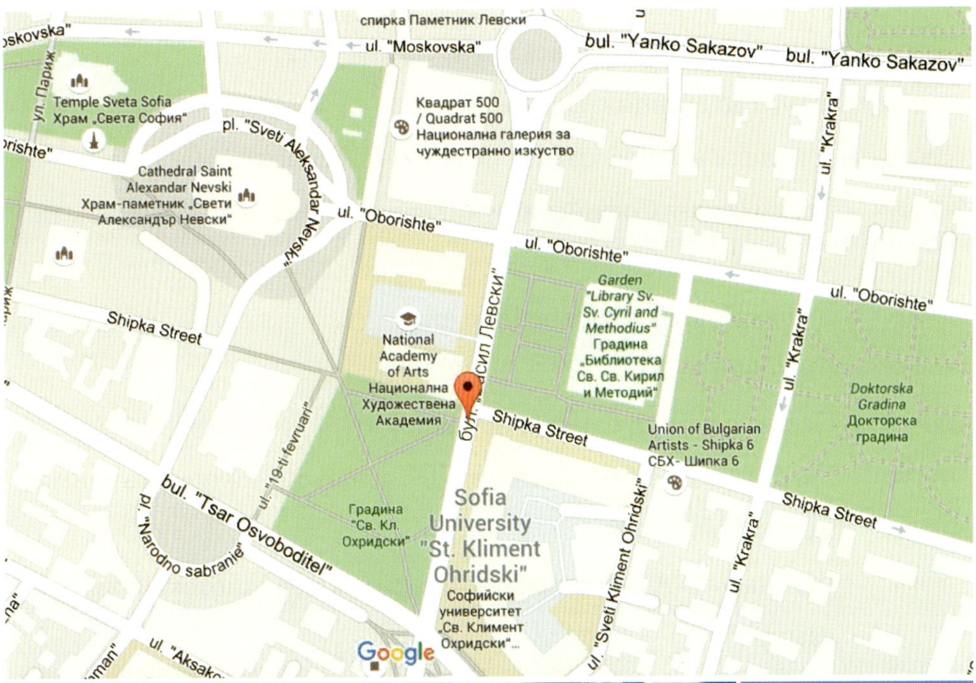

1. 본문

(На булевард „Васил Левски“ в София)

Турист – Извинете, къде е станцията на метрото?

Минувач – Ето я там. Това е станция „Софийски университет Свети Климент Охридски“.

Турист – А, да. А къде е Софийският университет?

Минувач – Ето го до станцията на метрото.

Турист – А къде се намира храмът „Свети Александър Невски“?

Минувач – Ето го срещу Софийския университет. Зад храма е църквата „Света София“.

Турист – А това Народното събрание ли е?

Минувач – Да, точно така.

Турист – Наблизо има ли банка или банкомат?

Минувач – Да, ето там, на улица „Оборище“ вляво от библиотеката има банки и банкомати.

Турист – Да, виждам. А Докторската градина зад библиотеката ли се намира?

Минувач – Да. Наоколо има много паркове.

Турист – А къде е НДК?

Минувач – НДК е малко далече оттук. Тролей номер едно отива там. Метрото също отива до НДК.

Турист – Благодаря много!

Минувач – Моля! Приятен ден!

(대학교 안 정원에서)

여행객　– 실례합니다만, 지하철역이 어딘가요?

행인　– 저기에요. 이 역은 '소피아 대학교 성 클리멘트 오흐리드스키' 역이에요.

여행객　– 아, 네. 근데 소피아 대학교는 어디죠?

행인　– 지하철역 옆에 있어요.

여행객　– 그러면 '성 알렉산드르 넵스키' 사원은 어딘가요?

행인　– 사원은 소피아 대학교 맞은편에 있어요. 사원 뒤편에는 '성 소피아' 교회가 있어요.

여행객　– 그러면 이건 국회인가요?

행인　– 네, 정확해요.

여행객　– 근처에 은행이나 ATM이 있나요?

행인　– 네, 저기요, 도서관 좌측에 '오보리쉬테' 거리에 은행들과 ATM이 있어요.

여행객　– 네, 보이네요. '의사 공원'은 도서관 뒤 편에 있나요?

행인　– 네. 주변에 공원들이 많아요.

여행객　– 그리고 엔데카는 어디 있나요?

행인　– 엔데카는 여기서 약간 멀어요. 1번 트롤리버스가 거기 가요. 지하철도 엔데카까지 운행되죠.

여행객　– 정말 감사합니다!

행인　– 천만에요! 좋은 하루 보내세요!

2. 단어 및 숙어

автогàра 명 버스터미널
бàнка 명 은행
банкомàт 명 ATM
библиотèка 명 도서관
бòлница 명 병원
в цèнтъра 중심가에, 시내에
вѝждам, вѝждаш 동 보다
вдя̀сно 부 오른쪽에
вдя̀сно от ~의 오른쪽에
вля̀во 부 왼쪽에
вляво от ~의 왼쪽에
галèрия 명 갤러리, 미술관
гàра 명 기차역
го 대 인칭대명사 той의 목적격
град 명 도시
градѝна 명 정원
далèче 부 멀리
Дòкторската градѝна 의사 공원
èто 소 (무엇을 가리키며) 자, 여기
ѝдвам, ѝдваш 동 오다
кафенè = кафè 명 카페
кѝно 명 영화관
летѝще 명 공항
магазѝн 명 가게, 상점
мàлко 부 조금, 약간
метрò 명 지하철
минувàч 명 행인
мол 명 쇼핑센터
музèй 명 박물관

наблѝзо 부 가까이
наòколо 부 주위에, 근방에
Нарòдно събрàние 국회
НДК 명 문화궁전 (NDK) (Национàлен дворèц на култỳрата)
нòмер 명 번호, 숫자
отѝвам, отѝваш 동 가다
оттỳк 부 여기에서부터
пазàр 명 시장
парк 명 공원
полѝция 명 경찰서
пòща 명 우체국
Прия̀тен ден! 좋은 하루!
сгрàда 명 건물, 빌딩
Софийски университèт „Светѝ Клѝмент Òхридски“ 소피아 대학교 “성 클리멘트 오흐리드스키”
срещỳ 전 ~ 맞은편에
стàнция на метрòто 지하철역
стàнция 명 역
такà 부 이렇게, 그리하여
там 부 거기, 저기
теàтър 명 극장
тòчно 부 정확하게
тòчно такà 정확히 그러하다
тролèй 명 트롤리버스
турѝст 명 여행객
ỳлица 명 거리
хотèл 명 호텔

храм 명 사원, 성당

храм „Светѝ Александър Нѐвски“
'성 알렉산드르 넵스키' 사원

цѐнтър 명 센터, 시내

църква 명 교회

църква „Светà Сòфия“ '성 소피아' 교회

я 대 **тя**의 목적격

Докторската градина (의사 공원)

Докторската градина '의사 공원'은 소피아 시내 중앙의 국립도서관 뒤편에 자리 잡고 있다. 이 공원의 명칭이 의사공원이 된 것은 러시아-터키 전쟁(1877-1878년)에서 목숨을 잃은 많은 의료 종사자들을 위한 기념탑이 위치해 있기 때문이다. 러-터 전쟁에서 러시아가 승리하자, 오랫동안 터키에 종속되어 있었던 불가리아가 독립할 수 있었다. 공원에 위치한 기념탑은 플레벤, 플로브디브, 쉬프카 등 불가리아 여러 지역에서 치열했던 전투에서 희생당한 러시아 적십자에 그 고마움을 담아 1884년 세워졌다.

❶

❷

❶❷ 이미지 출처: 위키피디아

3. 문법 따라잡기

1. 명사의 복수형

	어미	복수형 어미	예
남성 명사	자음으로 끝나는 경우	+и	студенти (학생들), университети (대학교들), дивани (소파들)
	-й	-и	тролеи (트롤리버스들), герои (영웅들)
	단음절*	+ове	столове (의자들), градове (도시들)
여성 명사	-а/-я	-и	студентки (여학생들), стаи (방들), тетрадки (노트들), книги (책들)
중성 명사	-о	-а	легла (침대들), бюра (책상들)
	-е	+та	момчета (소년들), момичета (소녀들)
	-ие	-ия	упражнения (연습 문제들), списания (잡지들)

* 단어의 모음이 하나만 있는 경우 단음절 명사로 구분한다.

2. 명사 복수형의 관사

	명사 복수형 관사	복수형 어미	예
1.	-и, -е + те	-и	студентите, университетите, тролеите
			студентките, стаите, тетрадките, книгите
		-е	столовете, градовете
2.	-а, -я + та	-а	леглата, бюрата, момчетата, момичетата
		-я	упражненията, списанията

3. 표현 Ето го, ето я, ето ги:

Ето го, ето я, ето ги의 표현은 무엇을 가리키면서 '자, 여기'의 의미이다. 가리키는 대상이 남성 단수 명사이거나 중성 단수 명사이면 ето го, 여성 단수 명사이면 ето я, 복수형 명사이면 ето ги를 쓴다.

Къде е телефонът? – Ето го.
전화기 어디에 있나요? – 여기 있습니다.

Къде е пощата? – Ето я.
우체국이 어디에 있나요? – 여기 있습니다.

Къде е детето? – Ето го.
아이가 어디에 있나요? – 여기 있습니다.

Къде са учебниците? – Ето ги.
교과서들이 어디에 있나요? – 여기 있습니다.

4. 장소를 나타내는 전치사와 부사

불가리아어에서 장소를 표현하기 위해서는 주로 전치사와 함께 장소 명사를 쓰지만, 이 둘이 합쳐져서 부사로 쓰일 수도 있다.

전치사와 함께		부사	
срещу	~ 맞은편에	отсреща	맞은편에
около	~ 근방에, 주변에	наоколо	근방에, 주변에
далече от	~에서 멀리	далече	멀리
близо до	~에서 가까이	наблизо	가까이
вдясно от	~의 오른쪽에	вдясно	오른쪽에
вляво от	~의 왼쪽에	вляво	왼쪽에

Полицията се намира срещу болницата.
경찰서는 병원 맞은편에 있다.

Болницата е ето там, а полицията е отсреща.
병원은 저기에 있는데, 경찰서는 맞은편에 있다.

Столовете са около масата.
의자들은 탁자 주변에 있다.

Наоколо има много магазини и кафенета.
근처에 가게들과 카페들이 많다.

Ресторантът е далече от хотела.
식당은 호텔에서 멀다.

Киното е далече.
영화관은 멀다.

4. 표현 따라하기

Станцията на метрото е близо до хотела.
지하철역은 호텔에 가깝다.

Пред хотела има много таксита.
호텔 앞에 택시들이 많다.

На тази улица има много магазини, кафета и ресторанти.
이 거리에는 상점들, 카페들, 식당들이 많다.

Театърът е наблизо.
극장은 가깝다.

Театър „Иван Вазов" е близо до Гранд хотел София.
'이반 바조프' 극장은 그랜드 호텔 소피아와 가깝다

Пощата се намира срещу Гранд хотел София.
우체국은 그랜드 호텔 소피아 맞은편에 있다.

Вляво от университета е паркът.
대학교 왼편에는 공원이다.

Паркът е вляво от университета.
공원은 대학교의 외쪽에 있다.

Библиотеката е вдясно.

도서관은 오른쪽에 있다.

Къде отиваш?

어디 가니?

Отивам в църквата „Света София“.

'성 소피아' 교회에 간다.

Откъде идваш?

어디서 오는 거야?

Идвам от университета.

대학교에서 오는 거야.

Този тролей отива на булевард „Васил Левски“.

이 트롤리버스는 '바실 렙스키' 대로로 간다.

Музеите са в центъра на града.

박물관들은 도시의 중심에 있다.

5. 응용해서 말하기

Диалог 1

– Извинете, коя станция на метрото е наблизо?

– Станция „Сердика“.

– А къде се намира?

– Ето там, до хотел Шератон.

대화 1

– 죄송합니다만, 무슨 지하철역이 가깝나요?

– '세르디카' 역이요.

– 그러면 어디에 있나요?

– 저기요, 쉐라톤 호텔 옆에 있어요.

Диалог 2

– Извинете, къде е хотел Хилтън?

– Хотел Хилтън е близо до НДК.

– Така ли? Значи не е далече.

대화 2

– 죄송합니다만, 힐튼 호텔이 어딘가요?

– 힐튼 호텔은 엔데카 옆에 있어요.

– 그래요? 멀지 않다는 의미군요.

Диалог 3

– Къде се намира булевард Витоша?

– Той е в центъра на града.

– А какво има на булевард Витоша?

– Там има много магазини, ресторанти и кафенета.

대화 3

– 비토샤 대로는 어딘가요?

– 시내 중심에 있어요.

– 근데 비토샤 대로에는 뭐가 있나요?

– 거기에는 상점들, 식당들, 카페들이 많아요.

Диалог 4

– Здравей!

– Здрасти! Къде отиваш?

– Отивам в библиотеката. А ти?

– Аз отивам в университета. Имам лекции.

– Добре. Чао!

– Чао! Лек ден!

대화 4

– 안녕!

– 안녕! 어디 가?

– 도서관 가는데. 넌?

– 나는 대학교에 가. 수업 있거든.

– 그렇구나. 잘 가!

– 잘 가! 좋은 하루 보내!

6. 함께 연습하기

1. 명사에 관사 쓰기

библиотека	*библиотеката*	*библиотеки*	*библиотеките*
стол			
компютър			
пазар			
поща			
кино			
галерия			
кафе			
музей			
станция			
храм			
банкомат			
химикалка			
молив			
турист			
метро			
тролей			
чай			
парк			
театър			
упражнение			
вестник			

1. 본문

(В кафето на университета)

Сашо	– Добро утро, Юджин!
Юджин	– О, здравей, Сашо! Днес си тук рано.
Сашо	– Да, напоследък ставам рано. Какво искаш? Аз черпя!
Юджин	– Благодаря! Аз искам баничка и айран.
Сашо	– Каква баничка?
Юджин	– Малка, със сирене.
Сашо	– А кафе не искаш ли? Или може би нещо сладко за десерт?
Юджин	– Сутрин не пия кафе, само чай, сок, айран или минерална вода. Предпочитам да пия кафе следобед. Сега не искам нищо сладко, защото от три дена съм на диета.
Сашо	– Добре. Значи само баничка със сирене и айран?
Юджин	– Да. А, ние сме на ред.
Продавачката	– Какво обичате, моля?
Сашо	– Една малка баничка със сирене, един айран, едно дълго еспресо и два сандвича с шунка и кашкавал.
Продавачката	– Искате ли захар и мляко за еспресото?
Сашо	– Не, благодаря, без захар и без мляко.
Юджин	– Защо поръчваш два сандвича?
Сашо	– Много съм гладен!

(Към продавачката)

Сашо	– Колко струва всичко?
Продавачката	– Седем лева и тридесет и пет стотинки.
Сашо	– Заповядайте!

Продавачката – Благодаря! Лек ден!

Юджин – Сашо, благодаря за закуската!

Сашо – Няма защо!

(대학 안에 있는 카페)

사쇼 – 좋은 아침이야, 유진아!

유진 – 오, 안녕, 사쇼! 오늘 일찍 왔네.

사쇼 – 응, 요즘 일찍 일어나. 뭐 먹을 거야? 내가 살게!

유진 – 고마워! 나는 바니짜 작은 거랑 아이란 먹을게.

사쇼 – 바니짜 작은 거 어떤 거?

유진 – 작은 걸로, 시레네가 들어가 있는 거.

사쇼 – 커피는 원하지 않아? 아니면 디저트로 뭔가 달콤한 것을 원하니?

유진 – 아침에는 커피 안 마시고, 차나 주스, 아이란이나 물 마셔. 오후에 커피 마시는 것을 좋아해. 3일 전부터 다이어트 중이라, 지금은 달콤한 것도 원하지 않아.

사쇼 – 알았어. 시레네 들어 있는 작은 바니짜랑 아이란만… 맞지?

유진 – 응. 아, 우리 차례야.

점원 – 무엇을 원하세요? (어떻게 도와 드릴까요?)

사쇼 – 시레네가 들어간 바니짜 작은 것 하나랑, 아이란 하나, 에스프레소 큰 것, 햄치즈샌드위치 두 개 주세요.

점원 – 에스프레소에 설탕과 우유를 원하세요?

사쇼 – 아니요, 고맙지만 설탕이랑 우유 빼고 주세요.

유진 – 왜 샌드위치 두 개 주문했어?

사쇼 – 나 배가 엄청 고프거든!

(점원을 향해)

사쇼 – 얼마에요?

점원 – 7레바 35스토틴키입니다.

사쇼 – 자 여기 있습니다!

점원 – 감사합니다! 좋은 하루 보내세요!

유진 – 사쇼, 아침 식사 고마워!

사쇼 – 천만에!

2. 질문

Къде са Юджин и Сашо?	유진과 사쇼는 어디에 있습니까?
Кой е много гладен?	누가 많이 배고픈가요?
Какво закусва Юджин?	유진은 아침으로 무엇을 먹나요?
Какво закусва Сашо?	사쇼는 아침으로 무엇을 먹나요?
Юджин пие ли кафе сутрин?	유진은 아침에 커피를 마시나요?
Защо Юджин не иска нищо сладко?	왜 유진은 달콤한 것을 원하지 않나요?
Сашо пие ли кафе сутрин?	사쇼는 아침에 커피를 마시나요?
Сашо пие ли кафе с мляко?	사쇼는 우유가 들어간 커피를 마시나요?
Какви сандвичи купува Сашо?	사쇼는 무슨 샌드위치를 사나요?
Кой плаща за закуската?	누가 아침 식사값을 지불하나요?

3. 단어 및 숙어

айрàн ㉺ 아이란 (음료수의 일종)
бàничка ㉺ 작은 바니짜
без ㉾ ~ 없이, 제외하고
бѝлков чай 허브차
вѐчер ㉺/㉳ 저녁, 저녁에
вечѐря ㉺ 저녁 식사
вечѐрям, вечѐряш ㉸ 저녁 식사하다
водà ㉺ 물
всѝчко ㉹ 모든 것, 전부
глàден, -дна, -дно, -дни ㉻ 배고픈
голя̀м, -а, -о, голѐми ㉻ 큰, 커다란
горѐщ, -а, -о, -и ㉻ 뜨거운
два сàндвича 샌드위치 두 개
две, два ㉷ 이, 둘
десѐрт ㉺ 디저트
диѐта ㉺ 다이어트
днес ㉳ 오늘
дъ̀лго еспрѐсо 물이 많이 들어간 에스프레소
дъ̀лъг, -лга, -лго, -лги ㉻ 긴
еспрѐсо ㉺ 에스프레소
закỳсвам, закỳсваш ㉸ 아침 식사하다
закỳска ㉺ 아침 식사
зàхар ㉺ 설탕
защò ㉥ 왜
за ㉾ ~위하여, 대하여
зелѐн чай 녹차
зелѐн, -а, -о, -и 초록색의, 녹색의
знàчи ㉸/㉳ 의미하다, 그렇다면
илѝ ㉶ 혹은
ѝскам, ѝскаш ㉸ 원하다

каква̀ ба̀ничка 어떤 바니짜

Какво обѝчате? 무엇을 좋아하나요?

капучѝно 명 카푸치노

кашкава̀л 명 치즈

ко̀ка ко̀ла 코카콜라

Ко̀лко стру̀ва? 얼마입니까?

ко̀лко 의 얼마나(양)

купу̀вам, купу̀ваш 동 사다

към 전 ~를 향해

къс, -а, -о, -и 형 짧은

къ̀сно 부 늦게

къ̀со еспрѐсо 에스프레소 숏 사이즈

лев 명 레프(불가리아 지폐 단위)

ма̀лък, -лка, -лко, -лки 형 작은

минера̀лна вода̀ 물(미네랄 워터)

мля̀ко 명 우유

мо̀ля 동 부탁하다, 부디

на дида̀та съм 다이어트 중이다

на ред 순서에

напослѐдък 부 요즘, 근래에

нѐщо 명 무엇인가, 어떤 것

нѐщо за пѝене 뭐 마실 것

нѐщо за я̀дене 뭐 먹을 것

нѝщо 명 없음, 존재하지 않는 것, 아무것(도 없다)

Ня̀ма защо̀! 천만에요!

о̀бед 명 점심

обѝчам, обѝчаш 동 좋아하다, 사랑하다

обя̀д 명 점심 식사

обя̀двам, обя̀дваш 동 점심 식사하다

от три дѐна 3일 전부터

пантало̀н 명 바지

пѝене 명 마시는 것, 음료수

пѝя, пѝеш 동 마시다

пла̀щам, пла̀щаш 동 지불하다

пола̀ 명 스커트, 치마

поръ̀чвам, поръ̀чваш 동 주문하다

предио̀бед 명/부 오전, 점심 전, 오전에

предпочѝтам да пѝя 마시는 것을 선호하다

предпочѝтам, предпочѝташ 동 ~을 선호하다

прода̀вам, прода̀ваш 동 팔다

ра̀но 부 일찍

ред 명 순서, 열

са̀мо 부 오직, 단지

са̀ндвич 명 샌드위치

сѐдем лѐва и трѝдесет и пет стотѝнки 7레바 35스토틴키

сѝрене 명 시레네 (불가리아 전통 치즈의 일종)

сла̀дък, сла̀дка, сла̀дко, сла̀дки 형 달콤한

следо̀бед 명/부 오후, 오후에

смета̀на 명 크림

сок 명 주스

ста̀вам, ста̀ваш 동 일어나다

стотѝнка 명 스토틴카(불가리아 동전 단위)

стру̀вам, стру̀ваш 동 값을 하다

студѐн, -а, -о, -и 형 차가운

су̀трин 명/부 아침, 아침에

със 전 ~과 함께 (= с, 'с'나 'з'로 시작하는 단어 앞에 쓰임)

то̀пъл, -пла, -пло, -пли 형 따뜻한

три 수 삼, 셋

три дѐна 3일

чай 명 차

чѐрен чай 홍차

чѐрпя, чѐрпиш 동 대접하다

четà, четѐш 동 읽다

шỳнка 명 햄

ѝдене 명 먹는 것, 음식

ям, ядѐш 동 먹다

4. 문법 따라잡기

1. 숫자 0에서 100

0	нỳла
1	еднò
2	две
3	три
4	чèтири
5	пет
6	шест
7	сèдем
8	òсем
9	дèвет
10	дèсет
11	единàдесет / единàйсет
12	дванàдесет / дванàйсет
13	тринàдесет / тринàйсет
14	четиринàдесет / четиринàйсет
15	петнàдесет / петнàйсет
16	шестнàдесет / шестнàйсет
17	седемнàдесет / седемнàйсет
18	осемнàдесет / осемнàйсет
19	деветнàдесет / деветнàйсет
20	двàдесет / двàйсет
21	двàдесет и еднò / двàйсет и еднò
22	двàдесет и две / двàйсет и две
30	трѝдесет / трѝйсет
33	трѝдесет и три / трѝйсет и три
40	четирѝдесет / четирѝйсет
50	петдесèт
60	шестдесèт / шейсèт

70	седемдесѐт
80	осемдесѐт
90	деветдесѐт
100	сто

2. 남성 명사의 가산 복수형

남성 명사 중 사람을 지칭하는 명사가 아닌 경우, 숫자나 няколко (몇몇의), колко (의문사, 얼마)와 결합할 때 복수형은 '가산 복수 형태'를 쓴다. 남성 명사의 가산 복수는 + -а/-я 형태이다. 대부분의 남성 명사의 가산 복수 형태는 + -а이고, -й로 끝나는 경우는 + -я이다.

два компютъра	두 대의 컴퓨터들
двадесет и два стола	22개의 의자들
петнайсет учебника	15권의 교과서들
четири сандвича	4개의 샌드위치
няколко речника	사전 몇 권들
колко молива	몇 개의 연필들
три чая	차 세 잔
колко музея	박물관 몇 개

비교: 숫자나 няколко, колко 뒤에 남성 명사가 아닌 경우에는 보통의 명사 복수형을 쓴다.

две книги	책 두 권(книга – 여성 명사)
дванадесет кафета	열두 잔의 커피들 (кафе – 중성 명사)

(1) един, два

불가리아어에서 숫자 1과 2는 뒤에 오는 명사의 성에 따라 달리 쓴다.

един + 남성 명사
една + 여성 명사
едно + 중성 명사

два + 남성 명사
две + 여성/중성 명사

един стол	의자 한 개
една книга	책 한 권
едно бюро	책상 하나
двадесет и един стола	스물한 개의 의자들
деветдесет и един молива	스물한 자루의 연필들
тридесет и една маси	서른한 개의 탁자들
шестдесет и една стаи	쉰한 개의 방들
седемдесет и едно бюра	예순한 개의 책상들
осемдесет и едно кафета	여든한 잔의 커피들
два стола	두 개의 의자들
две книги	두 권의 책들
две бюра	두 개의 책상들
двадесет и два стола	스물한 개의 의자들
четиридесет и два лаптопа	마흔두 대의 노트북들
тридесет и две книги	서른두 권의 책들
осемдесет и две студентки	여든두 명의 학생들
петдесет и две бюра	쉰두 개의 책상들
шестдесет и две деца	예순두 명의 아이들

3. 형용사

(1) 형용사의 형태

형용사는 남성, 여성, 중성, 복수형 형용사가 있고, 수식하는 명사에 따라 성과 수가 결정된다. 남성 단수형은 주로 자음으로 끝나고 여성 단수형은 어미가 -a, 중성 단수형은 어미가 -o, 복수형은 어미가 -и이다.

		형용사 어미
단수	남성 단수형	-자음
	여성 단수형	-a
	중성 단수형	-o
복수	복수형	-и

къс, къса, късо, къси 짧은
горещ, гореща, горещо, горещи 더운, 뜨거운

къс панталон 짧은 바지
къса пола 짧은 스커트
горещ чай 따뜻한 (뜨거운) 차
гореща вода 따뜻한 (뜨거운) 물
горещо кафе 따뜻한 (뜨거운) 커피
горещи дни 따뜻한 (뜨거운) 날들

형용사의 남성형 단수 형태가 '-ен'으로 끝나고, 강세가 어미에 오지 않는다면 여성형, 중성형, 복수형에서는 -e가 탈락한다.

интерѐсен, интерѐсна, интерѐсно, интерѐсни 재미있는
глàден, глàдна, глàдно, глàдни 배고픈

형용사의 남성형 단수 형태가 '-ен'으로 끝나고, 강세가 어미에 온다면 형용사의 여

성형, 중성형, 복수형에서는 -е가 탈락하지 않는다.

студѐн, студѐна, студѐно, студѐни	찬, 차가운
зелѐн, зелѐна, зелѐно, зелѐни	초록색의, 녹색의

형용사의 남성형 단수 형태가 '-ъ+자음'으로 끝나는 경우, 여성형, 중성형, 복수형에서는 -ъ가 탈락한다.

топъл, топла, топла, топли	따뜻한
дълъг, дълга, дълго, дълги	긴

малък сандвич	작은 샌드위치
малка баничка	작은 팬케이크
малко дете	어린아이
малки стаи	작은 방들

주의! 형용사 형태에 가끔씩 е~я 변동이 있어요!

голям диван	큰 소파
голяма стая	큰 방
голямо легло	큰 침대
големи маси	큰 탁자들

(2) 형용사의 관사

형용사의 성 및 수	관사 형태	예시
남성 형용사, 단수형	-ият (주격), -я	горещият, горещия; топлият, топлия; гладният, гладния; студеният, студения; дългият, дългия
여성 형용사, 단수형	-та	горещата, топлата, гладната, студената, дългата
중성 형용사, 단수형	-то	горещото, топлото, гладното, студеното, дългото
복수형	-те	горещите, топлите, гладните, студените, дългите

малкия(т) сандвич	그 작은 샌드위치
интересния(т) филм	그 재미있는 영화
късата пола	그 짧은 스커트
малкото дете	그 어린아이
големите маси	그 큰 식탁들

4. 의문사 какъв, каква, какво, какви:

명사 앞에 놓여 질문의 대상물에 대한 특징이나 특성을 물어볼 때 사용한다. 뒤에 오는 명사의 성과 수에 따라 변화한다.

какъв + 남성 명사
каква + 여성 명사
какво + 중성 명사
какви + 복수형 명사

Какъв чай искаш? 어떤 차를 원하나요?	– Зелен чай. – 녹차요.
Каква баничка купуваш? 어떤 바니츠카를 사나요?	– Голяма, със сирене. – 큰 걸로, 치즈가 들어간 걸로요.
Какво кафе обичаш? 어떤 커피를 좋아하나요?	– Обичам капучино. – 대개는 카푸치노요.
Какви сандвичи имате? 어떤 샌드위치가 있나요?	– Имаме само сандвичи с кашкавал. – 치즈 넣은 샌드위치만 있어요.

5. 동사 -e 그룹

현재시제 1인칭 단수형이 -a, -ая, -ея, -ия, -уя로 끝나는 동사는 여기에 속한다. 동사 -e 그룹은 다음과 같이 변화한다.

аз	-
ти	-еш
той/тя/то	-е
ние	-ем
вие	-ете
те	-т

※동사의 3인칭 복수 형태는 1인칭 단수 형태에 '+т'로 항상 대응된다.

	읽다	놀다	살다	마시다
аз	чета	играя	живея	пия
ти	четеш	играеш	живееш	пиеш
той/тя/то	чете	играе	живее	пие
ние	четем	играем	живеем	пием
вие	четете	играете	живеете	пиете
те	четат	играят	живеят	пият

※ 동사 ям(먹다)는 -e 그룹에 속하나 -д-가 변화형에 추가되어 예외적 형태를 가진다. 동사 변화형에 어미가 삽입되는 경우는 ям, дам(주다) 등 극히 소수이다.

аз	ям
ти	ядеш
той/тя/то	яде
ние	ядем
вие	ядете
те	ядат

6. 전치사 в/във, с/със

전치사 в/във, с/със는 형태는 약간 다르지만, 서로 의미는 완전히 같다. 형태가 다른 것은 전치사 뒤에 오는 단어의 첫소리에 따라서 둘 중에 어떤 형태를 쓸지 결정된다. 전치사 뒤에 오는 단어가 자음 в/ф로 시작하는 경우에는 във를 쓰고, с/з로 시작하는 경우에는 със를 쓴다.

Той отива **в** София, а тя отива **във** Варна.
그는 소피아로 가지만, 그녀는 바르나로 간다.

Тя сега е **в** Англия, а той е **във** Франция.
그녀는 지금 영국에 있지만, 그는 프랑스에 있다.

Той обича кафе **с** мляко и без захар, а тя обича кафе без мляко и **със** захар.
그는 설탕은 빼고 우유가 들어간 커피를 좋아하지만, 그녀는 우유를 빼고 설탕이 들어간 커피를 좋아한다.

Юми закусва **със** Сашо и обядва **с** Ани.
유미는 사쇼와 함께 아침을 먹었고, 아니와 함께 점심을 먹는다.

7. 불가리아의 돈

불가리아 지폐 단위는 '레프(лев)'라고 한다. 그러나 '레프'는 남성 명사로 돈을 셀 때는 앞에 숫자와 자주 결합하므로 가산 복수의 형태로 자주 쓰여 '레바(лева)'로 흔히 쓰인다.

※ 불가리아는 유로에 대한 고정환율제를 채택하고 있다. 1999년 1유로당 1,95583레바를 적용하여 현재까지 지속되어 왔다. 이는 불가리아가 EU에 가입하면서 유로존으로 들어가기로 공식적으로 약속을 했기 때문에 유로존 도입 전단계로 고정환율을 택하고 있다.

※ 1999년 이후 현용 화폐 형태가 완성되어, 1, 2, 5, 10, 20, 50레바짜리 지폐가 발행되었고, 2003년 100레바짜리 지폐가 새로 발행되었다. 현재는 1레프와 2레바 지폐는 동전으로 대체되고 있다.

※ 불가리아 지폐 속 인물

2레바: 파이시이 힐렌다르스키

(Паисий Хилендарски, 1722~1773)

중세 불가리아 문화를 부흥시킨 인물

5레바: 이반 밀레프(Иван Милев, 1897~1927)

불가리아의 대표적인 화가

10레바: 페트르 베론(Петър Берон, 1799~1871)
불가리아 교육을 근대화시킨 교육학자

20레바: 스테판 스탐볼로프(Стефан Стамболов, 1854~1895)
불가리아의 혁명가이자 정치가, '불가리아의 비스마르크'라는 별명

50레바: 펜초 슬라베이코프(Пенчо Славейков, 1866~1912)
불가리아의 대표적인 시인

100레바: 알레코 콘스탄티노프
(Алеко Константинов, 1863~1897)
불가리아의 대표적인 작가이자 변호사, 사회 운동가

лев	레프(불가리아 돈의 단위)
стотинка	스토틴카(불가리아 동전의 단위)

Един лев има сто стотинки.	1레프는 100스토틴키이다.

един лев	1레프
два лева	2레바
три лева	3레바
	…
двадесет и един лева	21레바
двадесет и два лева	22레바

една стотинка	1스토틴카
две стотинки	2스토틴키
три стотинки	3스토틴키
	…
двадесет и една стотинки	21스토틴키
двадесет и две стотинки	22스토틴키

35 лв.	тридесет и пет лева (трийсет и пет лева)
1, 35 лв.	един лев и тридесет и пет стотинки (един и трийсет и пет)
2, 51 лв.	два лева и петдесет и една стотинки (два и петдесет и една)
12, 99 лв.	дванадесет лева и деветдесет и девет стотинки (дванайсет и деветдесет и девет)

5. 표현 따라하기

Къде закусваш? – Обикновено закусвам къщи.
어디서 아침 먹나요? – 대개 아침은 집에서 먹어요.

Какво закусваш? – Кафе и сандвич.
아침으로 뭘 먹나요? – 커피와 샌드위치를 먹어요.

Сутрин пиеш ли чай? – Не, аз не обичам чай.
아침에 차를 마시나요? – 아니요, 저는 차를 좋아하지 않아요.

Сутрин какво ядеш? – На закуска винаги ям ориз.
아침에는 뭘 먹나요? – 아침에는 항상 밥을 먹어요.

Обичаш ли кимчи? – Да, много. Ям кимчи на закуска, обед и вечеря.
김치 좋아해요? – 네, 많이요. 아침 식사 때도 김치를 먹고, 점심과 저녁에도 먹어요.

Къде обядвате? – Обядвам в стола на университета.
점심은 어디서 먹나요? – 점심은 대학교 식당에서 먹어요.

Колко компютъра има в офиса? – Десет – пет десктопа и пет лаптопа.
사무실에 컴퓨터가 몇 대인가요? – 열 대요, 다섯 대는 데스크톱이고 다섯 대는 노트북이에요.

Къде са таблетите? – Ето, тук на масата има три таблета.
태블릿 PC는 어디에 있나요? – 여기요, 탁자 위에 태블릿 PC 세 대가 있어요.

Колко мишки и клавиатури има на бюрото? – Има една мишка и една клавиатура.
책상 위에 마우스와 키보드가 몇 개 있나요? – 마우스 한 개랑 키보드 한 개 있어요.

Тя поръчва три дълги кафета, три студени чая и шест топли сандвича.
그녀는 커피 큰 거 세 잔과, 아이스티 세 잔, 샌드위치 따뜻한 거 여섯 개를 주문했다.

Колко струва кафето? – Лев и десет.
커피 얼마예요? – 1레프 10스토틴키입니다.

Колко струват сандвичите? – Два и деветдесет и пет.
샌드위치는 얼마예요? – 2레바 95스토틴키입니다.

Искам нещо сладко. – Добре. Ето малко шоколад.
뭔가 단 것을 원해요 – 좋아. 여기 초콜릿 조금 있어.

Обичаш ли сладко капучино? – Не, аз пия капучино без захар.

카푸치노 단 거 좋아하니? – 아니, 나는 설탕을 넣지 않은 카푸치노를 마셔.

Искате ли сметана? – Не, благодаря.

크림을 원하세요? – 아니요, 고맙습니다.

Извинете, продавате ли банички? – Да, но в момента нямаме.

죄송하지만, 바니츠카 파시죠? – 네, 그런데 지금은 없어요.

Тя купува един сандвич с шунка и кашкавал и три сандвича само с кашкавал.

그녀는 햄과 치즈가 들어간 샌드위치 한 개, 그리고 치즈만 들어간 샌드위치 세 개를 산다.

Извинете, имате ли зелен чай? – Не, съжалявам. Имаме само билков чай.

죄송하지만, 녹차 있나요? – 아니오, 죄송합니다. 허브차만 있어요.

Той предпочита еспресо с малко мляко и много захар.

그는 우유를 약간 넣고, 설탕은 많이 넣은 에스프레소를 선호한다.

Днес на обяд в стола професорът черпи. Той плаща обяда на студентите.

오늘 점심때 식당에서 교수님께서 사 주신다. 그는 학생들의 점심값을 결제해 주신다.

6. 응용해서 말하기

Диалог 1

– Гладна ли си?

– О, да, много.

– Какво искаш за вечеря?

– Искам една голяма топла пица с много шунка.

– А нещо за пиене? Може би бира?

– Не, не бира. Искам кола.

– Добре.

대화 1

– 배고프니?

– 오, 응, 많이.

– 저녁으로 뭘 먹을까?

– 햄이 많이 들어간 따뜻하고 커다란 피자 하나를 원해.

– 그리고 뭐 마실 건? 아마도 맥주?

– 아니, 맥주 말고. 콜라를 원해.

– 좋아.

Диалог 2

– Искаш ли да обядваме заедно?

– Добре. Къде?

– Може би в стола? Или в ресторанта близо до университета?

– Предпочитам да обядваме в ресторанта. Там има много салати. Искам да ям салата, защото съм на диета.

– Чудесно! Аз не съм на диета. За обяд искам една голяма пица и една студена бира. Може също и нещо сладко за десерт.

대화 2

– 같이 점심 먹을래?

– 좋아. 어디서?

– 학교 식당에서? 아니면 학교에서 가까운 레스토랑?

– 레스토랑에서 점심 먹는 것이 더 좋겠어. 거기는 샐러드가 많아. 난 지금 다이어트 중이라 샐러드가 먹고 싶거든.

– 좋아! 나는 다이어트 하는 중은 아니야. 점심으로 큰 피자 하나랑 차가운 맥주 한 잔 마실 거야. 그리고 디저트로 뭔가 달콤한 것을 먹어야지.

Диалог 3

– Какво обичате, моля?

– Имате ли билков чай?

– Не, съжалявам. Имаме зелен и черен чай.

– Не, сега не искам зелен или черен чай. Имате ли какао?

– Не, нямаме.

– Добре, ще пия кафе… Какво кафе имате?

– Имаме късо еспресо, дълго еспресо и капучино. Имаме също горещо и студено кафе лате.

– Едно студено лате, моля. Колко струва?

– 2, 60.

– Заповядайте!

– Благодаря! Лек ден!

대화 3

– 무엇을 원하시는지 말씀해 주시겠습니까? (뭐 드릴까요?)

– 허브차 있나요?

– 아니요, 죄송합니다. 우리 가게는 녹차와 홍차가 있습니다.

– 아니요, 저는 지금 녹차나 홍차를 원하지 않아요. 핫초코 있나요?

– 아니요, 없습니다.

– 좋아요, 커피를 마시겠습니다. 어떤 커피가 있나요?

– 에스프레소 큰 것과 작은 것, 카푸치노가 있습니다. 뜨거운 카페라테와 차가운 카페라테도 있습니다.

– 차가운 카페라테 주세요. 얼마죠?

– 2레바 60스토틴키입니다.

– 여기요!

– 감사합니다. 좋은 하루 보내세요!

7. 함께 연습하기

1. 다음 [보기]와 같이, 숫자 또는 단어와 함께 괄호 안에 주어진 명사를 알맞게 변화시키세요.

보기 2 (книга) – **две книги** много (маса) – **много маси**

А. 3 (молив) – ______

Б. 22 (стол) – ______

В. няколко (сок) – ______

Г. много (магазин) – ______

Д. много (легло) – ______

Е. 2 (картина) – ______

Ж. колко (чай) – ______

З. колко (айран) – ______

И. 21 (баничка) – ______

Й. много (стол) – ______

2. 주어진 명사의 성과 수에 맞게 형용사를 바꾸세요.

А. (гладен) студент – ______________________

Б. (гладен) студентка – ______________________

В. (гладен) дете – ______________________

Г. (гладен) студенти – ______________________

Д. (малък) бюро – ______________________

Е. (голям) парк – ______________________

Ж. (голям) болница – ______________________

З. (къс) молив – ______________________

И. (дълъг) лекция – ______________________

Й. (дълъг) кафе – ______________________

3. 주어진 문장을 불가리아어로 번역해 보세요.

А. 커피 두 잔과 콜라 두 개 주세요.

Б. 우유 있어요?

В. 주스는 얼마예요?

Г. 그녀는 설탕이 들어간 커피를 마십니다.

Д. 나는 커피를 좋아하지 않아요, 그렇지만 녹차는 좋아해요.

Е. 그들은 달콤한 커피를 좋아하지 않아요.

Ж. 우리는 바니츠카 두 개, 아이란 두 잔, 커피 두 잔 주문해요.

З. 지금 우리 차례야.

И. 좋은 하루 보내세요!

Й. 뭔가 달콤한 것 원해요?

7 Аз и моето семейство
나와 내 가족

1. 본문

Казвам се Антон. Аз съм на четиринайсет години. Уча в 18-то училище в София. Нашето училище е специално, защото има часове по корейски език. Аз уча корейски от първи клас. Много е интересно! Учителката ни е от Корея. Много е мила. Освен корейски, уча също и английски език. Обичам чуждите езици.

На тази снимка е моето семейство. То не е голямо. Семейството ми се състои от четирима души – баща ми, майка ми, сестра ми и аз. Баща ми се казва Георги. Той е на четиридесет и една години. По професия е физик. Преподава физика в Софийския университет. Майка ми се казва Светла. Тя е на тридесет и девет години. Аптекарка е. Работи в една аптека в центъра на София.

Сестра ми Ивелина е с две години по-малка от мене. Тя също учи в 18-то училище, но от следващата година иска да учи в математическа гимназия. Любимите ѝ предмети са математика, физика и химия. Тя прилича на татко.

А аз… Аз може би приличам на дядо. Той говори руски, немски и малко сръбски език. А може би приличам и на баба. Тя е преводачка. Превежда книги от руски език

내 이름은 안톤이라고 한다. 나는 14살이다. 소피아에 있는 제18번 학교에서 공부한다. 내가 다니는 학교에는 한국어 시간이 있기 때문에 우리 학교는 좀 특별하다. 나는 1학년 때부터 한국어를 공부했다. 굉장히 재미있다! 우리 선생님께서는 한국에서 오셨다. 정말 좋으시다. 한국어 외에 나는 영어도 배운다. 나는 외 국어를 좋아한다.

이 사진에 있는 사람들은 나의 가족이다. 내 가족은 대가족은 아니다. 나의 가족은 아빠, 엄마, 여동생, 나 이렇게 4명으로 구성되어 있다. 아빠 이름은 게오르기이다. 아빠는 41세이다. 아빠는 물리학자이다. 아빠는 소피아 대학에서 물리학을 가르친다. 엄마 이름은 스베틀라이다. 엄마는 29세이다. 엄마는 약사다. 소피아 시내에 있는 한 약국에서 일하신다. 여동생의 이름은 이벨리나고, 나보다 2살 어리다. 내 여동생도 제18번 학교에서 공부하는데, 내년부터는 수학 고등학교에서 공부하고 싶어 한다. 내 여동생이 좋아하는 과목은 수학과, 물리, 화학이다. 그녀는 아빠를 닮았다.

그리고 나는...... 나는 아마도 할아버지를 닮은 것 같다. 할아버지는 러시아어, 독어, 그리고 세르비아어 약간을 할 줄 아신다. 아마 할머니도 닮은 것 같다. 할머니는 번역가이시다. 그녀는 러시아 책을 번역하신다.

2. 질문

На колко години е Антон?
안톤은 몇 살인가요?

Голямо ли е семейството на Антон?
안톤의 가족은 대가족인가요?

С колко години Антон е по-голям от сестра си Ивелина?
안톤은 동생 이벨리나보다 몇 살 더 많나요?

С колко години майката на Антон е по-малка от баща му?
안톤의 어머니는 아버지보다 몇 살 더 젊나요?

Кой обича математика?
누가 수학을 좋아하나요?

Къде иска да учи Ивелина?
이벨리나가 공부하고 싶은 곳은 어디인가요?

Къде работят родителите на Антон и Ивелина?
안톤과 이벨리나의 부모님께서는 어디에서 일하세요?

Каква е по професия бабата на Антон и Ивелина?
안톤과 이벨리나의 할머니의 직업은 뭔가요?

3. 단어 및 숙어

Аз съм на 14 го̀дини. 나는 14살이다.

аптѐка 명 약국

аптѐкар 명 약사

аптѐкарка 명 여약사

ба̀ба 명 할머니

башта̀ 명 아버지

брат 명 (복 бра̀тя) 남자 형제 (오빠, 형, 남동생)

висо̀к, -а, -о, -и 형 높은, 키가 큰

гимна̀зия 명 고등학교

го̀дина 명 해, 년

дъщеря̀ 명 딸

дя̀до 명 (복 дя̀довци) 할아버지

ѐвтин, -а, -о, -и 형 값이 싼

земя̀ 명 땅, 대지

Земя̀ 명 지구 (항상 대문자로 시작)

ѝ 대 그녀의 (인칭대명사 3인칭 단수, 여성 тя의 여격)

интерѐсен, -сна, -сно, -сни 형 재미있는

клас 명 학년

лѐля 명 고모, 이모, 숙모, (나이가 더 많은) 아주머니

любѝм, -а, -о, -и 형 사랑하는

ма̀йка 명 어머니, 엄마

ма̀ма 명 엄마

матема̀тика 명 수학

математѝчески, -ска, -ско, -ски 형 수학의

ми 대 나의

мил, -а, -о, -и 형 귀여운, 사랑스러운

мо̀е 대 나의

момѝче 명 소녀

момчѐ 명 소년

На ко̀лко го̀дини си? 몇 살이니?

На ко̀лко го̀дини сте? 연세가 어떻게 되시나요?/ 너희들 몇 살이니?

населѐние 명 인구, 주민, 거주자

на̀ше 대 우리의

нѝсък, -ска, -ско, -ски 형 낮은, 키가 작은

нов, -а, -о, -и 형 새로운

от мене 나보다, 나로부터

по-ма̀лък, по-ма̀лка, по-ма̀лко, по-ма̀лки (형용사 비교급) 더 어린, 더 작은, 더 조금

превѐждам, превѐждаш 동 번역하다, 통역하다

преводა̀ч 명 번역가

преводა̀чка 명 여성 번역가

предмѐт 명 1. 사물, 물체 2. 과목

прилѝчам, прилѝчаш (на) 동 닮다, 비슷하다

прия̀тел 명 친구

прия̀телка 명 여자 친구

пъ̀рви, -а, -о, -и 수 첫 번째의

родѝтел 명 부모

семѐйство 명 가족

сестра̀ 명 자매 (여동생, 누나, 언니)

син 명 아들

скъп, -а, -о, -и 형 값이 비싼, 소중한

слѐдващ, -а, -о, -и 형 다음의

снѝмка 명 사진

специа̀лен, -лна, -лно, -лни 형 특별한

стар, -а, -о, -и 형 낡은, 늙은, 오래된

съпру̀г 명 (복 съпру̀зи) 남편

съпру̀га 명 아내

състоя̀ се, състоѝш се (от) 동 ~로 구성되어 있다

та̀тко 명 (복 та̀тковци) 아빠 (자기 아버지를 부르는 호칭으로 사용)

терито̀рия 명 영토

учѝлище 명 (복 учѝлища) 학교

физѝк 명 (복 физѝци) 물리학자

фѝзика 명 물리학

хѝмия 명 화학

ху̀бав, -а, -о, -и 형 좋은, 잘생긴, 예쁜, 멋진

час 명 1. 시간, ~시 2. (복수형) 수업

четирѝма 4인

чѝчо 명 (복 чѝчовци) 숙부/백부/삼촌/(나이가 더 많은) 아저씨

човѐк 명 (복 хо̀ра) 사람

чужд, -а, -о, -и 형 외국의, 타인의, 낯선

4. 문법 따라잡기

1. 100부터 숫자 세기

★ 단위가 바뀔 때마다 마지막 수사 앞에 접속사 и를 쓴다.

100	сто	
	101	сто и еднò
	110	сто и дèсет
	111	сто и единàдесет / сто и единàйсет
	120	сто и двàдесет
	121	сто двàдесет и еднò / сто двàйсет и еднò
200	двèста	
300	трѝста	
400	чèтиристотин	
500	пèтстотин	
600	шèстстотин	
700	сèдемстотин	
800	òсемстотин	
900	дèветстотин	
	999	дèветстотин деветдесèт и дèвет
1,000	хилядà	
	1,001	хилядà и еднò
	1,055	хилядà и петдесèт и пет
	1,234	хилядà двèста трѝдесет и чèтири
2,000	две хѝляди	
10,000	дèсет хѝляди	
	10,015	дèсет хѝляди и петнàдесет
	17,016	седемнàдесет хѝляди и шестнàдесет
	33,983	трѝдесет и три хѝляди дèветстотин осемдесèт и три
100,000	сто хѝляди	
1,000,000	едѝн милиòн	

2,000,000 два милиòна

45,726,322 четирѝдесет и пет милиòна сèдемстотин двàдесет и шест хѝляди трѝста двàдесет и две

1,000,000,000 едѝн милиàрд

2. 수사 + 사람을 가리키는 남성 명사

남성 명사 중 사람을 지칭하는 명사 човек, студент, преподавател 등은 수사와 결합하면 특별한 수사 형태를 쓴다. 이 형태는 1부터 6까지 인원에 대해서만 쓰고 이후의 숫자는 일 단위 숫자만 형태가 변한다. **7부터는 수사 형태가 변화하지 않는다.**

수사	남성 명사 (사람)	
двама	преподаватели	두 명의 선생님들
трима		세 명의 선생님들
четирима		네 명의 선생님들
петима		다섯 명의 선생님들
шестима		여섯 명의 선생님들
седем		일곱 명의 선생님들
осем		여덟 명의 선생님들
девет		아홉 명의 선생님들
десет		열 명의 선생님들
единадесет (единайсет)		열한 명의 선생님들
...		...
двадесет и един	студенти	스물한 명의 학생들
двадесет и двама		스물두 명의 학생들
двадесет и трима		스물세 명의 학생들
...		...
двадесет и седем		스물일곱 명의 학생들
сто и петима		백다섯 명의 학생들

3. 소유 대명사

(1) 소유 대명사의 긴 형태와 짧은 형태

소유 대명사는 긴 형태와 짧은 형태, 두 가지의 형태가 있다. 소유 대명사의 긴 형태는 형용사와 비슷하게 명사 앞에 위치하며, 소유 대명사의 짧은 형태는 명사 뒤에 위치하고 그 형태는 변화하지 않는다. 소유 대명사의 짧은 형태는 대부분의 경우 앞에 오는 명사에 반드시 관사를 붙여야 한다. 예외적으로 가족을 지칭하는 단수 명사 중 **майка, баща, брат, сестра, дъщеря, дядо, баба, чичо, леля**와 결합할 때는 관사를 생략한다.

★ син (아들)은 관사를 생략하지 않는다.

	긴 형태	짧은 형태	뜻
1인칭 단수	мой, моя, мое, мои моя(т), моята, моето, моите	ми	나의
2인칭 단수	твой, твоя, твое, твои твоя(т), твоята, твоето, твоите	ти	너의
3인칭 단수-남성	негов, негова, негово, негови неговия(т), неговата, неговото, неговите	му	그의
3인칭 단수-여성	неин, нейна, нейно, нейни нейния(т), нейната, нейното, нейните	ѝ	그녀의
3인칭 단수-중성	негов, негова, негово, негови неговия(т), неговата, неговото, неговите	му	그것의
1인칭 복수	наш, наша, наше, наши нашия(т), нашата, нашето, нашите	ни	우리의
2인칭 복수	ваш, ваша, ваше, ваши вашия(т), вашата, вашето, вашите	ви	너희들의
2인칭 단수	Ваш, Ваша, Ваше, Ваши Вашия(т), Вашата, Вашето, Вашите	Ви	당신의
3인칭 복수	техен, тяхна, тяхно, техни техния(т), тяхната, тяхното, техните	им	그들의

※소유대명사의 긴 형태와 짧은 형태는 의미가 같으므로 다음과 같이 바꿔 쓸 수 있다.

моята чанта – чантата ми	나의 가방
нашия(т) преподавател – преподавателя(т) ни	우리들의 선생님
вашите имена – имената ви	너희들의 이름들
Вашето име – името Ви	당신의 이름
твоя(т) сандвич – сандвичът(-а) ти	너의 샌드위치
тяхната преподавателка – преподавателката им	그들의 선생님
неговата съпруга – съпругата му	그의 아내
нейния(т) съпруг – съпругът(-а) ѝ	그녀의 남편
техния(т) син – синът(-а) им	그들의 아들
неговите родители – родителите му	그의 부모님
техните дъщери – дъщерите им	그들의 딸

기억해 두세요!

моята майка – майка ми	나의 어머니
нашия(т) баща – баща ни	우리들의 아버지
техния(т) брат – брат им	그들의 남동생/오빠/형
Вашата сестра – сестра Ви	당신의 여동생/누나/언니
твоята дъщеря – дъщеря ти	너의 딸
неговия(т) дядо – дядо му	그의 할아버지
нейната леля – леля ѝ	그의 숙모/고모/이모

(2) 소유 대명사의 재귀 형태

소유 대명사의 재귀형 역시 긴 형태와 짧은 형태가 있다. 재귀대명사는 문장의 주어가 지칭하는 것과 동일한 인물을 지칭한다.

	긴 형태	짧은 형태	뜻
소유 대명사의 재귀 형태	свой, своя, своe, свои своя(т), своята, своето, своите	си	자기 자신의

Той много обича майка си. 그는 (자신의) 엄마를 많이 사랑한다.

Те говорят с родителите си 그들 (자신들의) 부모님과 이야기한다.

Защо не ядеш сандвича си? 왜 (자신의) 너의 샌드위치를 먹지 않니?

Не виждам химикалката си. 내 볼펜이 보이지 않는다.

Студентите говорят със своя преподавател. 학생들이 (자신들의) 선생님과 이야기한다.

Отивам при своята лекарка. 내 주치의에게 간다.

Родителите обичат своите деца. 부모들은 자신의 아이들을 사랑한다.

4. 의문사 **чий, чия, чие, чии, на кого:**

대상물의 소유관계를 물어볼 때 의문사 чий, чия, чие, чии, на кого를 쓸 수 있다. 대상물의 성과 수에 따라서 의문사 형태가 결정된다.

чий	+ 남성 단수 명사
чия	+ 여성 단수 명사
чие	+ 중성 단수 명사
чии	+ 복수 명사
на кого	+ 성과 수에 관계없이 모든 경우

На кого е телефонът? / Чий е телефонът? – На Иван е.
전화기 누구 거야? – 이반 거야.

На кого е тази стая? / Чия е тази стая? – Това е стаята на Албена.
이 방은 누구의 방이야? – 이것은 알베나의 방이야.

На кого е това бюро? / Чие е това бюро? – Това е бюрото на детето.
이 책상은 누구의 책상이야? – 이것은 그 어린아이의 책상이야.

На кого са тези очила? / Чии са тези очила? – На баба ми.
이 안경은 누구의 안경이야? – 나의 할머니 거야.

5. 형용사의 비교급과 최상급

(1) 형용사의 비교급

형용사의 비교급은 형용사 앞에 'по-'를 더하여 만들 수 있다. 형용사의 비교급은 수식하는 명사의 성과 수에 일치된 상태에서 비교급을 형성하는 소사 'по-'만 더한 것이다.

по-голям таблет	더 큰 태블릿 PC
по-голяма маса	더 큰 탁자
по-голямо бюро	더 큰 책상
по-големи деца	더 큰 아이들

Иван е **по-малък от** Петър.
이반은 페테르보다 더 어리다.

Тази маса е **по-голяма от** онази.
이 탁자는 저것보다 더 크다.

Това капучино е **по-горещо от** онова еспресо.
이 카푸치노는 저 에스프레소보다 더 뜨겁다.

Майка ми е **по-голяма от** леля ми.
나의 어머니는 숙모보다 더 나이가 많다.

Майка ми е **с четири години по-голяма от** леля ми.
나의 어머니는 숙모보다 4살 더 나이가 많다.

(2) 형용사 최상급

형용사 최상급은 형용사 앞에 'най-'를 더하여 만들 수 있다. 형용사의 최상급은 수식하는 명사의 성과 수에 일치된 상태에서 최상급을 형성하는 소사 'най-'만 더한 것이다.

най-голям диван	제일 큰 소파
най-голяма карта	제일 큰 지도
най-голямо легло	제일 큰 침대
най-големи чаши	제일 큰 컵들

Той е **най-добрият** преподавател по математика.
그는 수학 선생님 중에서 제일 좋은 선생님이다.

Ивайло е **най-големият** син на семейство Маринови.
이바일로는 마리노프 가족 중에 제일 큰아들이다.

Нейната чанта е **най-хубава**.
그녀의 가방이 제일 예쁘다.

Той е **най-високото** момче в класа.
그는 반에서 가장 큰 소년이다.

Тези чаши са **най-хубави**.
이 컵들이 제일 예쁘다.

5. 표현 따라하기

Населението на България е около седем милиона души, на Южна Корея – петдесет милиона, а на Северна Корея – двадесет и четири милиона души.
불가리아 인구는 약 700만 명이고, 남한은 5,000만 명, 북한은 2,400만 명이다.

Територията на България е сто и единадесет хиляди квадратни километра, на Южна Корея – около сто хиляди квадратни километра, а на Северна Корея – сто и двадесет хиляди квадратни километра.
불가리아의 국토는 111,000㎢이고, 남한은 100,000㎢, 북한은 120,000㎢이다.

Колко души има на Земята? – Около седем милиарда души.
지구상에는 인구가 몇 명인가요? – 약 70억 명입니다.

В нашия курс сме двадесет и трима студенти.
우리 학년은 23명의 학생이 있다.

Ние имаме петима преподаватели по български език.
(우리 과에는) 불가리아어 과목 선생님이 다섯 분 계시다.

На станцията на метрото има много хора, може би около двеста души.
지하철역에 사람이 많은데, 아마도 약 200명 정도이다.

В стаята има двадесет и петима студенти, но само двадесет и четири стола.
그 방에는 25명은 학생이 있지만, 24개의 의자만 있다.

Професор Иванов, няколко студенти Ви търсят.
이바노프 교수님, 학생 몇 명이 교수님을 찾고 있습니다.

Нашият апартамент е по-голям от вашия.
우리 아파트는 당신들의 것보다 더 크다.

Тяхната кола е по-скъпа от нашата.
그들의 자동차는 우리 것보다 더 비싸다.

В Сеул земята е най-скъпа в Корея.
서울은 한국에서 가장 비싼 땅이다.

В България земята е по-евтина от Корея.
불가리아는 한국보다 땅값이 싸다.

Ивайло е висок, Иван е по-висок, а Петър е най-висок.
이바일로는 키가 크고, 이반은 키가 더 크고, 페테르는 제일 키가 크다.

Той е нисък, а сестра му е още по-ниска.
그는 키가 작고, 그의 여동생은 (그보다) 더욱 키가 작다.

Моят лаптоп е нов, а твоят е още по-нов.
내 노트북은 새것이고, 너의 것은 (나의 것 보다) 더욱 새것이다.

Неговият таблет е по-стар от нейния.
그의 태블릿 PC는 그녀의 것보다 더 오래된 것이다.

Майка ми е на четиридесет години, а баща ми е с две години по-млад. Той е на тридесет и осем години.
나의 어머니는 40세이고, 아버지는 어머니보다 2살 더 젊다. 그는 38세이다.

Имаш ли братя и сестри? – Да, имам двама братя и една сестра.
언니나 오빠 있나요? – 네, 오빠가 두 명이고 언니가 한 명이에요.

Откъде са баба ти и дядо ти? – От Русе.
너의 할머니와 할아버지께서는 어디서 오셨니? – 루세에서 오셨어.

Чичо ти по-голям ли е от баща ти? – Не, по-малък е с пет години.
너의 삼촌은 아버지보다 더 나이가 많아? – 아니, 5살 아래야.

Това твоят учебник ли е? – Не, на Ния е.
이거 네 교과서니? – 아니, 니야의 것이야.

Чия е тази тетрадка? – Моя е.
이 공책은 누구 거야? – 내 거야.

На кого е този телефон? – На Мария е.
이 전화기는 누구 거야? – 마리야 거야.

Това е чантата на Милена, а тази на кого е?
이 가방은 밀레나의 것이고, 저 가방은 누구 거야?

Чий е моливът? – Това е моливът на малкото момиче.
이 연필은 누구 거야? – 이것은 어린 소녀의 연필이야.

Чии са книгите? – Това са книгите на преподавателя.
이 책들은 누구의 것이니? – 이것은 선생님의 책들이야.

На кого е тази кола? – Това е моята нова кола.

이 자동차는 누구 거야? – 이것은 나의 새 차야.

Той със сестра си ли говори? – Не, той говори със сестрата на своя приятел.

그는 자기 여동생이랑 말을 하는 거야? – 아니, 그는 자기 친구의 여동생과 이야기하는 거야.

6. 응용해서 말하기

Диалог 1

– Какво работят родителите ти?

– Баща ми е инженер, а майка ми е аптекарка.

– А имаш ли братя и сестри?

– Да, имам по-голям брат и по-малка сестра.

– Значи семейството ви се състои от петима души.

대화 1

– 너의 부모님께서는 무슨 일을 하시니?

– 아버지는 기술자이고, 어머니는 약사야.

– 남자 형제나 여자 형제는 있어?

– 응, 형이랑 여동생이 있어.

– 그럼 너희 가족은 다섯 명인 거네.

Диалог 2

– Семейство Иванови имат ли деца?

– Да, имат две дъщери и един син.

– Значи имат три деца. А къде са децата им?

– Те са вече големи. По-голямата им дъщеря е в Германия със съпруга си.
  По-малката е студентка във Велико Търново, а синът им е студент във Варна.

– А, ясно!

대화 2

– 이바노프 가족에게 아이들이 있나요?

– 네, 딸 둘이랑 아들 하나 있어요.

– 그럼 아이들이 세 명이라는 거네요. 그들의 아이들은 어디에 있나요?

– 그들은 이미 다 컸어요. 큰딸은 남편과 같이 독일에 있어요. 작은딸은 벨리코 터르노보에서 대학교를 다니고요, 아들은 바르나에서 대학교를 다녀요.

– 아, 알겠네요!

Диалог 3

– Какво търсиш?

– Търся флашката си.

– Тук има една флашка. Твоята ли е?

– Не, моята е по-малка.

– А чия е тази?

– Може би е на Зоя, защото е до нейния компютър.

– Тук под списанието има още една флашка.

– А, тази е моята! На тази флашка имам много файлове. Благодаря!

대화 3

– 뭘 찾고 있니?

– 내 USB 찾고 있어.

– 여기 USB하나 있는데? 네 것이니?

– 아니, 내 것은 좀 작아.

– 그럼, 이것은 누구의 것이지?

– 아마도 조야의 것일 거야, 왜냐하면 그녀의 컴퓨터 옆에 있으니까.

– 여기 잡지 아래에 또 USB 하나 있다.

– 아, 이게 내 것이야! 이 USB에 파일이 많아. 고마워!

7. 함께 연습하기

1. 다음 [보기]와 같이, 주어진 단어가 의미가 같도록 변화시키세요.

보기		
	неговата чанта	- **чантата му**
	майка ѝ	- **нейната майка**

А. нашите бюра – __________

Б. вашите родители – __________

В. нейният баща – __________

Г. нейната сестра – __________

Д. моето семейство – __________

Е. стаята ни – __________

Ж. баба ѝ – __________

З. брат ѝ – __________

И. училището ви – __________

Й. учителят му – __________

2. 다음 [보기]와 같이 괄호 안의 형용사를 비교급이나 최상급으로 변화시켜 문장을 만드세요.

보기		
	Иван е (висок) от Петър.	**Иван е по-висок от Петър.**
	Иван е (висок) момче в класа.	**Иван е най-високото момче в класа.**

А. Този мол е (голям) от онзи.

– ______

Б. Това е (голям) мол в града.

– ______

В. Тази сграда е (висок) от онази.

– ______

Г. Чантата на Мария е (нов) от чантата на Зоя.

– ______

Д. Моето кафе е (сладък) от твоето.

– ______

Е. Неговата сестра е (малък) от моята.

– ______

Ж. Това е (голям) болница в Сеул.

– ______

З. Летището в Инчон е (голям) в Корея.

– ______

И. Летището в Бусан е (малък) от летището в Инчон.

– ______

Й. Коя е (висок) сграда в Сеул?

– ____________________

3. 다음 [보기]와 같이 주어진 문장에 대한 알맞은 질문을 쓰세요.

> **보기** **Чия е тази стая?** - Това е стаята на Мая.

А. ____________________

– Това е чантата на Антон.

Б. ____________________

– Това е компютърът на Иван.

В. ____________________

– Това са тетрадките на Боряна.

Г. ____________________

– Това са моите учебници.

Д. ____________________

– Това е кафето на Зорница.

Е. ____________________

– Това е твоето кафе.

Ж. ____________________

– Това е моята чаша.

З. ____________________

– Това е телефонът на приятеля ми.

8 Ежедневие
일상에 관하여

1. 본문

1

Казвам се Илияна. На 29 години съм. От Велико Търново съм, но сега живея в София, защото работя като счетоводителка в голяма фирма за електроника. Приятелите ми мислят, че работата ми е скучна, но аз обичам да работя с числа. Заплатата ми е добра и имам дълга отпуска.

В ежедневието съм доста заета. От понеделник до петък всяка сутрин ставам в 6 часа. Бързо се измивам и отивам в близкия фитнес. В 7:30 се връщам вкъщи. Вземам душ, обличам се и се гримирам. След това закусвам. Обикновено ям сандвич и пия кафе. Докато закусвам обичам да чета новините на телефона си. Излизам от къщи в 8:30. На близката спирка вземам трамвай номер 2 и отивам до офиса. Започвам работа в 9 часа. От 12 до 1 имам обедна почивка. Обикновено обядвам с колеги в ресторанта до офиса ни, но понякога отивам в Макдоналдс и ям хамбургер и пържени картофи. Свършвам работа в 6 часа. След работа рядко се прибирам вкъщи. Често се разхождам в центъра на града, разглеждам магазините и книжарниците. Понякога излизам с приятели. Вечеряме заедно, пием бира или вино и разговаряме. През седмицата си лягам рано, около 11 часа.

Събота и неделя са почивни дни. В събота сутринта аз чистя и пера. След това почивам – гледам телевизия или чета книга. Понякога през уикенда ходя на екскурзия с приятели. Обичаме да обикаляме страната, защото в България има много красиви и интересни места.

내 이름은 일리야나입니다. 스물아홉 살이에요. 벨리코 트르노보 출신이지만, 지금은 소피아에 삽니다. 왜냐하면 큰 전자 제품 회사 회계사로 일하고 있기 때문이에요. 내 친구들은 내가 하는 일이 지루하다고 생각하지만, 나는 숫자를 가지고 일하는 것이 좋습니다. 월급도 좋고 휴가도 길어요.

일상은 꽤나 바쁩니다. 월요일부터 금요일까지 매일 아침 6시에 일어나요. 재빨리 씻고 가까이에 있는 피트니스에 갑니다. 샤워를 하고, 옷을 입고 화장을 해요. 그다음에는 아침을 먹어요. 보통은 샌드위치를 먹고 커피를 마십니다. 아침 식사를 하는 동안 핸드폰으로 뉴스를 읽어요. 8시 30분에 집을 나섭니다. 가까운 정류장에서 2번 트램을 타고 사무실까지 갑니다. 9시에 일을 시작해요. 12시부터 1시까지는 점심시간이에요. 보통은 동료들과 함께 우리 사무실 근처에 있는 식당에서 점심을 먹지만, 가끔 맥도날드에 가서 햄버거와 감자튀김을 먹기도 합니다. 근무는 6시에 끝나요. 근무 이후에 집에 바로 돌아가는 것은 드뭅니다. 자주 시내를 산책하고, 가게들이나 서점들을 구경해요. 때때로 친구들과 나가기도 합니다. 함께 저녁을 먹고, 맥주를 마시거나 와인을 마시고 대화를 해요. 주중에는 11시쯤에 일찍 잠들어요.

토요일과 일요일은 휴일입니다. 토요일 아침에는 청소하고 빨래를 해요. 그다음에는 TV를 보거나 책을 읽으면서 쉬어요. 가끔 주말에 친구들과 가벼운 여행을 가기도 해요. 불가리아에는 아름답고 흥미로운 장소들이 많기 때문에 우리는 국내를 돌아다니는 것을 좋아해요.

2

Илияна си тръгва от фитнес залата след тренировка:

Илияна	– Борисе, чао! До утре!
Фитнес инструкторът	– До утре ли? Утре фитнесът е затворен.
Илияна	– Но утре е сряда! Защо не работи фитнесът?
Фитнес инструкторът	– Утре е двадесет и четвърти май.
Илияна	– О, вярно! Утре е почивен ден – Денят на българската писменост и култура. Супер! Мога да спя до късно. До четвъртък тогава!
Фитнес инструкторът	– Чао! Приятна почивка!

일리야나가 운동 후에 피트니스를 나서려고 한다:

일리야나	– 보리스야, 안녕! 내일 봐!
트레이너	– 내일 보자고? 내일은 피트니스가 쉬어.
일리야나	– 그치만 내일은 수요일이야! 왜 피트니스가 운영되지 않아?
트레이너	– 내일은 5월 24일이야.
일리야나	– 오, 맞네! 내일 불가리아 문자와 문화의 날이라서 쉬는 날이구나. 완전 좋다! 늦게까지 잘 수 있겠다. 그러면 목요일에 보자!
트레이너	– 잘 가! 즐거운 휴일 보내!

2. 질문

На колко години е Илияна?

일리야나는 몇 살입니까?

Откъде е тя?

그녀는 어디 출신인가요?

Илияна защо живее в София?

일리야나는 왜 소피아에 사나요?

В каква фирма работи тя?

그녀는 무슨 회사에서 일하나요?

Като каква работи? (= Каква е по професия?)

직업이 무엇인가요?

Илияна обича ли работата си? Защо?

일리야나는 자신의 직업을 좋아합니까? 왜요?

Илияна спортува ли редовно?

일리야나는 규칙적으로 운동을 하나요?

Къде закусва тя?

그녀는 어디에서 아침을 먹나요?

Какво обича да прави докато закусва?

아침 식사를 하는 동안 무엇을 하는 것을 좋아하나요?

Как отива на работа?

직장에 어떻게 가나요?

Колко дълга е обедната почивка на Илияна?

일리야나의 점심시간은 얼마나 긴가요?

Какво прави след работа?

근무가 끝나면 무엇을 하나요?

Какво прави Илияна през уикенда?

주말에 일리야나는 무엇을 하나요?

Защо на двадесет и четвърти май Илияна може да спи до късно?
왜 5월 24일에 일리야나는 늦게까지 잠을 잘 수 있어요?

3. 단어 및 숙어

àвгуст (명) 8월
апрѝл (명) 4월
бѝра (명) 맥주
блѝзък, -зка, -зко, -зки (형) 가까운
броя̀, броѝш (동) 세다
бя̀гане (명) 달리기
вака̀нция (명) 휴가, 방학, 바캉스
взѐмам, взѐмаш (동) 잡다
вѝнаги (부) 항상, 언제나
вѝно (명) 와인
вкъщи (부) 집에서, 집에, 집으로
връщам се, връщаш се (동) (집으로) 돌아가다
вто̀рник (명) 화요일
въпреки това̀ 이럼에도 불구하고
въпреки (전) ~불구하고
глѐдам, глѐдаш (동) 보다, 쳐다보다
годѝна (명) 해, 년
гримѝрам се, гримѝраш се (동) 화장하다
Два̀десет и четвърти май – Ден на българската пѝсменост, нау̀ка и култу̀ра 5월 24일- 불가리아 문자와 문화의 날
декѐмври (명) 12월
ден (명) ((복) дни) 날, 낮
докато̀ (접) (주절의 동작과 동시에 작동하는 시간) ~하면서
до̀ста (부) 꽤
душ (명) 샤워
ежеднѐвие (명) 일상
екску̀рзия (명) 가벼운 여행, 소풍, 견학
електро̀ника (명) 전자 공학, 전자 제품
живѐя, живѐеш (동) 살다
за̀едно (부) 함께
заѐт, -а, -о, -и (형) 바쁜, (자리 등이) 차지된, 점령된
закъсня̀вам, закъсня̀ваш (동) 지각하다
запла̀та (명) 월급
запо̀чвам, запо̀чваш (동) 시작하다
затво̀рен, -а, -о, -и (분) 닫힌
игра̀ (명) 게임
игра̀я компю̀търни игрѝ 컴퓨터 게임을 하다
игра̀я, игра̀еш (동) 경기하다, 놀다
игра̀я тѐнис 테니스를 치다
игра̀я фу̀тбол 축구를 하다
извън (전) ~의 밖에
излѝзам, излѝзаш (동) 나시디, 나가디

измѝвам се, измѝваш се ⓢ 씻다

илѝ ⓒ 혹은, 또는

картòф ⓜ 감자

книжàрница ⓜ 서점

когà ⓘ 언제

колèга ⓜ 동료

Кòледа ⓜ 크리스마스

красѝв, -а, -о, -и ⓗ 아름다운

ля̀гам си, ля̀гаш си ⓢ 잠자러 가다
(# лягам 눕다)

магазѝн ⓜ 상점, 가게

май ⓜ 5월

март ⓜ 3월

мèсец ⓜ 달, 월

мѝсля, мѝслиш ⓢ 생각하다

мя̀сто ⓜ(ⓑ местà) 장소

Национàлен прàзник 국경일

недèля ⓜ 일요일

нѝкога (не) ⓑ 아무 때도 ~ 않는다

Нòва годѝна 새해, 신년, 신정

новинà ⓜ 뉴스

ноèмври ⓜ 11월

òбеден, -дна, -дно, -дни ⓗ 점심의

òбедна почѝвка 점심 휴식, 점심시간

обикàлям, обикàляш ⓢ 돌아다니다

обикновèно ⓑ 보통, 대개

обѝчам да четà 읽기를 좋아하다

облѝчам се, облѝчаш се ⓢ (옷을) 입다

òколо ⓑ 근처에

октòмври ⓜ 10월

опѝтвам се, опѝтваш се ⓢ 시도하다, 한번 해 보다

от къщи 집에서, 집으로부터

òтпуска ⓜ 휴가

òфис ⓜ 사무실, 오피스

перà, перèш ⓢ 빨래하다

пèтък ⓜ 금요일

плỳване ⓜ 수영

понедѐлник ⓜ 월요일

поня̀кога ⓑ 종종, 때때로, 가끔

почѝвам, почѝваш ⓢ 쉬다

почѝвен, -вна, -вно, -вни ⓗ 쉬는, 휴식의

почѝвен ден 쉬는 날, 휴일

почѝвка ⓜ 휴식, 휴가

прàвя, прàвиш ⓢ 하다, 만들다

през сèдмицата 주중에

през уѝкенда 주말에

през ⓙ (기간으로 표현되는 시간) ~에, 동안에

прибѝрам се, прибѝраш се ⓢ 집으로 돌아가다

Прия̀тна почѝвка! 좋은 휴일! 즐거운 휴식 보내세요!

пържен, -а, -о, -и ⓑ 튀긴

пържени картòфи 튀긴 감자

рàбота ⓜ 일, 근무

разглèждам, разглèждаш ⓢ 구경하다

разхòждам се, разхòждаш се ⓢ 산책하다

ракѝя ⓜ 라키야 (불가리아 술의 일종)

рàно ⓑ 일찍

редòвно ⓑ 정기적으로, 규칙적으로

ресторàнт ⓜ 식당, 레스토랑

родѐн, -а, -о, -и 분 태어난
рождѐн ден 생일
рѝдко 부 드물게, 가끔
свършвам, свършваш 동 끝나다
сѐдмица 명 한 주
септѐмври 명 9월
скỳчен, -чна, чно, -чни 형 지루한
след товà 그 뒤에
след 전 후에, 뒤에
спѝрка 명 정류장
срѝда 명 수요일
стàвам, стàваш 동 일어나다, 되다
странà 명 나라, 국가
счетоводѝтел 명 회계사
счетоводѝтелка 명 (여) 회계사
сѝбота 명 토요일
състезàние 명 경기
телевѝзия 명 티비 프로그램
тòчно 부 정확하게
трамвàй 명 트램
тренирòвка 명 트레이닝, 운동
тръгвам си, тръгваш си 동 (집으로) 출발하다
тръгвам, тръгваш 동 출발하다
уикѐнд 명 주말
ỳтре 부 내일
февруàри 명 2월
фѝрма 명 회사
фѝтнес 명 피트니스, 헬스장
фѝтнес зàла 피트니스, 헬스장
фѝтнес инструктор 트레이너
хàмбургер 명 햄버거
хòдя, хòдиш 동 가다, 다니다
хòдя (отѝвам) за рѝба 낚시 다니다 (가다)
хòдя (отѝвам) на английски език 영어 수업에 나가다 (가다)
хòдя (отѝвам) на йòга 요가 하러 다니다 (가다)
хòдя (отѝвам) на кѝно 영화 보러 가다
хòдя (отѝвам) на концѐрт 콘서트에 가다
хòдя (отѝвам) на теàтър 연극 보러 가다
хòдя (отѝвам) на тѐнис 테니스 치러 다니다 (가다)
хòдя (отѝвам) на фѝтнес 피트니스에 다니다 (가다)
хòдя на екскỳрзия 가벼운 여행을 가다
час 명 시간 (часа, часът는 시), 수업
часът, часà 시 (관사 형태)
че 접 종속절을 이끄는 접속사
чѐсто 부 자주
четвъртък 명 목요일
числò 명 숫자
чѝстя, чѝстиш 동 깨끗이 하다, 청소하다
юли 명 7월
юни 명 6월
януàри 명 1월

4. 문법 따라잡기

1. 동사 현재시제 활용 정리

-а 그룹 동사 (동사 1인칭 단수 형태가 -ам이나 -ям으로 끝나는 경우)		-и 그룹 동사 (동사 1인칭 단수 형태가 -я나 -оя로 끝나는 경우)		-е 그룹 동사 (동사 1인칭 단수 형태가 -а, -ая, -ея, -ия, -уя로 끝나는 경우)	
аз ти той/тя/то ние вие те	ставам ставаш става ставаме ставате стават	аз ти той/тя/то ние вие те	мисля мислиш мисли мислим мислите мислят	аз ти той/тя/то ние вие те	чета четеш чете четем четете четат
				аз ти той/тя/то ние вие те	играя играеш играе играем играете играят
аз ти той/тя/то ние вие те	вечерям вечеряш вечеря вечеряме вечеряте вечерят	аз ти той/тя/то ние вие те	броя броиш брои броим броите броят	аз ти той/тя/то ние вие те	пея пееш пее пеем пеете пеят
				аз ти той/тя/то ние вие те	пия пиеш пие пием пиете пият

주의!

-жа, -ча, -ша로 끝나는 동사 중에는 -е 그룹도 있고, -и 그룹도 있습니다. 이 부분은 외우거나 잘 기억해야 합니다.

2. 빈도를 나타내는 부사 **винаги, често, редовно, обикновено, понякога, рядко, никога (не)**

빈도를 나타내는 부사의 위치는 문장 안에서 비교적 자유롭다.

Даниел винаги става в 6 часа.
다니엘은 항상 6시에 일어난다.

Ние често излизаме заедно.
우리들은 자주 함께 나간다.

Той учи новите думи редовно.
그는 규칙적으로 새로운 단어를 공부한다.

Децата обикновено отиват на училище с автобус.
아이들은 보통 버스를 타고 학교에 간다.

Понякога в неделя играя тенис.
가끔 일요일에 테니스를 친다.

Те рядко вечерят пица.
그들은 드물게 피자를 저녁으로 먹는다.

Мария никога не играе компютърни игри.
마리야는 컴퓨터 게임을 전혀 하지 않는다.

3. 서수

서수 표현은 순서를 나타내는 것으로 형용사처럼 남성, 여성, 중성, 복수형이 있다.

남성형	여성형	중성형	복수형
първи	първа	първо	първи
втори	втора	второ	втори
трети	трета	трето	трети
четвърти	четвърта	четвърто	четвърти
пети	пета	пето	пети
шести	шеста	шесто	шести
седми	седма	седмо	седми
осми	осма	осмо	осми
девети	девета	девето	девети
десети	десета	десето	десети
единадесети / единайсети	единадесета / единайсета	единадесето / единайсето	единадесети / единайсети
дванадесети / дванайсети	дванадесета / дванайсета	дванадесето / дванайсето	дванадесети / дванайсети
двадесети / двайсети	двадесета / двайсета	двадесето / двайсето	двадесети / двайсети
двадесет и първи / двайсет и първи	двадесет и първа / двайсет и първа	двадесет и първо /двайсет и първо	двадесет и първи /двайсет и първи
двадесет и втори / двайсет и втори	двадесет и втора/ двайсет и втора	двадесет и второ / двайсет и второ	двадесет и втори / двайсет и втори
двадесет и трети / двайсет и трети	двадесет и трета / двайсет и трета	двадесет и трето / двайсет и трето	двадесет и трети / двайсет и трети
тридесети / трийсети	тридесета / трийсета	тридесето / трийсето	тридесети / трийсети
тридесет и седми / трийсет и седми	тридесет и седма / трийсет и седма	тридесет и седмо / трийсет и седмо	тридесет и седми / трийсет и седми
деветдесет и девети	деветдесет и девета	деветдесет и девето	деветдесет и девети

4. 시간 표현

명사 час (시간, 수업)의 복수형은 часове이고, 가산 복수형은 чàса이다. (강세 위치에 주의!)

Днес имам много часове. 오늘은 수업이 많다.

След часовете отивам на фитнес. 수업 끝나고 피트니스에 갈 거야.

Днес имам само два чàса. 오늘 수업 두 개밖에 없어요.

Всеки ден уча по три чàса. 매일 세 시간씩 공부합니다.

час의 관사 형태는 주격 관사인 경우 часът, 비주격 관사의 경우 часà이다. 이때 강세는 두 번째 음절에 있다. <00시> 표현에는 반드시 час의 관사 형태를 써야 한다. (*час<시간, 수업>은 경우에 따라서 관사를 쓸 수도 있고 안 쓸 수도 있다.)

Сега е пет часът. 지금은 5시이다.

В седем часà отивам на театър. 7시에 나는 연극을 보러 간다.

Сега е един часът. 지금은 1시이다.

Обядвам в един часà. 1시에 점심을 먹는다. (# часà은 가산 복수 чàса와 형태는 같지만, 강세의 위치가 다르다)

비교해 보기!

Всеки следобед спя два чàса. 매일 오후에 2시간 동안 잠을 잔다. (가산 복수)

Лягам си в два часà. 2시에 잠자러 간다. (비주격 관사)

Всеки следобед спя един час. 매일 오후에 1시간 동안 잠을 잔다.

Лягам си в един часà. 1시에 잠자러 간다. (비주격 관사)

Колко е часът? 몇 시예요?

8:00 Часът е осем. = Часът е точно осем. Сега е осем часът.

7:15 Часът е седем и петнайсет. Сега е седем часът и петнайсет минути.

3:30 Часът е три и тридесет. = Часът е три и половина. Сега е три часът и половина.

4:55 Часът е четири и петдесет и пет. = Часът е пет без пет. Сега е четири часът и петдесет и пет минути. Сега е пет часът без пет минути.

6:40 Часът е шест и четиридесет. = Часът е седем без двадесет. Сега е шест часът и четиридесет минути. Сега е седем часът без двадесет минути.

5:50 шест **без** десет 6시 10분 전

в пет часà, **в** седем и петнайсет, **в** дванайсет без петнайсет

5시에, 7시 15분에, 11시 45분에

Винаги ставам **в** шест и десет.

항상 6시 10분에 일어난다.

Обикновено закусвам **в** седем и половина.

보통 7시 30분에 아침을 먹는다.

5. 요일 표현

понеделник	월요일
вторник	화요일
сряда	수요일
четвъртък	목요일
петък	금요일
събота	토요일
неделя	일요일

기억해 두세요!

в понеделник	월요일에
във вторник	화요일에
в сряда	수요일에
в четвъртък	목요일에
в петък	금요일에
в събота	토요일에
в неделя	일요일에

6. 월 표현

януари	1월
февруари	2월
март	3월
април	4월
май	5월
юни	6월
юли	7월
август	8월
септември	9월
октомври	10월
ноември	11월
декември	12월

през януари, **през** февруари… 1월에, 2월에…

на десети май 5월 10일에

на десети май две хиляди и деветнадесета година
2019년 5월 10일에

на първи януари 1월 1일에

на първи януари тази година 올(금년) 1월 1일에

7. 날짜 표현

연도와 날짜는 서수로 써야 한다. 한국어는 <연도-월-일>의 순서로 큰 단위부터 표기하는 데 비해, 불가리아어는 거꾸로 가장 작은 단위부터 <일-월-연도>의 순서로 표기한다. 그리고 연도 표기 뒤에는 година의 약자인 г.를 쓴다.

01.01.2017 г.

– първи януари две хиляди и седемнадесета година

23.08.2015 г.

– двадесет и трети август две хиляди и петнадесета година

03.03.1878 г.

– трети март хиляда осемстотин седемдесет и осма година

31.05.1991 г.

– тридесет и първи май хиляда деветстотин деветдесет и първа година

Емилия, кога си родена?

– Родена съм **на** десети октомври хиляда деветстотин седемдесет и осма година.

에밀리아, 너는 생일이 언제야? – 나는 1978년 10월 10일에 태어났어.

Емилия има рожден ден **на** десети октомври.

에밀리아는 10월 10일이 생일이다.

Даниел кога е роден?

– Даниел е роден **на** седемнадесети септември хиляда деветстотин деветдесет и девета година.

다니엘은 언제 태어났어? – 다니엘은 1999년 9월 17일에 태어났어.

Даниел има рожден ден на седемнадесети септември.

다니엘은 9월 17일이 생일이다.

Коя дата е днес? – Днес е двадесет и шести април.

오늘 며칠이야? – 오늘은 4월 26일이야.

през две хиляди и осемнадесета година, **през** хиляда деветстотин четиридесет и пета година…

2018년에, 1945년에…

8. кой, коя, кое, кои + 명사

Кой, коя, кое, кои는 '어느'라는 의미로, 명사와 결합하면 명사의 성과 수에 따라 그 형태가 정해진다.

кой + 남성 명사
коя +여성 명사
кое + 중성 명사
кои + 복수형 명사

кой учебник	어느 교과서(여러 종류의 다양한 교과서 중에 어떤 것)
коя тетрадка	어느 공책(여러 종류의 다양한 공책 중에 어떤 것)
кое списание	어느 잡지(여러 종류의 다양한 잡지 중에 어떤 것)
кои студенти	어느 학생들(여러 명의 학생들 중에 누구)
през коя година	몇 년도에
през кой месец	몇 월에
на коя дата	(몇 년 몇 월) 며칠에
в кой ден от седмицата	무슨 요일에
Коя дата е днес?	오늘 며칠이에요? (오늘 날짜가 뭐예요?)

9. 동사 отивам, ходя 비교

동사 отивам은 일정한 목적지를 향해 한 방향으로 움직여서 그 목적지에 도달하는 것을 의미한다. 동사 ходя는 일정한 장소까지 갔다가 다시 출발한 장소로 돌아오거나, 이러한 동작이 여러 번 일어나는 경우에 쓴다. 동사 ходя 는 한국어로는 <다니다>에 더 가깝다.

отивам
ходя
ходя

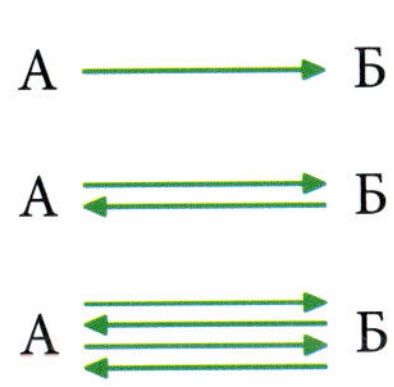

5. 표현 따라하기

Петя обикновено се връща от работа в шест часа̀.
페탸는 보통 6시에 회사에서 (집으로) 돌아온다.

Съпругът на Петя се прибира в осем часа̀.
페탸의 남편은 8시에 집에 돌아온다.

В събота той обикновено ходи за риба, а тя играе тенис.
토요일에 그는 보통 낚시를 가고, 그녀는 테니스를 친다.

През уикенда понякога се разхождам в парка.
주말에 나는 때때로 공원을 산책한다.

Никога не ям хамбургери и пържени картофи.
나는 햄버거와 튀긴 감자를 결코 먹지 않는다.

Аз имам рожден ден на двадесет и първи април. А ти кога имаш рожден ден?
내 생일은 4월 21일이다. 네 생일은 언제야?

Майка ми е родена през хиляда деветстотин седемдесет и трета година.
나의 어머니는 1973년에 태어났다.

Дядо ми е роден през хиляда деветстотин четиридесет и седма година.
나의 아버지는 1947년에 태어났다.

Сестра ми е родена на пети август две хиляди и първа година.
나의 여동생은 2001년 8월 5일에 태어났다.

Коледа е на двадесет и пети декември.
크리스마스는 12월 25일이다.

Нова година е на първи януари.
신정은 1월 1일이다.

В колко часа̀ свършваш работа?
몇 시에 일이 끝나니?

В колко часа̀ ставаш сутрин?
아침에 몇 시에 일어나니?

Кога закусваш?
언제 아침 식사를 하니?

През уикенда често обикалям по книжарниците.
주말에 자주 서점을 돌아다닌다.

Дъщеря ти през кой месец е родена?
너의 딸은 무슨 달에 태어났어?

Тя ходи на йога в понеделник, сряда и петък.
그녀는 월요일, 수요일, 금요일에 요가를 다닌다.

Когато ходя на кино, никога не сядам на първия ред.
영화관에 갈 때, 첫 번째 줄에는 앉지 않는다.

Димитрина е на първо място в класа по успех.
드미트리나는 반에서 1등을 차지했다.

На състезанието по плуване Ивайло е трети, а Кристина – пета.
수영 대회에서 이바일로는 3위를 했고, 크리스티나는 5위를 했다.

На състезанието по бягане на двеста метра Даниела е шеста, а Юлиян – двадесет и втори.
200m 달리기 대회에서 다니엘라는 6위를 차지했고, 율리얀은 22위를 차지했다.

Отивам в Япония за първи път.
난생처음으로 일본에 간다.

Марина пие ракия за втори път.
마리나는 두 번째로 라키야를 마셔본다.

6. 응용해서 말하기

Диалог 1

- Обикновено какво правиш през уикенда?
- През седмицата съм много заета и затова през уикенда само си почивам.
- Как си почиваш?
- Спя до късно, гледам телевизия, ходя на разходка в парка и понякога се срещам с приятели.
- А пътуваш ли извън града?
- Не, обикновено пътувам само когато ходя в командировка или през отпуската.

대화 1

- 주말에 보통 뭐 하니?
- 주중에는 내가 정말 바쁘거든. 그래서 주말에는 쉬는 것만 해.
- 어떻게 휴식하는데?
- 늦게까지 잠을 자고, TV를 보고, 공원에 산책 가기도 하고 때때로 친구를 만나기도 해.
- 그런데 도시 밖을 여행하기도 하니?
- 아니, 보통은 출장을 갈 때나 아니면 휴가 때만 여행을 해.

Диалог 2

- Колко е часът?
- Осем и пет.
- Вече е осем и пет! Закъснявам за лекции!
- Защо не ставаш по-рано?
- Опитвам се, но не мога.

대화 2

- 몇 시야?
- 8시 5분
- 벌써 8시 5분이구나! 강의에 늦었다!
- 왜 더 일찍 안 일어났니?
- 해 보려고 했는데, 나는 일찍 못 일어나.

7. 함께 연습하기

1. 주어진 [보기]와 같이 괄호 안의 동사를 알맞게 인칭변화하세요.

> **보기** Ина (обичам) **обича** капучино.

А. Те в колко часа (ставам) ______________ ?

Б. Ти (пия) ______________ ли бира?

В. Соня (се прибирам) ______________ винаги късно.

Г. Ние често (ходя) ______________ в библиотеката.

Д. Вие (играя) ______________ ли тенис?

Е. Мария и Ива (пея) ______________ много добре.

Ж. Фернандо (не говоря) ______________ български.

З. Той какво (чета) ______________ ?

И. Ти сега за какво (мисля) ______________ ?

Й. Кристина (не вечерям) ______________, защото е на диета.

2. 다음 숫자로 표시된 날짜를 단어로 풀어 써 보세요.

А. 31.05.2017 г.

Б. 18.12.1999 г.

В. 15.01. 2002 г.

Г. 01. 04. 2001 г.

Д. 03.03.1878 г.

3. 여러분의 하루 일과를 써 보세요.

9 Утре имам важна среща
내일 중요한 약속이 있어

1. 본문

(На улицата през обедната почивка)

Тома – Здравей, Минсу!

Минсу – Здравей, Тома! Как си?

Тома – Много съм зает. Имам доста работа във фирмата напоследък.

Минсу – Кога отиваш на работа сутрин?

Тома – Обикновено отивам в 9. Ставам в 7:30, закусвам в 8 и тръгвам с колата в 8:30. От къщи до фирмата е около 30 минути с кола.

Минсу – А кога си тръгваш от офиса?

Тома – Ако няма спешна работа, обикновено си тръгвам около 6 часа вечерта. Връщам се вкъщи в 6:30.

Минсу – Всеки ден ли?

Тома – Да, по принцип всеки ден. Но има и различни дни. Например, утре имам важна среща с клиент от 9:15 в офиса. Затова искам да отида по-рано утре. Ще стана в 7 часа, ще закуся в 7:30 и ще тръгна с колата най-късно в 8. Около 8:30 ще бъда в офиса. Ще имам поне 45 минути да се подготвя за срещата.

Минсу – Значи, утре ще отидеш по-рано на работа.

Тома – Да, и ще се прибера по-късно отколкото се прибирам обикновено.

Минсу – Така ли? Защо?

Тома – Утре следобед ще имаме конферентен телефонен разговор с наши клиенти в Америка. Заради часовата разлика разговорът ще започне в 17:30. Вероятно до 7 вечерта ще бъда във фирмата. Може би ще си тръгна около 7 и ще се върна вкъщи към 7:30 или по-късно. Вероятно ще съм много уморен.

Минсу – Разбирам... Искам да гледам един филм. Хайде да отидем на кино в събота.

Тома – Добре. Много обичам да ходя на кино през уикенда.

(길가에서, 점심 휴식 시간에)

토마 – 안녕, 민수!

민수 – 안녕, 토마! 어떻게 지내니?

토마 – 많이 바빠. 요즘 회사 일이 제법 있어.

민수 – 아침에 회사에 몇 시에 가는데?

토마 – 보통은 9시에 가지. 7시 30분에 일어나서, 8시에 아침 먹고 8시 30분에 차를 타고 출발해. 집에서 회사까지 차 타고 한 30분 걸려.

민수 – 그럼, 사무실에서는 언제 출발하는데?

토마 – 만약에 급한 일이 없으면, 보통 저녁 6시 정도에 출발하지. 집에 돌아오면 6시 30분이야.

민수 – 매일이야?

토마 – 응, 원래는 매일이지. 근데 여러 날이 있어. 예를 들면, 내일은 고객과 중요한 미팅이 9시 15분에 사무실에 있어. 그래서 내일은 좀 더 일찍 가려고. 7시에 일어나서, 7시 30분에 아침 먹고 차를 타고 적어도 8시에는 출발하려고 해. 8시 30분쯤에는 사무실일 꺼야. 미팅 준비시간이 적어도 45분 정도는 있을 거야.

민수 – 내일은 더 일찍 회사에 간다는 뜻이네?

토마 – 응, 그리고 평소 집에 오는 시간보다 더 늦게 집에 가야 해.

민수 – 그래? 왜?

토마 – 내일 오후에 미국에 있는 우리 고객들이랑 전화 회의가 있거든. 시차 때문에 회의는 17:30에 시작할 거야. 아마도 저녁 7시까지 회사에 있게 될 거야. 아마도 한 7시쯤에 출발하면 7시 30분이나 그것보다 조금 늦게 집에 도착할 거야. 아마도 많이 피곤해지겠지.

민수 – 당연하지... 영화 하나 보고 싶다. 토요일에 영화관에 가자.

토마 – 좋아. 주말에 영화 보러 가는 거 진짜 좋아해.

2. 질문

Кога отива на работа Тома?

토마는 언제 출근하나요?

В колко часа се връща вкъщи обикновено?

보통 몇 시에 집으로 돌아오나요?

Каква среща има утре Тома?

내일 토마는 어떤 만남이 있나요?

Какъв разговор ще има утре следобед?

내일 오후에 어떤 회의가 있을 예정인가요?

Какво иска да прави Минсу в събота?

민수는 토요일에 무엇을 하고 싶어 하나요?

3. 단어 및 숙어

ба̀ница 명 바니짜

ба̀ничка 명 바니츠카 (작은 바니짜, баница의 지소 형태)

басѐйн 명 수영장

бъ̀да 동 ~이다

бъ̀рзам, бъ̀рзаш 동 서두르다

ва̀жен, -жна, -жно, -жни 형 중요한

веро̀ятно 부 아마도, 어쩌면

вкъ̀щи 부 집에

влак 명 기차

влѝзам, влѝзаш / вля̀за, влѐзеш 동 들다, 들어가다, 들어오다

врѐме 명 시간

врѐме 명 날씨

връ̀щам се, връ̀щаш се / въ̀рна се, въ̀рнеш се 동 돌아가다, 되돌아가다

всѐки, вся̀ка, вся̀ко, всѐки 각자, 각각, ~마다

всѝчки 모두, 다; 모든

глàден, -дна, -дно, -дни 형 배고픈

готòв, -а, -о, -и 형 준비된

довèчера 부 오늘 밤

зàедно 부 함께, 같이

заèт, -а, -о, -и 형 바쁜

закỳсвам, закỳсваш / закỳся, закỳсиш 동 아침 식사하다

закъснявам, закъсняваш / закъснèя, закъснèеш 동 지각하다

запòчвам, запòчваш / запòчна, запòчнеш 동 시작하다

затовà 부 그래서, 그 때문에

знàчи (결론, 결말) 그러니까, 결국

ѝдвам, ѝдваш / дòйда, дòйдеш 동 오다

излѝзам, излѝзаш / излязa, излèзеш 동 나다, 나오다, 나가다

ѝскам, ѝскаш 동 원하다

ѝскам да ~하기를 원하다, ~하고 싶다/싶어 하다

клиèнт 명 고객

колà 명 자동차

конферèнтен телфòнен рàзговор 전화 회의

купòн 명 파티

купỳвам, купỳваш / кỳпя, кỳпиш 동 사다

късен, -сна, -сно, -сни 형 늦은

късно 부 늦게

мусакà 명 무사카

на гòсти 손님으로

напослèдък 부 요즘, 최근에

напрàвям, напрàвяш / напрàвя, напрàвиш 동 만들다, 하다

напрѝмер 부 이를테면, 예컨대

обикновèно 부 대개, 보통, 일반적으로

обѝчам, обѝчаш 동 사랑하다, 좋아하다

обѝчам да ~하기를 좋아하다

òколо 전 근처에, 둘레에

от къщи 집에서부터

отѝвам, отѝваш / отѝда, отѝдеш 동 가다

откòлкото 부 ~보다, ~할 바에는

òфис 명 사무실

панталòн 명 바지

пèене 명 노래하기, 노래 부르기

пешà 부 걸어서

пѝша, пѝшеш 동 쓰다

по прѝнцип 원칙적으로

подгòтвям се, подгòтвяш се / подгòтвя се, подгòтвиш се 동 (자신을) 준비하다, 예비하다, 대비하다

понè 부 적어도, 최소한

пràвя, пràвиш 동 만들다, 하다

прибѝрам се, прибѝраш се / приберà се, приберèш се 동 (집에) 돌아가다

прѝем 명 파티, 행사

ràбота 명 일

рабòтя, рабòтиш 동 일하다

разбѝрам, разбѝраш / разберà, разберèш 동 이해하다

ràзговор 명 대화

ràзлика 명 차이

различен, -чна, -чно, -чни 형 다양한, 여러 종류의

разхòдка 명 산책

ràнен, -нна, -нно, -нни 형 이른

ràно 부 일찍

ròкля 명 드레스, 원피스

сакò 명 자켓

сèдмица 명 주(週)

следòбед 명/부 오후, 오후에

слỳшам, слỳшаш 동 듣다

спèшен, -шна, -шно, -шни 형 긴급한, 다급한, 촉박한

срèща 명 만남

стàвам, стàваш / стàна, стàнеш 동 일어나다; 되다

сỳтрин 명 아침

съжалявам, съжалѝваш 동 유감이다, 미안하다

тòлкова 대/부 그만큼

тръгвам, тръгваш / тръгна, тръгнеш 동 출발하다

тръгвам си, тръгваш си / тръгна си, тръгнеш си 동 (집으로) 출발하다

уикèнд 명 주말

уморèн, -а, -о, -и 분 피곤한

ỳтре 부 내일

фѝрма 명 회사

хàйде да ~하자

хòдя, хòдиш 동 다니다

чàкам, чàкаш 동 기다리다

чàсова ràзлика 시차

4. 문법 따라잡기

1. 동사의 상

불가리아어 동사는 대개의 경우, 의미는 같지만 형태는 약간 다른 두 개의 동사가 짝을 이룬다. 이를 서로 짝을 이루는 '동사의 상'이라고 하는데 하나는 불완료상, 다른 하나는 완료상이라고 한다. 이 두 개의 동사는 의미가 같아 우리말로 해석만 해서는 그 정확한 의미를 알 수 없다. 불완료상 동사는 동작의 1) 지속성, 2) 반복성, 3) 불완료성을 표현할 때 쓰인다. 완료상 동사는 동작의 1) 결과, 2) 1회성, 3) 완료성을 의미한다.

불완료상	완료상	뜻
ставам	стана	되다, 일어나다
тръгвам	тръгна	출발하다
отивам	отида	가다
идвам	дойда	오다
връщам се	върна се	되돌아가다, 되돌아오다

주의!

거의 대부분의 동사가 불완료상과 완료상의 짝을 가지지만, 일부 동사는 불완료상만 있는 경우도 있다.

예 ям (먹다), пия (쓰다), гледам (보다), чета (읽다), пиша (쓰다)

주의!

오직 불완료상 동사만이 현재시제 문장을 형성할 수 있다. 완료상 동사는 조동사나 일반동사 + да 구조를 통해 현재시제 문장에서 쓸 수 있다.

2. 동사 + да + 동사

동사 + 동사의 구조('동사^{2}'하는 것을 '동사^{1}' 한다)를 만들 때 да로 연결한다.

искам^{1} да гледам^{2}	보고 싶다, 보기^{2}를 원한다^{1}
искам^{1} да отида^{2}	가고 싶다, 가기^{2}를 원한다^{1}
искам^{1} да тръгна^{2}	출발하고 싶다, 출발하기^{2}를 원한다^{1}
обичам^{1} да гледам^{2}	보는 것^{2}을 좋아한다^{1}
обичам^{1} да ходя^{2}	다니는 것^{2}을 좋아한다^{1}
обичам^{1} да тръгвам^{2}	떠나는 것^{2}을 좋아한다^{1}

주의!

동사2는 지속성, 반복성 또는 불완료성을 나타낼 때 불완료상 동사를 쓰고, 결과, 1회성 또는 완료성을 나타낼 때 완료상 동사를 쓴다.

3. 동사의 청유형

~하자/~합시다 권유할 때 쓰는 표현은 Хайде да + 동사의 현재시제 1인칭 복수형을 쓴다. 동사는 지속성, 반복성 또는 불완료성을 나타낼 때 불완료상 동사를 쓰고, 결과, 1회성 또는 완료성을 나타낼 때 완료상 동사를 쓴다.

Хайде да пеем български песни!
불가리아 노래를 부릅시다!

Хайде да отидем на кино довечера.
오늘 밤에 영화관에 갑시다.

Хайде да не се прибираме толкова рано. Имаме време.
그렇게 일찍 집에 가지 말자. 시간이 있어.

За ранния влак може би ще закъснеем. Хайде да вземем късния влак.
더 이른 기차를 타기에는 우리가 늦을 수도 있어. 이후에 오는 기차를 타자.

Гладна съм. Хайде да направим баница!
배고프다. 바니짜를 만들자!

4. 동사의 미래시제

미래시제 긍정문	ще + 동사 현재시제 활용	
미래시제 부정문 (~하지 않을 것이다)	няма да +동사 현재시제 활용	
미래시제 의문문 (의문사가 없는 의문문)	긍정 의문문	ще + 동사 현재시제 활용 + ли
	부정 의문문	няма ли да+동사 현재시제 활용

ще пия, ще пиеш, ще пие — 마실 것이다

ще тръгна, ще тръгнеш, ще тръгне — 출발할 것이다

미래시제 부정문 няма да:

няма да пия, няма да пиеш, няма да пие — 안 마실 것이다

няма да тръгна, няма да тръгнеш, няма да тръгне — 출발하지 않을 것이다

의문사가 없는 의문문은 의문소사 ли를 더하면 된다.

ще пия ли, ще пиеш ли, ще пие ли

마실 건가요?

ще тръгна ли, ще тръгнеш ли, ще тръгне ли

출발할 건가요?

няма ли да пия, няма ли да пиеш, няма ли да пие

마시지 않을 건가요?

няма ли да тръгна, няма ли да тръгнеш, няма ли да тръгне

출발하지 않을 건가요?

주의!

동사는 지속성, 반복성 또는 불완료성을 나타낼 때 불완료상 동사를 쓰고, 결과, 1회성 또는 완료성을 나타낼 때 완료상 동사를 쓴다.

Всеки ден ставам рано.
매일 일찍 일어난다. (현재시제)

От утре всеки ден ще ставам рано.
내일부터 매일 일찍 일어날 것이다. (미래시제, 행위의 반복성)

Утре ще стана рано.
내일 일찍 일어날 것이다. (미래시제, 행위의 1회성)

<~이다>의 미래시제는 ще + съм, ще + бъда 두 가지 형태로 만들 수 있다.

съм 동사의 미래시제 ще + съм
ще съм, ще си, ще е, ще сме, ще сте, ще са

бъда 동사의 미래시제 ще + бъда
ще бъда, ще бъдеш, ще бъде, ще бъдем, ще бъдете, ще бъдат

5. 표현 따라하기

Всеки ден влизам в класната стая в 8 часа.
매일 8시에 교실에 들어간다.

Тази сутрин ще вляза в класната стая в 7 часа.
오늘 아침에는 7시에 들어갈 것이다.

Всяка вечер излизам на разходка.
매일 저녁 산책을 나간다.

Тази вечер няма да изляза на разходка.
오늘 저녁에는 산책을 나가지 않을 것이다.

Мария обикновено става много рано.
마리야는 대개 아주 일찍 일어난다.

В неделя Мария ще стане късно.
일요일에 마리야는 늦게 일어날 것이다.

По принцип не ходим на кино, но днес искаме да отидем.
우리는 원칙적으로 영화관에 가지 않는데, 오늘은 가고 싶다.

Всеки ден Иван яде пица и пие бира.
매일 이반은 피자를 먹고 맥주를 마신다.

Днес искам да ям пица и да пия бира.
오늘 나는 피자 먹고 싶고 맥주를 마시고 싶다.

Тези момичета много обичат да ядат пица и да пият кока-кола.
이 소녀들은 피자 먹고 코카콜라 마시는 것을 많이 좋아한다.

Ще ядеш ли пица за вечеря?
저녁으로 피자 먹을래?

Утре следобед ще съм в офиса.
내일 오후에 나는 사무실에 있을 것이다.

В 10 часа ще бъдем в ресторанта.
10시에 우리는 식당에 있을 것이다.

В 11 часа те ще са в магазина.
11시에 그들은 가게에 있을 것이다.

В неделя ще уча английски език и ще слушам музика.
일요일에는 영어를 공부할 것이고 음악을 들을 것이다.

В неделя няма да уча английски език и няма да слушам музика.
일요일에는 영어 공부를 하지 않을 것이고 음악을 듣지 않을 것이다.

Ще работиш ли в петък?
금요일에 일할 건가요?

Иван няма ли да пише домашно в понеделник?
이반은 월요일에 숙제하지 않을 거지?

Вие сте много уморени. Искате ли да си тръгнете по-рано?
당신은 아주 피곤합니다. 더 일찍 출발하기를 원하시나요?

Да, днес искаме да се приберем вкъщи по-рано.
네, 우리는 오늘 집에 좀 더 일찍 돌아가기를 원합니다.

6. 응용해서 말하기

Диалог 1

– Кога ще се прибереш днес?

– Тази вечер ще се прибера по-късно, след 9 часа.

– Добре. Обикновено в понеделник се прибираш по-рано...

– Да, но днес имам важна среща след работа.

대화1

– 오늘 언제 집에 돌아갈 거야?

– 오늘 저녁에는 좀 더 늦게, 9시 넘어서 갈 거야.

– 좋아. 대개 월요일은 좀 더 일찍 돌아가는데...

– 응, 그런데 오늘은 일 마친 후에 중요한 약속이 있어.

Диалог 2

– Хайде да излезем на разходка в парка тази вечер!

– По принцип не излизам вечер през седмицата. Много съм уморена.

– А кога ще излезем?

– В събота или неделя.

대화 2

– 오늘 저녁에 공원으로 산책 나가자!

– 원칙적으로는 주중에는 저녁에 나가지 않다. 많이 피곤하거든.

– 그러면 우리 언제 나갈까?

– 토요일이나 일요일.

Диалог 3

– Къде си сега?

– След 5 минути ще съм във фирмата.

– Добре. Нис смс тук и те чакаме.

– Няма да закъснея.

대화3

– 지금 어디야?

– 5분 뒤에 회사야.

– 좋아. 우리는 여기서 너를 기다리고 있어.

– 지각하지 않을게.

Диалог 4

– Вкъщи ще има купон в събота вечер. Ще бъдеш ли в София?

– Не, ще бъда в Бургас на гости у приятели.

– Значи, няма да дойдеш на купона...

– Не, съжалявам.

대화 4

– 토요일 저녁에 집에서 파티가 있을 거야. 소피아에 있을 거야?

– 아니, 부르가스에 있는 친구 집에 놀러 갈 거야.

– 그럼, 파티에는 못 오겠네....

– 못 가, 미안해.

Диалог 5

– Хайде да обядваме заедно!

– Съжалявам. Много бързам.

– За къде бързаш?

– За фирмата. Имам важна среща след половин час.

대화 5

– 점심 같이 먹자!

– 미안해. 많이 서두르고 있어.

– 어디를 서두르는데?

– 회사에. 30분 뒤에 중요한 미팅이 있어.

7. 함께 연습하기

1. 다음 [보기]와 같이 동사의 형태를 알맞게 변화시키세요.

> **보기** Всеки ден ставам в 7 часа. → Утре ще **стана** в 8 часа.

А. Всеки ден тръгвам за училище в 8:30.

→ Утре ще ______________________ в 9:30.

Б. Всеки ден обличам сако и панталон.

→ Утре ще ______________________ рокля.

В. Всеки ден отивам до басейна с автобус.

→ Утре ще ______________________ пеша.

Г. Всеки ден се връщам вкъщи в 19 часа.

→ Утре ще ______________________ след 22 часа.

Д. Утре ще дойда в офиса в 10 часа.

→ Всеки ден ______________________ в офиса в 9 часа.

Е. Утре ще купя баничка.

→ Всеки ден ______________________ кифла с мармалад.

2. 다음 [보기]와 같이 주어진 문장을 바꿔보세요.

보기

Тя ще пие кафе.

→ Тя **няма да пие** кафе.

→ Тя **ще пие ли** кафе?

→ Тя **няма ли да пие** кафе?

А. Георги ще говори по телефона.

→

→

→

Б. Той ще пътува до Пловдив утре.

→

→

→

В. Ние ще ходим на кино довечера.

→

→

→

Г. Детето ще учи пеене.

→

→

→

Д. Те ще четат български списания.

→ ______________________________

→ ______________________________

→ ______________________________

Е. Аз ще ям мусака в ресторанта.

→ ______________________________

→ ______________________________

→ ______________________________

Ж. Вие ще пишете нова книга.

→ ______________________________

→ ______________________________

→ ______________________________

3. 다음 [보기]와 같이 빈칸에 알맞은 동사를 넣으세요.

> **보기** Учителката ще **бъде** в класната стая.

А. Аз ще ______________ в офиса цял ден.

Б. Вестниците ще ______________ на масата.

В. Той ще ______________ на работа.

Г. Кафето ще ______________ готово след 5 минути.

Д. Ние ще ______________ на гарата сутринта.

Е. Вие ще ______________ ли на приема?

Ж. Ти няма да ______________ в офиса утре.

10 На кино
영화 보러 가요

1. 본문

(В кафето в сряда следобед)

Лидия – Какви филми харесваш, Мигьон?

Мигьон – Най-много харесвам комедии.

Лидия – А ти, Румене?

Румен – Аз обичам да гледам екшъни, включително и екшън комедии.

Иван – А аз обичам драми и трилъри, но не обичам филми на ужасите.

Лидия – А романтични филми обичате ли?

Мигьон – Аз обичам романтични филми, особено романтични комедии.

Иван – Аз гледам много български филми – и стари, и нови. Харесвам много български актьори.

Лидия – Аз съм фен на филмите на Ким Кидок. Гледам ги по няколко пъти. Много го харесвам като режисьор.

Румен – А аз съм фен на Пе Дуна. Много я харесвам като актриса.

Мигьон – Виждам, че познавате корейското кино по-добре от мене...

Лидия – Познаваме го. То е много популярно в целия свят.

Мигьон – Сега живея в България и искам да гледам повече български филми и телевизионни сериали, но не ги разбирам много добре. Дайте съвети как да уча езика по-бързо.

Румен – Гледай българска телевизия и българско съдържание в интернет.

Иван – Чети повече български книги!

Лидия – Говори с българи повече!

(Разговарят по телефона в сряда вечерта)

Лидия – Ало, Мигьон, ти ли си? Чуваш ли ме?

Мигьон – Да, аз съм. Здравей, Лидия! Чувам те много добре.

Лидия – Как си?

Мигьон – Добре, благодаря. А ти?

Лидия – Отлично. Каня те на кино. С Румен ще ходим на кино в петък следобед на един съвсем нов български филм. Искаш ли да дойдеш с нас?

Мигьон – Да, в петък съм свободна. А и искам да гледам български филми. Как се казва филмът?

Лидия – Казва се „Мисия Слънчев бряг".

Мигьон – А, да. Искам да го гледам. Много ти благодаря за поканата. Филмът е комедия, нали?

Лидия – Да, комедия е. Ти обичаш комедии, нали?

Мигьон – Да, много.

Лидия – Добре тогава. Филмът е от 16:45. Ние ще купим билети предварително по интернет и ще те вземем от вас с колата.

Мигьон – В кое кино ще ходим?

Лидия – В киното в мола до университета. След филма може да вечеряме в някой ресторант там. В мола има много ресторанти.

Мигьон – Добре. Звучи страхотно. Ще ви чакам пред нас в 16 часа. Ще се видим в петък.

Лидия – Чао. До скоро.

(Шопинг: В магазин за дрехи)

Ива – Искам да си купя рокля.

Ема – Каква рокля?

Ива – Малка, къса.

Ема – Какъв цвят?

Ива – Черна. Кой е любимият ти цвят?

Ема – Любимият ми цвят е червеният. Затова искам да си купя такава рокля, но червена. А кой е твоят любим цвят?

Ива – Моят любим е зеленият. Ето в момента нося тъмнозелен панталон и светлозелена риза.

Ема – А защо искаш да си купиш черна рокля?

Ива – За официални случаи.

Ема – Тази оранжева пола много ми харесва. Ще си я купя.

Ива – На мене много ми харесва тази кафява шапка. Ще отива на кафявите ми обувки.

Ема – Виж тези сини блузи! Много са красиви!

Ива – Наистина са прекрасни! Онези жълти тениски също изглеждат много добре.

Ема – Страхотни са. Аз обичам и жълтия цвят. Имам много жълти блузи и ризи.

영화관에서

(수요일 오후, 카페에서)

리디야 – 미경아, 어떤 영화 좋아해?

미경 – 코미디를 제일 좋아해.

리디야 – 루멘, 너는?

루멘 – 나는 액션 코미디 영화를 포함해서, 액션 영화 보는 것을 좋아해.

이반 – 나는 드라마랑 스릴러를 좋아하고, 공포 영화는 좋아하지 않아.

리디야 – 다들 로맨틱 영화는 좋아하니?

미경 – 나는 로맨틱 영화 좋아해, 특히나 로맨틱 코미디.

이반 – 나는 옛날 영화나 요즘 영화나 불가리아 영화 보는 것을 좋아해. 불가리아 배우들을 정말 좋아해.

리디야 – 나는 김기덕 감독 영화 팬이야. 그것들을 몇 번이나 봤어. 감독으로서 그를 정말 좋아해.

루멘 – 나는 배두나 팬인데. 그녀를 배우로서 정말 좋아해.

미경 – 너희들 나보다 한국영화를 더 잘 아네.

리디야 – 그것을 잘 알지. 세계적으로 많이 인기 있잖아.

미경 – 지금은 불가리아에 살고 있으니까 불가리아 영화나 TV 연속극을 더 많이 보고 싶어. 근데 내가 많이 이해하지는 못해. 언어를 더 빨리 공부할 수 있는 조언을 해 줘.

루멘 – 불가리아 TV 프로그램이랑 인터넷에 있는 불가리아 관련 내용을 많이 보도록 해.

이반 – 불가리아 책을 더 많이 읽어!

리디야 – 불가리아 사람들과 더 많이 이야기를 나눠!

(수요일 저녁에 전화로 이야기하다)

리디야 – 여보세요, 미경아, 너니? 내 말 들려?

미경 – 응, 나야. 안녕, 리디야! 잘 들려.

리디야 – 어떻게 지내?

미경 – 좋아, 고마워. 너는?

리디야 – 정말 좋아. 영화관에 널 초대하려고. 금요일 오후에 루멘과 함께 영화관에 완전 새로운 불가리아 영화 보러 갈 거야. 우리랑 같이 가고 싶어?

미경 – 응, 금요일에 시간 있어. 불가리아 영화를 보고 싶기도 하고. 영화 제목이 뭔데?

리디야 – '미션 써니 비치'야.

미경 – 아, 응. 보고 싶다. 초대해 줘서 정말 고마워. 영화는 코미디지, 그렇지?

리디야 – 응, 코미디야. 너 코미디 좋아하지?

미경 – 응, 많이.

리디야 – 잘 됐다. 영화는 16:45부터야. 우리는 인터넷으로 표를 미리 살 거야. 그리고 차로 너를 데리러 갈게.

미경 – 무슨 영화관에 가는데?

리디야 – 학교 옆에 있는 쇼핑몰에 있는 영화관. 영화 보고 난 다음에 거기 어디 식당에서 저녁 먹을 수도 있어. 쇼핑몰에 식당이 많아.

미경 – 좋아. 멋지게 들린다. 16시에 우리 앞에서 너희들을 기다릴게. 금요일에 보자.

리디야 – 안녕. 조만간 보자.

(쇼핑하기: 옷 가게에서)

이바 – 원피스 사고 싶어.

에마 – 어떤 원피스?

이바 – 작고 짧은 것.

에마 – 어떤 색깔?

이바 – 검정색. 넌 제일 좋아하는 색깔이 뭐니?

에마 – 내가 제일 좋아하는 색깔은 빨간색이야. 그래서 그런 원피스 사고 싶어, 빨간색. 너는 무슨 색깔 좋아하는데?

이바 – 내가 제일 좋아하는 색은 초록색이야. 지금 어두운 초록색 바지랑 밝은 초록색 셔츠를 입었어.

에마 – 근데 왜 검정색 원피스 사고 싶은데?

이바 – 공적인 자리에서 입으려고.

에마 – 이 주황색 치마 너무 마음에 든다. 이거 살 거야.

이바 – 나는 이 갈색 모자가 너무 마음에 든다. 내 갈색 구두랑 어울릴 것 같아.

에마 – 이 파란색 블라우스들 좀 봐봐! 너무 예쁘다!

이바 – 진짜 훌륭하다! 저 노란색 티셔츠들도 엄청 좋아 보인다.

에마 – 완전 멋지다. 나는 노란색도 좋아해. 나는 노란색 블라우스랑 셔츠가 많아.

2. 질문

Какви филми харесва Мигьон?
미경이는 어떤 영화를 좋아하나요?

А какви харесва Румен?
루멘은 어떤 걸 좋아하나요?

Какви филми не харесва Иван?
이반은 어떤 영화를 안 좋아하나요?

Кой е фен на режисьора Ким Кидок?
누가 김기덕 감독의 팬인가요?

Кой харесва актрисата Пе Дуна?
누가 배우 배두나를 좋아하나요?

Кого кани на кино Лидия?
리디아는 누구를 영화관에 초대했나요?

Какъв филм ще гледат в петък?
금요일에 무슨 영화를 볼 건가요?

Кой ще купи билетите за кино?
영화표를 누가 살 건가요?

Къде ще чака Мигьон в 16 часа?
민경이는 16시에 어디서 기다릴 건가요?

В кое кино ще ходят?
어떤 영화관에 갈 건가요?

Каква рокля иска да си купи Ива?
이바는 어떤 원피스를 사고 싶어 하나요?

Кой е любимият цвят на Ема?
에마가 가장 좋아하는 색은 무엇인가요?

актрѝса 명 여배우

актьо̀р 명 (남)배우

ба̀вно 부 천천히

блу̀за 명 블라우스

бял, бя̀ла, бя̀ло, бѐли 형 흰색의

взѐмам, взѐмаш / взѐма, взѐмеш 동 잡다, 얻다, 획득하다

вѝждам, вѝждаш / вѝдя, вѝдиш 동 보다

включѝтелно 부 ~ 포함하여

вход 명 입구

вървя̀, вървѝш 동 걸어가다

да̀вам, да̀ваш / дам, дадѐш 동 주다

довѐждам, довѐждаш / доведа̀, доведѐш 동 데리고 오다

дра̀ма 명 드라마

дрѐха 명 옷

държа̀, държѝш 동 (손에) 들다, 갖고 있다, 지탱하다

ѐкшън 명 액션

жълт, жъ̀лта, жъ̀лто, жъ̀лти 형 노란색의

затва̀рям, затва̀ряш / затво̀ря, затво̀риш 동 닫다

завѝвам, завѝваш / завѝя, завѝеш 동 ~로 방향을 바꾸다

зелѐн, -а, -о, -и 형 초록색의

зна̀я (знам), зна̀еш 동 알다

игра̀я, игра̀еш 동 놀다

изглѐждам, изглѐждаш 동 ~처럼 보이다, 훑어보다

ѝнтернет 명 인터넷

ка̀ня, ка̀ниш 동 초대하다, 권하다

като̀ 전/접 ~처럼 / ~하는 동안에, ~할 때

кафя̀в, -а, -о, -и 형 갈색의

комѐдия 명 코미디

ко̀тка 명 고양이

ку̀че 명 개

къс, къ̀са, къ̀со, къ̀си 형 짧은

ма̀лък, -лка, -лко, -лки 형 작은, 어린

мѝсия 명 미션

мол 명 몰(mall), 쇼핑몰

найстина 부 정말로

но̀ся, но̀сиш 동 입고 다니다, 들고 다니다

ня̀кой, ня̀коя, ня̀кое, ня̀кои 대 (부정(否定)대명사) 어떤 (사람), 무언가

оба̀ждам се на, оба̀ждаш се на / оба̀дя се на, оба̀диш се на 동 ~에게 전화하다

обу̀вка 명 구두

ора̀нжев, -а, -о, -и 형 주황색의

отва̀рям, отва̀ряш / отво̀ря, отво̀риш 동 열다

официа̀лен, -лна, -лно, -лни 형 공식적인, 정장의

пантало̀н 명 바지

позна̀вам, позна̀ваш 동 잘 알다, ~와 아는 사이이다

пока̀на 명 초대, 초대장

пока̀нвам, пока̀нваш / пока̀ня, пока̀ниш 동 초대하다, 부르다

полà 명 치마, 스커트

получàвам, получàваш / полу̀ча, полу̀чиш 동 받다

популя̀рен, -рна, -рно, -рни 형 인기 있는

предварѝтелно 부 사전에, 예비의

прекрàсен, -сна, -сно, -сни 형 근사한, 멋진

пресѐчка 명 골목

пресѝчам, пресѝчаш / пресекà, пресечѐш 동 건너다

пу̀ша, пу̀шиш 동 (담배를) 피우다

път 명 (복 пъ̀ти) ~번(회)

път 명 (복 пъ̀тища) 길

разхòждам се, разхòждаш се / разхòдя се, разхòдиш се 동 산책하다

режисьòр 명 영화감독

рѝза 명 셔츠

рòкля 명 원피스 드레스

романтѝчен, -чна, -чно, -чни 형 로맨틱한

свобòден, -дна, -дно, -дни 형 자유로운, 제한이 없는, 한가한, 여분의, 비어 있는

свят 명 (복 световѐ) 세계

сериàл 명 시리즈

сив, сѝва, сѝво, сѝви 형 회색의

син, сѝня, сѝньо, сѝни 형 파란색의

слу̀чай 명 경우, 계기

срѐщам, срѐщаш / срѐщна, срѐщнеш 동 (우연히) 만나다

срѐщам се с, срѐщаш се с / срѐщна се с, срѐщнеш се с 동 (약속하여) 만나다

страхòтен, -тна, -тно, -тни 형 무시무시한, 대단한, 엄청난

страхòтно 부 굉장하게, (구어) 정말 좋다

строя̀, строѝш 동 짓다

съвсѐм 부 완전히

телевизиòнен, -нна, -нно, -нни 형 텔레비전의

тѐниска 명 티셔츠

тѐсен, тя̀сна, тя̀сно, тѐсни 형 좁은

трѝлър 명 스릴러

у̀жас 명 공포

фен 명 팬

филм 명 (복 фѝлми) 영화

филм на у̀жасите 공포 영화

харѐсва ми, харѐсва ти / харѐса ми, харѐса ти 마음에 들다

харѐсвам, харѐсваш / харѐсам, харѐсаш 동 좋아하다

цвят 명 (복 цветовѐ) 색깔

цигàра 명 담배 한 개비

цял, ця̀ла, ця̀ло, цѐли 형 전체의

чадъ̀р 명 우산

чàкам, чàкаш 동 기다리다

червѐн, -а, -о, -и 형 빨간색의

чѐрен, -рна, -рно, -рни 형 검정색의

чу̀вам, чуваш / чу̀я, чуеш 동 듣다

шàпка 명 모자

шал 명 목도리, 스카프

шàлче 명 작은 스카프

4. 문법 따라잡기

1. 인칭대명사의 목적격

인칭대명사가 동사의 직접 목적어로 사용이 될 때 인칭대명사의 목적격 형태를 쓴다. 한국어에서는 목적격 조사가 붙는 직접 목적어 자리를 말한다. 예를 들면 '나는 너를 보았다'에서 '너 + 를'은 직접 목적어로 사용된다. 목적격 인칭대명사는 짧은 형태와 긴 형태가 있다. 의미는 같지만, 짧은 형태는 단음절로 구성이 되어 단어에 강세가 없다. 따라서 문장 안에서 배열이 제한적이며 전치사와 함께 쓰일 수 없다.

주격		목적격 긴 형태	목적격 짧은 형태	
аз	나는	мене	ме	나를
ти	너는	тебе	те	너를
той / тя / то	그는 / 그녀는 / 그것은	него / нея / него	го / я / го	그를 / 그녀를 / 그것을
ние	우리는	нас	ни	우리를
вие	너희들은	вас	ви	너희들을
те	그들은	тях	ги	그들을

- 구어체와 시 등에서 **мене**와 **тебе**는 **мен**이나 **теб**로 쓸 수 있다.
- 보통의 대화에서는 짧은 형태를 많이 쓰고, 긴 형태는 비교되는 것을 강조할 때 많이 쓴다.

Виждаш ли Петър?

– Да, виждам го.

페터르를 봤어? – 응, 그를 봤어.

Виждаш ли Петър?

– Не виждам него, но виждам брат му.

페터르를 봤어? – 그를 보지 못했지만, 그의 형을 봤어.

• 구어체에서 짧은 형태는 단독으로 쓰이기도 하지만, 긴 형태와 같이 중복적으로 쓰이거나 명사나 명사구와 같이 써서 강조를 하기 위해 쓰기도 한다.

Иван го виждам, но Мария не я виждам.
나는 이반은 봤지만, 마리야는 보지 못했다.

Вас ви обичам, но тях не ги обичам.
나는 당신을 좋아하지만, 그들을 좋아하지는 않는다.

• 짧은 형태는 원칙적으로 동사의 앞에 위치하며, 문장의 맨 처음에 올 수는 없다. 문장의 맨 첫머리에서는 동사와 위치를 바꾸게 된다.

Сега го виждам. ~~Сега виждам го.~~ 지금 그들 보았다.
Виждам го. ~~Го виждам.~~ 지금 그들 보았다.

• 전치사 뒤에서는 항상 긴 형태를 써야 한다.

Ела с мене! = Ела с мен! 나랑 같이 가자!
Елена е пред него. 엘레나는 그의 앞에 있다.

<table>
<tr><td rowspan="2">Аз говоря с Иван.
나는 이반과 이야기한다.</td><td rowspan="2">→</td><td>Аз говоря с него. – 긴 형태
나는 그와 이야기한다.</td></tr>
<tr><td><s>Аз говоря с го.</s> – 짧은 형태</td></tr>
</table>

2. 동사의 명령형

동사의 명령형은 현재시제 어간에서 만들어진다. 현재시제 어간은 동사를 현재시제 활용할 경우 변하지 않는 부분을 말한다. 현재시제 어간이 모음으로 끝나는 경우는 -й (2인칭 단수)/ -йте (2인칭 복수형과 존칭형), 어간이 자음으로 끝나는 경우는 -и (2인칭 단수형) / -ете (2인칭 복수)를 덧붙여 형성한다.

인칭	동사현재시제활용		명령형
аз	гледам	строя	гледа- (모음으로 끝나는 어간) + -й / -йте → 명령형: гледай, гледайте стро-(모음으로 끝나는 어간) + -й / -йте → 명령형: строй, стройте
ти	гледаш	строиш	
той/тя/то	гледа	строи	
ние	гледаме	строим	
вие	гледате	строите	
те	гледат	строят	

인칭	동사현재시제활용		명령형
аз	работя	чета	работ- (자음으로 끝나는 어간) + -и / -ете → 명령형: работи, работете чет- (자음으로 끝나는 어간) + -и / -ете → 명령형: чети, четете
ти	работиш	четеш	
той/тя/то	работи	чете	
ние	работим	четем	
вие	работите	четете	
те	работят	четат	

예

Пиши бързо! / **Пишете** бързо!

빨리 써! / 빨리 쓰세요!

Ходи на разходка всеки ден! / **Ходете** на разходка всеки ден!

매일 산책을 가! / 매일 산책을 가세요!

명령형은 동사의 불완료상으로 만들면 주로 동작의 반복성을 나타내고, 완료상으로 만들면 도작의 1회성을 표현한다.

Затвори прозореца! / **Затворете** прозореца!
창문 닫아! / 창문 닫으세요! (행위의 1회성)

Затваряй прозореца! / **Затваряйте** прозореца!
창문을 항상 닫아! / 창문을 항상 닫으세요! (행위의 반복성)

명령형의 부정문은 동사의 불완료상에서만 만들 수 있다.
명령형의 부정문은 동사의 명령형 앞에 부정소사 не를 붙이거나, [Недей да + 동사] 구조로 만들 수 있다.

1) 부정소사 не + 동사의 명령형

Не пиши бързо! / **Не пишете** бързо!
빨리 쓰지 마! / 빨리 쓰지 마세요!

Не ходи на разходка всеки ден! / **Не ходете** на разходка всеки ден!
매일 산책 가지 마! / 매일 산책 가지 마세요!

Не затваряй прозореца! / **Не затваряйте** прозореца!
창문 닫지 마! / 창문 닫지 마세요!

2) недей (단수) да + 동사의 현재시제 2인칭 단수형
недейте (복수) да + 농사 현재시제 2인칭 복수형

Недей	**да**	**пушиш!** **отваряш вратата!**
Недейте		**пушите!** **отваряте вратата!**

Недей да пишеш бързо! / **Недейте да пишете** бързо!
빨리 쓰지 마! / 빨리 쓰지 마세요!

Недей да ходиш на разходка всеки ден! / **Недейте да ходите** на разходка всеки ден!
매일 산책 가지 마! / 매일 산책 가지 마세요!

Недей да затваряш прозореца! / **Недейте да затваряте** прозореца!
창문 닫지 마! / 창문 닫지 마세요!

예외

동사의 명령형은 현재시제 어간에 명령형 어미를 더하는 것으로 형성하지만, 예외적인 경우도 있다.

държа – **дръж, дръжте** 들어봐/들어줘, 들어보세요/들어주세요
видя – **виж, вижте** 봐라/봐봐, 보세요
ям – **яж, яжте** 먹어봐, 드세요/드셔보세요
дам – **дай, дайте** 줘/줘라, 주세요

дойда – **ела, елате** 와라/와봐, 오세요
отиди – **иди, идете** (може и **отиди, отидете**) 가라/가봐, 가세요

съм – **бъди, бъдете** ~돼라, ~되세요

5. 표현 따라하기

Аз каня Дарина на кино. Каня Дарина на кино. Аз я каня на кино. Каня я на кино.
나는 다리나를 영화관에 초대한다.

Ние виждаме детето. Виждаме детето. Ние го виждаме. Виждаме го.
우리는 그 아이를 보았다.

Мила харесва Брад Пит като актьор. Мила го харесва като актьор. Харесва го като актьор.
밀라는 브래드 피트를 배우로 좋아한다.

Познаваш ли Иван и Мария? – Иван го познавам, но Мария не я познавам. Него го познавам, но нея не я познавам.
이반과 마리야를 아니? (이반과 마리야와 아는 사이니?)
– 이반은 아는데, 마리야는 알지 못한다.

Знаеш ли български език?
불가리아어를 할 줄 알아요?

Чуваш ли радиото? – Да, чувам го./Не, не го чувам.
라디오가 들리니?
– 응, 들려. / 아니, 안 들려.

Обичаш ли приятелите си? – Да, обичам ги.
네 친구들을 좋아하니? – 응, 그들을 좋아해.

Много харесвам тази котка. Много я харесвам.
이 고양이를 많이 좋아한다.

Аз знам това. Знам го.
나는 그것을 알아요.

Нина търси професора. Тя го търси.
니나는 교수님을 찾고 있다.

Разхождам се с кучето. Разхождам се с него.
개와 함께 산책을 한다.

Иван е зад Мария. Иван е зад нея. Той е зад Мария. Той е зад нея.
이반은 마리야 뒤에 있다.

Ела с мене на театър. – Добре, ще дойда с тебе.
나와 같이 영화관에 가자. – 좋아, 너와 함께 갈게.

Ще дойда на концерт с Вас.
당신과 함께 콘서트에 갈 거예요.

Ела у нас. Каня те на кафе.
우리 집으로 놀러 와. 커피 마시자고 초대한다.

Ще отида у семейство Петрови. Ще отида у тях.
페트로프 씨 가족 집에 갈 것이다.

Вървете направо и на третата пресечка завийте наляво.
곧바로 쭉 가다가 세 번째 교차로에서 왼쪽으로 돌아라.

Пейте с нас! Играйте с нас! Елате на разходка с нас!
우리와 함께 노래하자! 우리와 함께 놀자! 우리와 함께 산책하자!

Виждам него, но не виждам нея.
나는 그를 보았는데, 그녀는 보지 않았다.

Днес отивам на училище с вас, а утре ще отида с тях.
오늘 너희들과 같이 학교에 가고, 내일은 그들과 학교에 간다.

Масата е зад тебе, а не зад него.
탁자는 네 뒤에 있지 그의 뒤에는 없다.

6. 응용해서 말하기

Диалог 1

– Извинете, искам да отида до кино „Арена“.

– Сега ли? Аз отивам там. Ще дойдете ли с мене?

– Да, благодаря. Ще дойда с Вас. Далече ли е?

– Не. Ето там е.

대화 1

– 죄송합니다만, '아레나' 영화관까지 가려고 하는데요.

– 지금요? 나는 그쪽으로 갑니다. 나와 함께 가시겠어요?

– 네, 감사합니다. 당신과 함께 갈게요. 먼가요?

– 아니요. 저기예요.

Диалог 2

– Извинете, искам да отида до театър „Инспирация“.

– Вървете направо по тази улица. На втората пресечка завийте надясно.

– Надясно...

– Вървете и след около 50 метра ще го видите от лявата страна на улицата.

대화 2

– 죄송합니다만, '인스피라찌야' 극장까지 가려고 하는데요.

– 이 거리를 따라서 곧장 가세요. 두 번째 교차로에서 오른쪽으로 도세요.

– 오른쪽이요...

– 한 50미터 정도 더 가면 거리의 왼쪽 편에 보일 거예요.

Диалог 3

– Хайде да отидем в Пловдив този уикенд.

– Добре, с влак или с автобус?

– С моята кола.

– Добре, ела да ме вземеш от нас в 8 часа.

대화 3

– 이번 주말에 플로브디프에 가자.

– 좋아, 기차 타고 갈래 아니면 버스 타고 갈래?

– 내 차 타고 가자.

– 좋아, 8시에 나를 픽업하러 와.

Диалог 4

– Виждаш ли Петър често?

– Не, не го виждам често.

– А чуваш ли го по телефона?

– Не го търся по телефона.

대화 4

– 페터르를 자주 보니?

– 아니, 그를 자주 보지 않아.

– 전화 통화는 해?

– 전화 통화 안 해.

Диалог 5

– У нас ще има купон утре вечер. Ела и доведи Галя.

– Добре. Ще дойда и ще я доведа.

– Ще ви чакам.

– До утре!

대화 5

– 내일 저녁에 우리 집에서 파티가 있어. 너도 오고 갈랴도 데리고 와.

– 좋아. 나도 가고 그녀도 데리고 갈게.

– 너희를 기다릴게.

– 내일 보자!

7. 함께 연습하기

1. [보기]와 같이 대명사로 고치세요.

보기 Ще дойда с **Иван**.

→ Ще дойда с **него**.

А. Искам да говоря със **студентите**.

→ ______________________

Б. Тя е зад **професора**.

→ ______________________

В. Отивам при **баба ми**.

→ ______________________

Г. Утре ще се срещна с **Мария**.

→ ______________________

Д. Елена е пред **Ана и Яна**.

→ ______________________

Е. Получавам писмо от **детето**.

→ ______________________

Ж. Виктория отива на пазар с **майка си**.

→ ______________________

2. [보기]와 같이 주어진 동사를 명령형으로 고치세요.

> **보기**
>
> (дойда) при мене!
>
> → **Ела** при мене!
>
> → **Елате** при мене!

А. Утре **(се обадя)** на майка си!

→ ______________________

→ ______________________

Б. **(говоря)** бавно, моля.

→ ______________________

→ ______________________

В. Не **(ям)** бързо.

→ ______________________

→ ______________________

Г. **(пия)** мляко!

→ ______________________

→ ______________________

Д. **(уча)** чужди езици!

→ ______________________

→ ______________________

Е. Не **(пуша)** тук!

→ ______________________

→ ______________________

Ж. (спортувам) всеки ден.

→

→

З. (гледам) този филм! Много е интересен.

→

→

И. (държа) чадъра.

→

→

3. [보기]와 같이 주어진 형용사를 알맞은 형태로 고치세요.

보기 (червен) шапка → червена шапка

А. (зелен) панталон

→

Б. (голям черен) обувки

→

В. (малък черен) рокля

→

Г. (син) море

→

Д. **(бял)** ризи

→

Е. **(дълъг червен)** молив

→

Ж. **(къс жълт)** пола

→

З. **(сив)** шалче

→

И. **(оранжев)** книга

→

11 Учих български език в Корея

한국에서 불가리아어를 배웠어요

1. 본문

(В мола: Анета, Суми, Тодор)

Анета – Тодор, здравей!

Тодор – О, Анета, здравей! Отдавна не сме се виждали.

Анета – Наистина. Запознай се със Суми! Тя е от Корея.

Тодор – Приятно ми е. Тодор.

Суми – Много ми е приятно. Казвам се Суми.

Тодор – Много добре говорите български.

Суми – Благодаря.

Тодор – Откога сте в България?

Суми – От два месеца. Преди това учих български език в Корея.

Анета – Суми е студентка по български език в Корея, но сега е в България за една година.

Тодор – Къде в Корея е родното Ви място?

Суми – Родена съм в провинция Южна Чолла, но живея в Сеул от деветгодишна. Вече повече от дванайсет години.

Анета – Тодор завърши Софийския университет това лято.

Суми – Така ли? Какво учихте?

Тодор – Учих икономика.

Анета – Завърши с отличен успех.

Тодор – Да, учих много. А също и работих.

Суми – Какво работихте?

Тодор – Бях стажант в една голяма фирма. Научих много неща.

Суми – А успявате ли да си намерите работа след университета?

Тодор – Да, вече имам нова работа от преди три седмици.

Суми – Лесно ли я намерихте?

Тодор – Не много лесно. Явих се на седем-осем интервюта за работа преди това. Не ми беше лесно.

Суми – А новата работа как е?

Тодор – Много ми хареса от самото начало. Колегите са много добри и любезни.

Анета – А шефовете как са?

Тодор – Много добре се разбирам с шефовете.

(В университета)

Борис – Какво прави вчера?

Виктор – Бях на кино с Гергана.

Борис – В кое кино?

Виктор – Първо мислихме да отидем в кино „Арена", за да гледаме един нов български филм, но после решихме да отидем в киното на третия етаж на мола. И там гледахме същия филм, но там има и голям фудкорт с много ресторанти на петия етаж.

Борис – Хареса ли ви филмът?

Виктор – На мене много ми хареса. Аз обичам екшъни.

Борис – А Гергана?

Виктор – Тя май не го хареса много. Но много ѝ хареса вечерята.

Борис – Какво вечеряхте?

Виктор – Корейска храна. Гергана много обича корейска храна.

Борис – А след ресторанта какво правихте?

Виктор – Разхождахме се в парка. Вечерта беше топла и приятна.

(쇼핑몰에서: 아네타, 수미, 토도르)

아네타 – 토도르, 안녕!

토도르 – 아, 아네타, 안녕! 오랜만이야.

아네타 – 진짜 그렇네. 수미랑 인사해! 그녀는 한국에서 왔어.

토도르 – 반가워요. 토도르라고 합니다.

수미 – 처음 뵙게 되어 반갑습니다. 수미라고 해요.

토도르 – 불가리아어를 정말 잘하네요.

수미 – 고마워요.

토도르 – 불가리아에 언제 왔어요?

수미 – 2달 전에 왔어요. 오기 전에는 한국에서 불가리아어를 공부했어요.

아네타 – 수미는 한국에서 불가리아어과 학생이고, 불가리아에 1년 동안 있을 거야.

토도르 – 한국 어디에서 태어났어요?

수미 – 전라남도에서 태어났지만, 9살부터는 서울에서 살았어요. 벌써 12년이나 되었죠.

아네타 – 토도르는 올여름에 소피아 대학을 졸업했어.

수미 – 그래요? 전공이 뭔데요?

토도르 – 경제학을 전공했어요.

아네타 – 토도르는 훌륭한 성적으로 졸업했어.

토도르 – 네, 공부 많이 했죠. 그리고 일도 했어요.

수미 – 무슨 일을 했는데요?

토도르 – 한 큰 회사에서 인턴을 했어요. 거기서 많은 것들을 배웠어요.

수미 – 대학 졸업한 후에 취업했어요?

토도르 – 네, 3주 전에 새로운 일을 시작했어요.

수미 – 그 일을 찾는 것이 쉬웠어요?

토도르 – 아주 쉽지는 않았어요. 이 일 전에 한 7, 8번 정도 직업 면접을 봤어요. 제게 아주 쉬운 일은 아니었어요.

수미 – 새로운 일은 어때요?

토도르 – 시작부터 정말 맘에 들었어요. 동료들은 좋은 사람들이고 호의적인 사람들이에요.

아네타 – 상사들은 어떤데?

토도르 – 상사들하고는 아주 사이가 좋아.

(학교에서)

보리스 – 어제 뭐 했어?

빅토르 – 게르가나랑 영화 보러 갔어.

보리스 – 무슨 영화관에?

빅토르 – 처음에는 영화관 '아레나'에 가려고 생각했는데, 나중에 우리는 쇼핑몰 3층에 있는 영화관에 가기로 결정했었지. 거기도 똑같은 영화를 상영하더라고, 게다가 거기 5층에 식당이 많은 큰 푸드 코트가 있어.

보리스 – 영화는 마음에 들었어?

빅토르 – 나는 정말 좋았어. 난 액션 좋아해.

보리스 – 게르가나는?

빅토르 – 그녀는 별로 좋아하지 않은 것 같았어. 그렇지만 저녁 식사는 만족스러워했어.

보리스 – 저녁 식사는 뭘 했는데?

빅토르 – 한국 음식을 먹었어. 게르가나는 한국 음식을 정말 좋아해.

보리스 – 식당 다음에는 뭘 했는데?

빅토르 – 공원에 가서 산책을 좀 했어. 저녁에 날씨가 따뜻하고 좋았거든.

2. 질문

Къде следва Суми? 수미는 어디에서 공부합니까?
Къде е родена Суми? 수미는 어디에서 태어났어요?
Кой университет завърши Тодор? 토도르는 무슨 대학을 졸업했나요?
Какво учи Тодор? 토도르는 무엇을 공부했나요?
Откога Тодор има нова работа? 그는 언제 새로운 일을 시작했습니까?

С кого беше на кино Виктор? 빅토르는 누구와 함께 영화관에 있었나요?
Къде бяха на кино те? 그들은 어디 영화관에 있었나요?
Какво вечеряха? 저녁 식사는 무엇을 했나요?

3. 단어 및 숙어

асансьòр 명 엘리베이터
бѝбимпап 명 비빔밥
благодаря̀, благодарѝш 동 감사하다
бонбòн 명 사탕, 캔디
бу̀лгоги 명 불고기
Вèлинград 벨린그라드 (불가리아 도시 이름)
вкус 명 맛
вку̀сен, -сна, -сно, -сни 형 맛있는
вървя̀, вървѝш 동 걷다, 움직이다
дèветгодишен, -шна, -шно, -шни 형 9년의, 아홉 살의
допàдам, допàдаш / допàдна, допàднеш 동 ~의 마음에 들다, ~에게 어울리다
ескалàтор 명 에스컬레이터
етàж 명 층
живòтно 명 (복 живòтни) 동물
завъ̀ршвам, завъ̀ршваш / завъ̀рша, завъ̀ршиш 동 마치다, 졸업하다
задàча 명 과제
запознàвам се с, запознàваш се с / запознàя се с, запознàеш се с 동 서로 인사하다
запознàвам, запознàваш / запознàя, запознàеш 동 소개하다
звездà 명 별
зоопàрк 명 동물원
игрàчка 명 장난감
ѝзпит 명 시험
иконòмика 명 경제, 경제학

имѝт ㊔ 재산, (땅, 집 등) 소유물

интервю̀ ㊔ 인터뷰

катѐря се, катѐриш се ㊍ 오르다, 등반하다

кѝмчи ㊔ 김치

коридо̀р ㊔ 복도

лежа̀, лежѝш ㊍ 누워 있다

лѐсен, -сна, -сно, -сни ㊌ 쉬운

лѐсно ㊕ 쉽게

летя̀, летѝш ㊍ 날다

любѐзен, -зна, -зно, -зни ㊌ 친절한, 상냥한, 호의적인

лю̀т, -а, -о, -и ㊌ 매운

ма̀кколи ㊔ 막걸리

месо̀ ㊔ 고기

мълча̀, мълчѝш ㊍ 침묵하다

на открѝто 야외의, 개방된

намѝрам, намѝраш / намѐря, намѐриш ㊍ 찾다, 발견하다

напѝсвам, напѝсваш /напѝша, напѝшеш ㊍ (완전히) 다 쓰다, 적다

наро̀ден, -дна, -дно, -дни ㊌ 국민의

научѝвам, научѝваш / нау̀ча, нау̀чиш ㊍ 잘 배우다, 다 익히다, 암기하다

небѐ ㊔ 하늘

облѐчен, -а, -о, -и ㊓ (옷) 입은

облѝчам, облѝчаш / облека̀, облечѐш ㊍ 옷을 입히다 , ~을/를 입다

облѝчам се, облѝчаш се / облека̀ се, облечѐш се ㊍ 옷 입다, 자기자신을 입히다

огледа̀ло ㊔ 거울

Отда̀вна не сме се вѝждали. 오랜만이다. (오래전부터 우리는 서로 보지 않았구나)

отлѝчен, -чна, -чно, -чни ㊌ 완벽한, 훌륭한

парѝ ㊔ 돈

пеѐц ㊔ 가수

певѝца ㊔ 여가수

пѐсен ㊔ (㊕ пѐсни) 노래

пещера̀ ㊔ 동굴

пиѐса ㊔ 희곡

писмо̀ ㊔ 편지

планина̀ ㊔ 산

по̀вече от ~보다 더 많이

поѐзия ㊔ 시

поля̀на ㊔ 풀밭, 공터

пома̀гам, пома̀гаш / помо̀гна, помо̀гнеш ㊍ 돕다

портмонѐ ㊔ 지갑

портока̀л ㊔ 오렌지

по̀сле ㊕ 후에, 나중에

предпочѝтам, предпочѝташ / предпочета̀, предпочетѐш ㊍ 선호하다

препоръ̀чвам, препоръ̀чваш / препоръ̀чам, препоръ̀чаш ㊍ 추천하다

провѝнция ㊔ 지방, 시골

разбѝрам се с, разбѝраш се с ~와 잘 어울리다

рѐчник ㊔ 사전

реша̀вам, реша̀ваш / реша̀, решѝш

задача 동 과제를 해결하다

решàвам, решàваш / решà, решѝш 동 결정하다, 마음먹다, (문제 등) 해결하다

Родòпи, Родòпите 명 로도피산맥

сармà 명 사르마 (불가리아 요리)

сладолèд 명 아이스크림

слѝва 명 서양 자두

снòщи 부 어젯밤에, 어제저녁에

спа хотèл 스파 호텔

стадиòн 명 경기장, 스타디움

стаж 명 인턴십

стажàнт 명 인턴

стоя̀, стоѝш 동 서다

стъ̀лби 명 계단(복수형)

сỳпа 명 수프

събли̇̀чам, събли̇̀чаш / съблекà, съблечè 동 옷을 벗기다, ~을/를 벗다

събли̇̀чам се, събли̇̀чаш се / съблекà се, съблечèш се 동 옷 벗다, 자기자신의 옷을 벗다

танцỳвам 동 춤추다

твъ̀рде 부 상당히, 꽤, 아주

теàтър 명 극장

тòкпоки 명 떡볶이

тòпло 부 따뜻하게

тòпъл, -пла, -пло, -пли 형 따뜻한

тòрта 명 케이크

трỳден, -дна, -дно, -дни 형 어려운

трỳдно 부 어렵게

успèх 명 성공

успя̀вам, успя̀ваш / успèя, успèеш 동 성공하다

фỳдкорт 명 푸드 코트

харèсвам, харèсваш / харèсам, харèсаш 동 좋아하다

хлàден, -дна, -дно, -дни 형 차가운

хлàдно 부 차갑게

черèша 명 체리

шеф 명 (회사나 조직의) 장, 사장

ъ̀гъл 명 (복 ъглѝ) 모서리, 귀퉁이

явя̀вам се, явя̀ваш се / явя̀ се, явѝш се 동 나타나다 явявам се на изпит / на интервю

я̀сен, -сна, -сно, -сни 형 맑은, 선명한, 또렷한

4. 문법 따라잡기

1. 아오리스트 (단순 과거 시제)

아오리스트는 말하는 시점보다 과거에 일어난 사건을 표현하거나, 과거 어떤 기간에 완료된 사건을 말할 때 쓴다. 아오리스트는 10년 전(преди 10 години), 15년 전(преди 15 години), 작년(миналата година), 지난주(миналата седмица), 어제(вчера), 오늘 아침에(тази сутрин) 등의 시간을 나타내는 표현과 함께 자주 쓰인다.

동사의 아오리스트 활용은 다음과 같다.

	단수	복수
1인칭	-х	-хме
2인칭	-	-хте
3인칭	-	-ха

예 гледах; слушах; говорих

아오리스트의 부정형은 동사의 앞에 부정을 나타내는 не를 더하면 된다.

не гледах; не слушах; не говорих

동사 **-а** 그룹과 **-и** 그룹의 아오리스트

-а 그룹 동사의 아오리스트 1인칭 단수 형태는 **-ах, -ях**

гледам – гледах; обядвам – обядвах; вечерям – вечерях

гледам	단수	복수
1인칭	гледах	гледахме
2인칭	гледа	гледахте
3인칭	гледа	гледаха

вечерям	단수	복수
1인칭	вечерях	вечеряхме
2인칭	вечеря	вечеряхте
3인칭	вечеря	вечеряха

Снощи гледахме телевизия

어젯밤에 TV를 봤다.

Миналата седмица аз не слушах радио.

지난주에 나는 라디오를 듣지 않았다.

Преди две години тя вечеря в този ресторант.

2년 전에 그녀는 이 레스토랑에서 저녁을 먹었다.

기억해 두세요!!

동사 **имам**, **нямам**, **искам**의 아오리스트 형태는 다음과 같다. 특히 이들 동사의 아오리스트 2인칭과 3인칭 단수 형태는 има, няма, иска도 쓰지만, имаше, нямаше, искаше를 자주 쓰기도 한다.

имам	단수	복수
1인칭	имах	имахме
2인칭	има / имаше	имахте
3인칭	има / имаше	имаха

нямам	단수	복수
1인칭	нямах	нямахме
2인칭	няма / нямаше	нямахте
3인칭	няма / нямаше	нямаха

искам	단수	복수
1인칭	исках	искахме
2인칭	иска / искаше	искахте
3인칭	иска / искаше	искаха

Тази сутрин аз исках сладолед, а детето не искаше.
오늘 아침에 나는 아이스크림을 원했지만, 아이는 원하지 않았다.

Снощи Виолета имаше пари, но Яна и Дара нямаха.
어제저녁에 비올레타는 돈이 있었지만, 야나와 다라는 없었다.

-и 그룹에 속하는 대부분의 동사들의 아오리스트 1인칭 단수 어미는 **-их**이다.
работя – работих, говоря – говорих; правя – правих; нося – носих; намеря – намерих; строя – строих; уча – учих; реша – реших; благодаря – благодарих

говòря	단수	복수
1인칭	говòрих	говòрихме
2인칭	говòри	говòрихте
3인칭	говòри	говòриха

ỳча	단수	복수
1인칭	ỳчих	ỳчихме
2인칭	ỳчи	ỳчихте
3인칭	ỳчи	ỳчиха

благодаря̀	단수	복수
1인칭	благодарих	благодарихме
2인칭	благодарѝ	благодарихте
3인칭	благодарѝ	благодариха

-и 그룹에 속하는 동사 가운데 일부는 아오리스트 1인칭 단수형이 **-ах, -ях**이다.
вървя̀ – вървя̀х, летя̀ – летя̀х, стоя̀ – стоя̀х, мълча̀ – мълча̀х, лежа̀ – лежа̀х

이 동사들은 현재시제 1인칭 단수 어미에 강세를 갖고, 아오리스트로 활용했을 경우에도 어미 -а̀х, -я̀х에 강세가 위치한다. 다만, 동사 **вѝдя – видя̀х**의 경우만 예외적으로 현재시제 형태에서 어미에 강세가 오는 것이 아니라, 음절에 강세가 온다.

стоя̀	단수	복수
1인칭	стоях	стояхме
2인칭	стоя̀	стояхте
3인칭	стоя̀	стояха

лежа̀	단수	복수
1인칭	лежа̀х	лежа̀хме
2인칭	лежа̀	лежа̀хте
3인칭	лежа̀	лежа̀ха

Вчера ходихме на кино в Пангьо.
어제 우리는 판교에 있는 영화관에 갔다.

Миналата година говорих с професор Пак в Берлин.
작년에 베를린에 있는 박 교수님과 이야기했다.

Петър стоя прав през цялото време.
페트르는 그 시간 내내 똑바로 서 있었다.

Всички мълчаха.
모두 조용히 있었다.

Ние направихме голяма торта.
우리들은 커다란 케이크를 만들었다.

동사 съм의 과거시제

съм	단수	복수
1인칭	бях	бяхме
2인칭	беше (또는 бе)	бяхте
3인칭	беше (또는 бе)	бяха

Снощи бяхме на театър. А вие къде бяхте?
어젯밤에 우리들은 극장에 있었다. 당신들은 어디에 있었나요?

Виктория беше на концерт, а аз бях в библиотеката.
빅토리아는 콘서트에 있었고, 나는 도서관에 있었다.

Студентите бяха на стадиона.
학생들은 경기장에 있었다.

2. 인칭대명사의 여격

동사의 간접 목적어 자리에 오는 모든 인칭대명사는 여격을 쓴다. 여격 dative case은 한국어에서는 '~에게, ~께'에 해당한다. 여격 인칭대명사는 짧은 형태와 긴 형태가 있다. 의미는 같지만, 짧은 형태는 단음절로 구성이 되어 강세가 없다. 따라서 문장 안에서 배열이 제한적이며 전치사와 함께 쓰일 수 없다.

주격		여격-짧은 형태	여격-긴 형태	
аз	나는	ми	на мене	나에게
ти	너는	ти	на тебе	너에게
той / тя / то	그는 / 그녀는 / 그것은	му / ѝ / му	на него / на нея / на него	그에게 / 그녀에게 / 그것에게
ние	우리는	ни	на нас	우리에게
вие	너희들은	ви	на вас	너희들에게
те	그들은	им	на тях	그들에게

인칭대명사의 목적격과 여격의 짧은 형태가 한 동사에 속하면, 여격형이 항상 목적격형 앞에 온다. 즉 [여격 + 목적격]의 순서이다.

Давам книгите на студентите. – Давам им книгите. – Давам им ги.
학생들에게 책들을 준다.

Аз ще дам списанието на Мая. – Ще ѝ дам списанието. – Ще ѝ го дам.
나는 마야에게 잡지를 줄 것이다.

Няма да напиша писмо на дядо ми. – Няма да му напиша писмо.
할아버지에게 편지를 쓰지 않을 것이다.

3. яде ми се, пие ми се 등 표현

이러한 표현은 무엇인가를 하고 싶다는 희망 사항이 있는 경우에 쓰는 표현으로 의미적인 주체는 여격으로 표현하고, 하고 싶은 대상물은 주어부에 해당한다. 그러나 이때 주어와 동사를 수 일치시켜야 하므로 대상물이 단수형이면 동사는 3인칭 단수형, 대상물이 복수형이면 동사는 3인칭 복수형이 되어야 한다.

Яде **ми** се токпоки.

ми – 여격으로 나타낸 주체; **токпоки** – 주어

= На мене ми се яде токпоки.
난 떡볶이 먹고 싶어.

На Биляна ѝ се гледат български филми.

на Биляна ѝ – 여격으로 나타낸 주체; филми – 주어

= Гледат ѝ се български филми.

빌랴나는 불가리아 영화를 보고 싶어 한다.

На детето му се яде сладолед. 그 아이는 아이스크림을 먹고 싶어 한다.

Много ли ти се пие вода? 너는 굉장히 물을 마시고 싶니?

На майка ти ѝ се пие макколи. 너의 어머니는 막걸리를 마시고 싶어 한다.

На Виктор му се чете поезия. 빅토르는 시를 읽고 싶어 한다.

Ядат ми се череши. 나는 체리가 먹고 싶다.

Много им се ядат сарми с месо. 그들은 고기가 들어간 사르마를 굉장히 먹고 싶어 한다.

Ядат ли ти се сливи? 너는 자두가 먹고 싶니?

На вас ядат ли ви се портокали? 당신들은 오렌지를 먹고 싶나요?

동사가 자동사인 경우, 무인칭문 구조가 됩니다. 불가리아어는 문법적인 주어가 없을 경우, 동사는 항상 3인칭 단수형만 쓰인다.

На Мая не ѝ се ходи на кино. 마야는 영화 보러 가고 싶어 하지 않는다.

Не ми се излиза навън. 나는 밖에 나가고 싶지 않다.

На студентите им се ходи на море. 학생들은 바다에 가고 싶어 한다.

4. трудно ми е, студено ми е 등 표현

추위, 더위, 즐거움, 어려움, 용이함 등을 느낄 때 쓰는 표현으로 이런 자극을 경험하는 주체를 여격으로 표현한다.

Много ми е студено.

나는 많이 춥다.

На тебе топло ли ти е?

너는 따뜻하니?

На детето не му е студено. То е добре облечено.
아이는 추위를 느끼지 않는다. 옷을 꼭 껴입었다.

Днес ми е много горещо.
오늘 나는 많이 덥다.

На мене не ми е горещо. Дори малко ми е хладно.
나는 덥지 않다. 오히려 약간 춥다.

Да уча български език не ми е трудно. Дори ми е много приятно.
나는 불가리아어를 공부하는 것이 어렵지 않다. 오히려 나는 즐겁다.

На вас трудно ли ви е да учите гръцки език?
당신들은 그리스어를 공부하는 것이 어렵나요?

Много ми е лесно да пея на корейски.
나는 한국어로 노래하는 것이 정말 쉽다.

5. 동사 харесвам/харесам

동사 харесвам/харесам은 1. 타동사로서 경험자를 주어로, 좋아하는 대상을 직접 목적어로 취하고 2. 자동사로서 좋아하는 대상을 주어로, 경험자를 간접 목적어로 취한다.

(1) Аз харесвам тази книга.
(харесвам – 타동사; аз – 주어인 경험자; книга – 직접 목적어인 좋아하는 대상)
나는 이 책을 좋아한다.

(2) Тази книга ми харесва.
(харесвам – 자동사; книга – 주어인 좋아하는 대상; ми – 간접 목적어인 경험자)
이 책은 나에게 좋다. (마음에 든다.)

경험자= 주어 (주격) 좋아하는 대상 = 직접 목적어 (목적격)	좋아하는 대상 = 주어 (주격) 직접 목적어 없다 경험자 = 간접 목적어 (여격)	
Аз харесвам **тази книга**. Аз харесвам **тези книги**.	**Тази книга ми** харесва. **Тези книги ми** харесват.	Много **ми** харесва **тази книга**. Много **ми** харесват **тези книги**.
나는 이 책을 좋아한다	이 책은 (나에게) 좋다	이 책은 (나에게) 많이 좋다
Мария харесва **този филм**. Мария харесва **тези филми**.	**Този филм й** харесва (на Мария). **Тези филми й** харесват (на Мария).	**На Мария** много **й** харесва **този филм**. **На Мария** много **й** харесват **тези филми**.
마리야는 이 영화를 좋아한다	이 영화는 (그녀에게) 좋다	이 영화는 (그녀에게) 많이 좋다
Децата харесват **тази играчка**. Децата харесват **тези играчки**.	**Тази играчка им** харесва (**на децата**). **Тези играчки им** харесват (**на децата**).	**На децата** много **им** харесва **тази играчка**. **На децата** много **им** харесват **тези играчки**.
아이들은 이 장난감을 좋아한다	이 장난감은 (그들에게) 좋다	이 장난감은 (그들에게) 많이 좋다

이 책은 (나에게) 좋다 ≈ 나는 이 책을 좋아한다

이 영화는 (그녀에게) 좋다 ≈ 그녀는 이 영화를 좋아한다

이 장난감은 (그들에게) 좋다 ≈ 그들은 이 장난감을 좋아한다

Този филм не **ми харесва**. А на тебе харесва ли ти?

이 영화 나는 별로 마음에 들지 않는다. 너는 마음에 드니?

5. 표현 따라하기

Какво правихте през уикенда? – Бяхме в Родопите, катерихме се по планините, влизахме в пещери, разхождахме се из поляните, спахме на открито.
(당신들은) 주말에 뭐 했어요? – 로도피에 있었어요, 산을 등반했어요, 동굴에 들어가기도 하고 들판을 산책하기도 하고, 야외에서 잠도 잤어요.

Тази сутрин намерих едно портмоне на улицата.
오늘 아침에 길거리에서 지갑 하나 주웠어.

Вчера той гледа телевизия цял ден.
어제 그는 하루 종일 TV를 보았다.

В неделя те слушаха радио цял ден.
일요일에 그들은 하루 종일 라디오를 들었다.

Това шалче много ми харесва.
이 스카프가 내 마음에 꼭 든다.

Харесва ли ти онзи панталон?
저 바지가 네 마음에 들어?

Червените обувки не ми харесват.
빨간색 구두를 좋아하지는 않아.

Цяла нощ учихме за изпита.
밤새 시험공부를 했다.

Ти лежа на леглото цяла сутрин.
아침 내내 너는 침대에 누워 있었다.

На Иван му се пие вино.
이반은 와인을 마시고 싶어 한다. (마시고 싶은 기분이다.)

Яде им се торта.
그들은 케이크가 먹고 싶다. (먹고 싶은 기분이다.)

На баба ми ѝ се ядат череши.
나의 할머니께서는 체리가 드시고 싶어 한다.

На майка ми ѝ е студено, а на сестра ми ѝ е топло.
나의 어머니는 추위를 느끼고, 나의 여동생은 따뜻하다.

Много му беше приятно да се запознае със студентите.
그는 학생들과 알게 되어 정말 기뻤다.

Мария харесва тази маса.
마리야는 이 책상을 좋아한다.

Те не харесват този филм.
그들은 이 영화를 좋아하지 않는다.

6. 응용해서 말하기

Диалог 1

– Къде е офисът на фирмата „Южни имоти"?

– На дванайсетия етаж. В края на коридора, отдясно.

– А къде е асансьорът?

– Ето там в ъгъла, до голямото огледало.

– Благодаря.

대화 1

– '유즈니 이모티(남부 부동산)'라는 회사의 사무실이 어딘가요?

– 12층에 있어요. 복도 끝, 오른쪽이요.

– 엘리베이터는 어디에 있나요?

– 저기 코너에, 큰 거울 옆에 있어요.

– 감사합니다.

7. 함께 연습하기

1. [보기]와 같이 문장을 고쳐 써 보세요.

보기

Ще ходя на кино. → **Вчера ходих** на кино.

Аз **ще му пратя** книгата. → Аз **вчера му пратих** книгата.

А. Мария **ще работи** от 10 до 17 часа.

→ ______________________________

Б. Антон и Андрей **ще учат** заедно.

→ ______________________________

В. Майка ми **ще гледа** телевизия цял ден.

→ ______________________________

Г. Ние **ще слушаме** български песни.

→ ______________________________

Д. **Ще ти пратя** снимките.

→ ______________________________

Е. **Ще им ги пратим**.

→ ______________________________

Ж. **Ще видим** много животни в зоопарка.

→ ______________________________

З. **Ще обядваме** в този ресторант.

→ ______________________________

И. Тя **ще закуси** в 9 часа.

→ ______________________________

2. [보기]와 같이 빈칸에 알맞은 대명사를 써넣으세요.

> **보기** На мене не ________ е студено. – На мене не **ми** е студено.

А. На Петър ________ е студено.

Б. Яна, на тебе топло ли ________ е?

В. На Иван и Мария ________ е малко хладно.

Г. Ох, много ________ е горещо! Ще си съблека блузата.

Д. Трудно ________ е да реша тази задача. Помогни ми.

Е. На тебе ________ е лесно да говориш такива неща.

Ж. На мене не ________ се яде сладолед. А ти искаш ли?

З. На Виктория не ________ се пие ракия.

И. На нас много ________ се ходи на планина.

Й. А на вас говори ли ________ се за това списание?

К. На Лия не ________ се гледа телевизия.

Л. А на Гошо гледа ли ________ се телевизия?

3. [보기]와 같이 문장을 고쳐 쓰세요.

보기 Петър харесва този филм.

– Петър го харесва.

– Той го харесва.

– Харесва го.

– На Петър му харесва този филм.

– На Петър той му харесва.

– На него той му харесва.

– Харесва му.

А. Студентите харесват тази книга.

Б. Димитър харесва тази люта супа.

В. Петя харесва Борис.

Г. Борис харесва Петя.

Д. Иван и Драган харесват Мария.

Е. Мария харесва Иван и Драган.

Ж. Суми и Инсу харесват България.

З. Тези студенти харесват новия учител.

И. Тяхното дете не харесва тези бонбони.

Й. Вашите деца харесват ли онези играчки?

К. Певецът не хареса тази песен.

Л. Ти и Жана харесвате ли апартамента?

М. Брат ми и аз харесахме учебника и тетрадката.

Н. Преподавателката не хареса ли вечерята?

12 Какво правихте през уикенда?
주말에 뭐 했어요?

1. 본문

(В понеделник в университета)

Георги – Какво прави този уикенд, Теди?

Теодора – Ами какво, в събота цял ден учих и писах домашни. Четох учебниците. Освен това готвих. Сготвих си супа. Рязах зеленчуци, варих ги. Супата стана много вкусна.

Георги – Често ли готвиш?

Теодора – Да, почти всяка събота.

Георги – А в неделя какво прави?

Теодора – Ходих в мола с една приятелка.

Георги – С коя?

Теодора – С Лили.

Георги – И какво правихте там?

Теодора – Ами разхождахме се, разглеждахме магазините и книжарниците. Лили си купи две книги.

Георги – А ти купи ли си нещо?

Теодора – Да, купих си една блуза с къси ръкави за лятото. Купих и три чифта чорапи за майка ми. Ще ѝ ги подаря на рождения ѝ ден. На татко му купих една вратовръзка и вечерта му я дадох. Много му допадна. Освен това си купих и едно червило, което страшно ми хареса. Лили искаше да отидем на кино, но нямаше интересни филми и не ходихме на кино. Ядохме в един ресторант в мола.

Георги – Какво ядохте?

Теодора – Пиле на грил, пържени картофи и зелена салата. И пихме бира.

Георги – И после?

Теодора – После аз се прибрах вкъщи, взех душ и си легнах. Бях много изморена. А ти какво прави през уикенда, Георги?

Георги – В събота сутринта играх футбол с приятели от нашия квартал.

Теодора – Чух, че си много добър футболист.

Георги – Като дете исках да стана футболист, но сега нямам такива амбиции. Играя, защото ми е приятно.

Теодора – Разбирам. А какво прави след футбола?

Георги – Обядвах вкъщи. А следобед отидох на фитнес. Там беше и Стоян. После двамата отидохме на опера. Гледахме новата постановка на „Турандот". Страхотна е. Препоръчвам ти я.

Теодора – Добре. А в неделя?

Георги – В неделя преди обяд слушах радио.

Теодора – Музика ли?

Георги – Не. Слушах едно предаване с политически коментари и интервюта. Казва се „Неделя 150“.

Теодора – По коя радиостанция?

Георги – По програма „Хоризонт“ на Българското национално радио.

Теодора – А какво закуси?

Георги – В неделя не закусвам. Обядвах около 12 часа. Ядох пълнени чушки и пих червено вино в един малък ресторант близо до нашия блок. После учих за изпита по английски език. Вечерта си легнах рано, четох малко в леглото и заспах.

Теодора – Колко часа спа?

Георги – Мисля, че спах девет часа.

Теодора – Това е добре.

Вчера Пламен беше много зает. Стана в 5:30, изми си зъбите, избръсна се и взе душ. Излезе, без да закусва. Отиде на работа с колата. Малко преди 7 часа̀ вече беше във фирмата. Направи си кафе и сандвич и седна на бюрото пред компютъра. Подготви документите за важна среща при шефа следобед. Работи около четири ча̀са без прекъсване. В 11 часа̀ отиде на йога в съседната сграда, тъй като беше петък. Пламен ходи на йога в понеделник, сряда и петък, а във вторник и четвъртък ходи на плуване. След йогата отиде в един малък италиански ресторант да обядва една порция спагети и една чаша вино. След това се върна на работа и се подготви за срещата при шефа. Тя беше от 14 до 16 часа. Мина много успешно. Пламен се върна на бюрото си и редактира някои от документите. След това ги изпрати по електронната поща на участниците в срещата. В 17 часа̀ си тръгна от фирмата. Върна се вкъщи, преоблече се и се обади на приятелката си Силвия. Уговориха се да се видят в 19:30 пред театър „София“. Ходиха на театър, а после на бар. След това Пламен се прибра в апартамента си.

Тази сутрин Пламен се събуди около 10 часа̀. Днес е събота. Няма да ходи на работа. Затова остана в леглото още малко, преди да стане. После отиде в кухнята, пусна радиото и започна да прави закуска.

(월요일, 대학교에서)

게오르기 – 이번 주말에 뭐 했니, 테디?

테오도라 – 음.. 토요일 하루 종일 공부하고, 숙제했어. 교과서도 읽었고. 이 외에는 요리도 했어. 수프를 만들었지. 채소를 자르고, 끓였어. 수프는 정말 맛있었어.

게오르기 – 자주 요리하니?

테오도라 – 응, 거의 매주 토요일에 요리해.

게오르기 – 일요일에는 뭐 했는데?

테오도라 – 친구랑 같이 쇼핑몰에 갔어.

게오르기 – 친구 누구?

테오도라 – 릴리랑 갔어.

게오르기 – 거기서 뭐 했는데?

테오도라 – 음, 여기저기 걸어 다녔어. 가게들과 서점들 구경했지. 릴리는 책 두 권을 샀지.

게오르기 – 너는 뭐 샀어?

테오도라 – 응, 나는 여름용 짧은 소매 셔츠 하나 샀어. 그리고 엄마 드리려고 양말 세 켤레 샀어. 생신날 선물로 드릴 거야. 아빠에게는 넥타이 하나 샀는데, 저녁에 드렸지. 정말 좋아하셨어. 그 외에 정말 마음에 드는 립스틱 하나 샀어. 릴리는 영화관에 가고 싶어 했는데, 재미있는 영화가 없어서 영화관에 가지는 않았어. 쇼핑몰에 있는 레스토랑에서 식사를 했어.

게오르기 – 뭐 먹었어?

테오도라 – 그릴 치킨, 튀긴 감자랑 상추 샐러드. 그리고 맥주를 마셨어.

게오르기 – 그리고 다음에는?

테오도라 – 그다음에는 나는 집으로 돌아가서 샤워하고 잤어. 많이 피곤했거든. 너는 주말에 뭐 했어, 게오르기?

게오르기 – 토요일 아침에는 동네 친구들이랑 축구를 했어.

테오도라 – 너가 엄청 훌륭한 축구 선수라는 얘기는 들었어.

게오르기 – 어렸을 때 축구 선수가 되고 싶었지만, 지금은 그런 야망은 없어. 그냥 재미있어서.

테오도라 – 그렇구나. 축구한 나음에는 뭐 했어?

게오르기 – 집에서 점심을 먹었어. 오후에는 피트니스에 갔어. 거기 스토얀이 있었어. 그다음에 둘이서 오페라 보러 갔어. 오페라 '투란도트'의 새로운 무대를 감상했어. 진짜 멋졌어. 너한테 추천해.

테오도라 – 좋네. 일요일에는?

게오르기 – 일요일 오전에는 라디오를 들었어.

테오도라 – 음악?

게오르기 – 아니, 정치 논평이랑 인터뷰를 하는 방송을 들었어. '일요일 150'이라는 방송이야.

테오도라 – 어떤 라디오 방송국에서 하는 건데?

게오르기 – 불가리아 내셔널 라디오의 '호리존트'라는 프로그램에서 하는 거야.

테오도라 – 아침은 뭐 먹었는데?

게오르기 – 일요일에는 아침을 안 먹어. 12시쯤 점심을 먹었어. 우리 아파트 가까이 있는 레스토랑에서 속을 채운 피망 요리랑 레드 와인을 먹었어. 그다음에는 영어 시험공부를 했어. 어제는 일찍 자러 가서, 침대에서 책을 좀 읽고 잠들었어.

테오도라 – 몇 시간이나 잤는데?

게오르기 – 9시간 잔 것 같아.

테오도라 – 그것참 잘했다.

어제 플라멘은 많이 바빴다. 5시 30분에 일어나서, 양치질을 하고, 면도를 하고 샤워를 했다. 아침을 먹지 않고, 집을 나섰다. 자동차를 타고 직장에 갔다. 7시 좀 전에 회사에 도착했다. 커피와 샌드위치를 만들어서 자리에 앉았다. 오후에 있을 상사와의 중요한 미팅을 위해 서류를 준비했다. 쉬는 시간 없이 거의 네 시간을 일했다. 금요일이기 때문에 11시에 옆 건물에서 하는 요가에 갔다. 플라멘은 월요일, 수요일, 금요일에 요가를 한다. 화요일, 목요일에는 수영을 다닌다. 요가 후에는 작은 이탈리아 레스토랑에 가서 스파게티와 와인 한 잔으로 점심을 먹었다. 이후에 직장으로 돌아와서 회의를 준비했다. 회의는 14시부터 16시까지 였다. 회의는 성공적이었다. 플라멘은 책상으로 돌아와서 문서 몇 개를 수정했다. 그리고 나서 회의 참석자들에게 자료를 이메일로 보냈다. 17시에 회사에서 출발했다. 집으로 돌아와서 옷을 잘 차려입고 여자친구인 실비아에게 전화했다. 그들은 19시 30분에 소피아 극장 앞에서 만나기로 약속했다. 그들은 극장에 갔다가, 나중에 바에 갔다. 그다음에 플라멘은 자기 집으로 돌아왔다.

오늘 아침 플라멘은 10시쯤에 일어났다. 오늘은 토요일이다. 그는 직장에 가지 않을 것이다. 그래서 일어나기 전에 침대에 조금 더 있었다. 그다음에 부엌에 가서, 라디오를 켜고 아침 식사를 만들기 시작했다.

2. 질문

Какво прави Теодора в събота? А в неделя?
테오도라는 토요일에 무엇을 했나요? 일요일에는요?

Какво купи Теодора за майка си?
테오도라는 엄마에게 무엇을 사 드렸나요?

Ходиха ли на кино Теодора и Лили?
테오도라와 릴리는 영화관에 갔었나요?

Какво ядоха Теодора и Лили в мола?
테오도라와 릴리는 쇼핑몰에서 무엇을 먹었나요?

Къде отидоха Георги и Стоян след фитнеса?
게오르기와 스토얀은 피트니스 이후에 어디에 갔나요?

Какво гледаха в събота вечерта Георги и Стоян?
게오르기와 스토얀은 토요일 저녁에 무엇을 봤나요?

Какво прави Георги в неделя преди обяд?
게오르기는 일요일 오전에 무엇을 했나요?

Колко часа спа Георги?
게오르기는 몇 시간을 잤나요?

В колко часà стана Пламен вчера?
어제 플라멘은 몇 시에 일어났나요?

Кога беше важното събрание?
언제 중요한 회의가 있었나요?

В кои дни ходи на плуване Пламен?
플라멘은 무슨 요일에 수영하러 가나요?

Как се казва приятелката му?
그의 여자친구 이름은 무엇인가요?

В колко часа се събуди днес Пламен?
플라멘은 오늘 몇 시에 일어났나요?

амбѝция ⑲ 야망, 소망
бар ⑲ 바(bar)
без прекъ̀сване 중단 없이, 계속적으로
бекòн ⑲ 베이컨
бѝра ⑲ 맥주
блу̀за ⑲ 블라우스
бръ̀сна се, бръ̀снеш се ⑤ 면도하다
бъ̀рша, бъ̀ршеш ⑤ 닦다
вàжен, -жна, -жно, -жни ⑬ 중요한
варя̀, варѝш ⑤ 끓이다
взѐмам, взѐмаш / взѐма, взѐмеш ⑤
    가져가다
взѐмам, взѐмаш / взѐма, взѐмеш душ
    ⑤ 샤워를 하다
вѝно ⑲ 와인
вку̀сен, -сна, -сно, -сни ⑬ 맛있는
влѝзам, влѝзаш / вля̀за, влѐзеш ⑤
    들어가다
вратовръ̀зка ⑲ 넥타이
гòтвя, гòтвиш ⑤ 요리하다, 준비하다
гу̀бя, гу̀биш ⑤ 잃어버리다
дàвам, дàваш / дàм, дадѐш ⑤ 주다
джоб ⑲ 주머니
джòбен, -бна, -бно, -бни ⑬ 주머니의
джòбни парѝ 용돈
довѐждам, довѐждаш / доведà,
    доведѐш ⑤ 데리고 오다
докàрвам, докàрваш / докàрам,
    докàраш ⑤ (탈것을 타고) 데리고 오다
докумѐнт ⑲ 서류, 문서
домакѝн ⑲ 주인, 호스트
домакѝня ⑲ 여자 주인
донàсям, донàсяш / донесà, донесѐш
    ⑤ 가지고 오다
душ ⑲ 샤워
електрòнен, -нна, -нно, -нни ⑬ 전자의
електрòнна поща = имейл 이메일
желàя, желàеш ⑤ 소원하다
живѐя, живѐеш ⑤ 살다
завѐждам, завѐждаш / заведà,
    заведѐш ⑤ 데리고 가다
закàрвам, закàрваш / закàрам,
    закàраш ⑤ (탈것을 타고) 데리고 가다
занàсям, занàсяш / занесà, занесѐш ⑤
    가지고 가다
запòчвам, запòчваш / запòчна,
    запòчнеш ⑤ 시작하다
заспѝвам, заспѝваш / заспя̀, заспѝш
    ⑤ 잠들다, 자기 시작하다
зеленчу̀к ⑲ (복 зеленчу̀ци) 채소 (※보통
    복수형을 많이 사용한다.)
игрàя, игрàеш ⑤ 경기하다, 놀다
избѝрам, избѝраш / изберà, изберѐш
    ⑤ 선택하다, 선거하다
избръ̀свам се, избръ̀сваш се /
    избръ̀сна се, избръ̀снеш се ⑤
    면도를 다 끝내다
избъ̀рсвам, избъ̀рсваш / избъ̀рша,

избъ̀ршеш 동 다 닦다

изгу̀бвам, изгу̀бваш / изгу̀бя, изгу̀биш 동 잃어버리다

излѝзам, излѝзаш / изля̀за, излѐзеш 동 나가다

измѝвам, измѝваш / измѝя, измѝеш 동 다 씻어 주다, ~을/를 다 씻다

измѝвам се, измѝваш се / измѝя се, измѝеш се 동 자기자신을 다 씻다

изморѐн, -а, -о, -и 분 피곤한

изпра̀щам, изпра̀щаш / изпра̀тя, изпра̀тиш 동 보내다

изпъ̀ржвам, изпъ̀ржваш / изпъ̀ржа, изпъ̀ржеш 동 바싹 튀기다

изя̀ждам, изя̀ждаш / изя̀м, изядѐш 동 다 먹다

интервю̀ 명 인터뷰

ка̀звам, ка̀зваш / ка̀жа, ка̀жеш 동 말하다

карто̀ф 명 감자

квартàл 명 지역, 동네

колѐт 명 소포

комѐдия 명 코미디

коментàр 명 논평, 코멘트

крѝя, крѝеш 동 숨기다

къ̀ща 명 집

лимона̀да 명 레모네이드

лъ̀жа, лъ̀жеш 동 거짓말하다, 속이다

малѝна 명 라즈베리

манастѝр 명 수도원

мета̀, метѐш 동 쓸다

мина̀вам, мина̀ваш / мѝна, мѝнеш 동 지나가다

мѝя, мѝеш 동 씻어 주다, ~을/를 씻다

мѝя се, мѝеш се 동 자기자신을 씻다

мо̀га, мо̀жеш 동 할 수 있다

му̀зика 명 음악

наѐмам, наѐмаш / наѐма, наѐмеш 동 빌리다, 렌트하다

наря̀звам, наря̀зваш / нарѐжа, нарѐжеш 동 자르다

национа̀лен, -на, -но, -ни 형 국가의, 국가적인

новина̀ 명 소식

новинѝ 명 복 뉴스

оба̀ждам се, оба̀ждаш се/оба̀дя се, оба̀диш се 동 전화하다, (멀리서 부를 때) 대답하다

обу̀вам, обу̀ваш / обу̀я, обу̀еш 동 신발을 신다

обу̀вка 명 구두

о̀пера 명 오페라

освѐн това̀ 이것을 제외하고는

оста̀вам, оста̀ваш / оста̀на, оста̀неш 동 남기다

панѝран, -а, -о, -и 분 튀김 옷을 입힌 (밀가루 반죽이나 달걀 물을 입혀 튀김 옷을 만들어서 튀기는)

пека̀, печѐш 동 굽다

пера̀, перѐш 동 세탁하다

пиа̀но 명 피아노

пѝле 명 닭고기

пѝлешки, -ка, -ко, -ки 형 닭고기의
пѝлешки хàпки 닭고기 조각
планѝрам, планѝраш 동 계획하다
плàча, плàчеш 동 울다
подàрък 명 선물
подарѝвам, подарѝваш / подарѝ, подарѝш 동 선물하다
подгòтвям, подгòтвяш / подгòтвя, подгòтвиш 동 준비하다, 준비시키다
подгòтвям се, подгòтвяш се / подгòтвя се, подгòтвиш се 동 자기자신을 준비하다
политѝчески, -ка, -ко, -ки 형 정치적인, 정치의
пòрция 명 부분, 1인분, 몫
пòсле 부 후에, 나중에, 그리고 나서
постанòвка 명 연극, 작품
почтѝ 부 거의
прах 명 가루, 세제
предàване 명 전달, 송신
предѝ да ~하기 전에
прекъ̀свам, прекъ̀сваш / прекъ̀сна, прекъ̀снеш 동 끊다, 중단하다
преоблѝчам, преоблѝчаш / преоблекà, преоблечèш 동 ~을/를 갈아입다, 갈아입히다, 다시 옷을 입다
преоблѝчам се, преоблѝчаш се / преоблекà се, преоблечèш се 동 자기자신의 옷을 갈아입다
препоръ̀чвам, препоръ̀чваш / препоръ̀чам, препоръ̀чаш 동 추천하다
прибѝрам се, прибѝраш се / приберà се, приберèш се 동 집에 돌아가다
приèмам, приèмаш / приèма, приèмеш 동 받아들이다, 수용하다, 접견하다
прѝказка 명 이야기, 동화
прогрàма „Хоризòнт“ 프로그램 '호리존트'
продàвам, продàваш / продàм, продадèш 동 팔다
пу̀скам, пу̀скаш / пу̀сна, пу̀снеш 동 놓아주다, (기계) 움직이게 하다
пълнен, -а, -о, -и 분 꽉 채운, 가득 찬
пълнена чу̀шка, пълнени чу̀шки 속을 채운 피망
пържа, пържиш 동 튀기다
пържен, -а, -о, -и 분 튀긴
пържени картòфи 감자튀김
радиостàнция 명 라디오 방송국
разбѝрам, разбѝраш / разберà, разберèш 동 이해하다
ракѝя 명 라키야
редактѝрам, редактѝраш 동 편집하다
рèжа, рèжеш 동 자르다 베다, 절단하다
ромàн 명 장편 소설
романтѝчен, -чна, -чно, -чни 형 낭만적인
ръкàв 명 소매, 옷자락
салàта 명 샐러드
сварѝвам, сварѝваш / сварѝ, сварѝш 동 끓이다, 삶다

сгòтвям, сгòтвяш / сгòтвя, сгòтвиш ㉍ (음식) 만들다, 요리하다

седя̀, седѝш ㉍ 앉다

спя, спиш ㉍ 자다

ставам, ставаш / стàна, стàнеш ㉍ 일어서다, 되다

страхòтен, -тна, -тно, -тни ㉎ 위대한, 훌륭한, 대단한

стрàшен, -шна, -шно, -шни ㉎ 무서운, 대단한

стрàшно ㉑ 무섭게, 엄청나게

събрàние ㉌ 회의, 미팅, 모임

ся̀дам, ся̀даш / сèдна, сèднеш ㉍ 앉다

такъ̀в, такàва, такòва, такѝва ㉊ 이러한, 그러한, 저러한

тèжест ㉌ 무게, 역기

тръ̀гвам, тръ̀гваш / тръ̀гна, тръ̀гнеш ㉍ 출발하다

уговàрям се, уговàряш се/уговòря се, уговòриш се ㉍ 약속하다

унифòрма ㉌ 유니폼

успèшен, -шна, -шно, -шни ㉎ 성공적인

успèшно ㉑ 성공적으로, 훌륭하게

учàствам, учàстваш ㉍ 참여하다

учàстник ㉌ 참여자

филѝя ㉌ 빵 한 조각

фѝтнес ㉌ 피트니스, 헬스

фу̀тбол ㉌ 축구

футболѝст ㉌ 축구 선수

хàпка ㉌ 한입(의 양)에 먹을 수 있는 음식

хоризòнт ㉌ 지평선

хорò ㉌ 호로 (불가리아 전통춤)

цял, ця̀ла, ця̀ло, цèли ㉎ 전체적인, 완전한

червѝло ㉌ 립스틱

чифт ㉌ 한 쌍, 한 벌

чорàп ㉌ 양말

чу̀вам, чу̀ваш / чу̀я, чу̀еш ㉍ 듣다

чу̀шка ㉌ 고추, 피망

шегà ㉌ 농담

шкаф ㉌ 캐비닛, 장

яйцè ㉌ (㉖ яйцà) 달걀

4. 문법 따라잡기

1. 아오리스트 (단순 과거 시제)

동사의 아오리스트 형태를 만드는 방법은 매우 다양하다. 이 과에서는 -e 그룹에 속하는 동사의 아오리스트 형태를 살펴보겠다.

	단수	복수
1인칭	-х	-хме
2인칭	-	-хте
3인칭	-	-ха

(1) -е 그룹 -ах

-е 그룹	1) -ах	• -на → -нах седна – седнах, тръгна – тръгнах
		• -ера → -рах разбера – разбрах, пера – прах, избера – избрах, прибера се – прибрах се
		• -жа → -зах 혹은 -жа → -гах, -ча → -ках, -ша → -сах кажа – казах, режа – рязах, лъжа – лъгах, плача – плаках, пиша – писах
		• мога – можах

пиша	단수	복수
1인칭	писах	писахме
2인칭	писа	писахте
3인칭	писа	писаха

тръгна	단수	복수
1인칭	тръгнах	тръгнахме
2인칭	тръгна	тръгнахте
3인칭	тръгна	тръгнаха

пера	단수	복수
1인칭	прах	прахме
2인칭	пра	прахте
3인칭	пра	праха

Снощи Борис и Васил писаха и изпращаха имейли.
어제저녁에 보리스와 바실은 이메일을 써서 보냈다.

Вчера Мая пра.
어제 마야는 빨래를 했다.

Не разбрах текста.
그 텍스트를 이해할 수 없었다.

<table>
<tr><td rowspan="5">-e 그룹</td><td rowspan="5">2) -ох (-е)</td><td>• -та → -тох, -те
чета – четох, чете; мета – метох, мете</td></tr>
<tr><td>• -да → -дох, -де
дойда – дойдох, дойде; отида – отидох, отиде; доведа – доведох, доведе; заведа – заведох, заведе
дам – дадох, даде; ям – ядох, яде; продам – продадох, продаде; изям – изядох, изяде</td></tr>
<tr><td>• -са → -сох, -се
донеса – донесох, донесе; занеса – занесох, занесе</td></tr>
<tr><td>• -за → -зох, -зе
вляза – влязох, влезе; изляза – излязох, излезе</td></tr>
<tr><td>• -ка → -кох, -че
пека – пекох, пече; облека – облякох, облече</td></tr>
</table>

чета	단수	복수
1인칭	четох	четохме
2인칭	чете	четохте
3인칭	чете	четоха

пека	단수	복수
1인칭	пекох	пекохме
2인칭	пече	пекохте
3인칭	пече	пекоха

Миналата седмица четохме италиански рецепти и готвихме спагети.
지난주에 이탈리아 요리 레시피를 읽었고 스파게티를 만들었다.

Тодор и Маргарита не отидоха в ресторанта.
토도르와 마르가리타는 식당에 가지 않았다.

Момичето влезе в стаята.
소녀는 방 안으로 들어왔다.

<table>
<tr><td rowspan="5">-e 그룹</td><td rowspan="5">3) -모음x</td><td>• -ая → -ах
играя – играх, игра, желая – желах, жела</td></tr>
<tr><td>• -ея → -ях
пея – пях, пя; живея – живях, живя</td></tr>
<tr><td>• -ия → -их
пия – пих, пи; крия – крих, кри</td></tr>
<tr><td>• -уя → -ух
обуя – обух, обу; чуя – чух, чу</td></tr>
<tr><td>• -ема → -ех
взема – взех, взе; приема – приех, прие</td></tr>
</table>

пея	단수	복수
1인칭	пях	пяхме
2인칭	пя	пяхте
3인칭	пя	пяха

приема	단수	복수
1인칭	приех	приехме
2인칭	прие	приехте
3인칭	прие	приеха

играя	단수	복수
1인칭	играх	играхме
2인칭	игра	играхте
3인칭	игра	играха

Тази сутрин взех душ и излязох около 7 часà.
오늘 아침에 샤워를 하고 7시쯤 나왔다.

Вчера играхме хоро и пяхме народни песни.
어제 우리는 호로를 추고 전통 노래를 불렀다.

Те чуха ли новината?
그들은 새 소식을 들었어?

2. 인칭대명사 정리

		주격	목적격		여격	
			긴 형태	짧은 형태	긴 형태	짧은 형태
단수	1인칭	аз	мене	ме	на мене	ми
	2인칭	ти	тебе	те	на тебе	ти
	3인칭 (남성)	той	него	го	на него	му
	3인칭 (여성)	тя	нея	я	на нея	й
	3인칭 (중성)	то	него	го	на него	му
복수	1인칭	ние	нас	ни	на нас	ни
	2인칭	вие	вас	ви	на вас	ви
	3인칭	те	тях	ги	на тях	им
재귀 대명사		-	себе си	се	на себе си	си

인칭대명사 목적격과 여격의 짧은 형태의 위치는 동사 앞이다. 다만, 인칭대명사의 짧은 형태는 문장의 맨 첫머리에 올 수 없다.

Аз я познавам. → Познавам я.
그녀를 알아요.

Те го видяха. → Видяха го.
그들은 그를 봤어요.

Те видяха него. → Него те видяха. Него те го видяха.
그들은 그를 봤어요.

한 문장에 인칭대명사의 목적격과 여격이 다 올 경우, 여격 + 목적격의 순서이다.

Той каза тайната на приятелите си. → Той **им я** каза. → Каза **им я**.
그는 친구들에게 비밀을 털어놨어요.

Аз му помогнах, но когато аз имах нужда от помощ, той не ми помогна.
나는 그를 도와줬지만 내가 필요했을 때 그는 나를 도와주지 않았어요.

Вчера ви видях на улицата, но вие не ме видяхте.
어제 너희를 길거리에서 봤지만 너희는 나를 보지 못했어요.

Нас ли видя вчера?
– Да, вас видях. / Да, вас ви видях.
어제 우리를 봤어? – 응, 바로 너희들을 봤어.

Донесохте ли книгите?
– Не, не ги донесохме. Ще ги донесем утре.
(당신들이) 책을 가져왔어요? – 아니요, 안 가져왔어요. 내일 가져올 거예요.

Галя разбра урока, но другите студенти не го разбраха.
갈랴는 과의 내용을 이해했지만 다른 학생들은 이해하지 못했다.

Аз ти говоря, а ти не ме слушаш!
난 너 들으라고 말을 하지만 넌 내 말을 듣지 않는다.

Адвокатът им им препоръча да не отговарят на въпросите.
그들의 변호사는 그들에게 질문에 대답하지 말라고 충고했다.

3. 재귀대명사

(1) 인칭대명사: **себе си; се; на себе си, си**

재귀대명사는 주어와 같은 대상을 가리킨다. себе си, се는 목적격이고, на себе си, с
и 여격이다.

Аз виждам себе си. = Аз се виждам.
나는 나를 본다.

Той харесва себе си прекалено много.
그는 자신을 너무 많이 좋아한다.

Човек трябва да обича ссбс си.
사람은 자신을 사랑해야 한다.

Той пее на себе си. = Той си пее.
그는 자신에게 노래를 부르고 있다.

Тя често сама говори на себе си. = Тя често сама си говори.
그녀는 자주 자신에게 말을 했다.

(2) 소유 재귀대명사: **свой, своя, свое, свои, си**

소유 재귀대명사는 주어가 지칭하는 것과 같은 인물을 지칭한다.
свой, своя, свое, свои는 긴 형태, **си**는 짧은 형태로 단수와 복수 모두 사용된다.

Той много обича своите родители. → Той много обича родителите си.
그는 (자신의) 부모님을 사랑한다.

Изпратих имейл на своя шеф. → Изпратих имейл на шефа си.
나는 (나의) 상사에게 이메일을 보냈다.

Това дете търси своята топка. → Това дете търси топката си.
이 아이는 (자신의) 공을 찾고 있다.

Жената разхожда своето куче. → Жената разхожда кучето си.
그 여자는 (자신의) 개를 산책시킨다.

5. 표현 따라하기

Студено ми е. Искам да се прибера вкъщи.

춥네요. 집에 가고 싶어요.

Много ми е хубаво тук – хубава храна, хубава музика...

여기가 정말 좋네요 – 음식도 훌륭하고, 음악도 좋고...

Какво ви се яде? Яде ми се сладолед. А на мене ми се ядат палачинки с мед.

너희들은 뭐 먹고 싶어? 나는 아이스크림 먹고 싶어. 난 꿀 넣은 팬케이크 먹고 싶어.

Пие ли ти се нещо? – Да, в момента ми се пие соджу.

너 뭐 마시고 싶어? – 응, 지금 소주 마시고 싶은데.

Препоръчахте ли книгата на Иван? – Да, препоръчахме му я.

그 책을 이반한테 추천했나요? – 네, 그에게 그것을 추천했어요.

Казахте ли истината на Мария? – Да, вчера ѝ я казахме.

마리야에게 진실을 말했나요? – 네, 어제 그녀에게 그것을 말했어요.

Кога си тръгнахте от купона? – Около 2 през нощта.

파티에서 언제 출발했나요? – 새벽 2시쯤.

Кога се прибрахте от училище? – В 8 часа вечерта си бяхме вкъщи.

학교에서 언제 집으로 돌아왔나요? – 저녁 8시에 집이었어요.

Вчера обядвах в 12, а вечерях в 18 часа.

어제 12시에 점심을 먹었고, 18시에 저녁을 먹었다.

Каза ли на Иван новината? – Да, снощи му я казах.

이반에게 뉴스를 말했어? – 응, 어젯밤에 그에게 말했어.

Владо влезе в стаята. Мая излезе от къщата.

블라도가 방에 들어왔다. 마야는 집에서 나갔다.

Иван донесе ли ти речниците? – Да, донесе ми ги.

이반이 너에게 사전들을 가져다줬어? – 응, 나에게 그것들을 가져다줬어.

Снощи писах много. Написах пет писма до приятели.

어젯밤에 많이 썼다. 친구들에게 5통의 편지를 다 썼다.

Вчера пекох баница със сирене.

어제 시레네가 들어간 바니짜를 구웠다.

Пихме много бира, пяхме песни, танцувахме до късно.

맥주를 많이 마셨고, 노래를 불렀고, 늦게까지 춤을 췄다.

Децата играха футбол и после си легнаха.

아이들은 축구를 하고, 그다음에 잠자러 갔다.

През уикенда прочетох един български роман. Много ми хареса.

주말 동안 불가리아 소설 하나를 다 읽었다. 마음에 꼭 들었다.

Ще наема апартамент за себе си.

나 자신을 위해서 아파트 하나를 렌트할 것이다.

Виждам себе си в огледалото.

거울에 비친 나 자신을 본다.

Измих се.

다 씻었다.

Измих си лицето.

얼굴을 다 씻었다.

Купих си чанта./Купих чанта за себе си.

나 자신을 위해서 가방을 샀다.

Изгубих си молива./Изгубих своя молив.

내 연필을 잃어버렸다.

На Мая не ѝ се ходи на кино.

마야는 영화관에 가고 싶지 않았다.

Пие ми се лимонада.

나는 레모네이드를 마시고 싶다.

Казах му да не ме лъже, но той пак ме излъга.

그에게 나를 속이지 말라고 했지만, 그는 다시 나를 속였다.

Наряза ли зеленчуците? – Да, нарязах ги.

채소를 썰었어? – 응, 그것을 썰었다.

Сготви ли супата? – Започнах да я готвя, но още не е готова.
수프를 요리했어? – 요리하기 시작했지만, 아직 준비되지 않았다.

Измете ли стаята? – Не, не я изметох. Няма да я измета.
방을 쓸었어? – 아니, 아직 안 쓸었어. 안 쓸 거야.

Прочете ли книгата? – Четох я, но имам още 50 страници до края.
책을 다 읽었어? – 읽었지만, 아직 끝까지 50페이지 남았어.

Изпи ли кафето? – Пих, но имам още малко.
커피 다 마셨어? – 마시긴 했는데, 아직 조금 남았어.

Каза ли на Даниел да дойде на партито? – На него не му казах. Казах на брат му да му каже.
다니엘에게 파티에 오라고 말했어? – 그에게 말하지 않았어. 그의 형에게 말해 달라고 말했어.

Тази сутрин майка ми ми даде джобни пари.
오늘 아침 엄마가 나에게 용돈을 줬어.

Къде беше в петък? – Видях в мола една приятелка и седнахме да пием капучино на втория етаж в едно кафе. Разговаряхме три часа.
금요일에 어디에 있었나요? – 쇼핑몰에서 친구 한 명과 만나서 2층에 있는 카페에 앉아서 카푸치노 마셨어요. 세 시간 동안 이야기했어요.

Какво закусвахте тази сутрин? – Както обикновено пих сок от портокал и ядох препечени филии хляб с масло и конфитюр.
오늘 아침에 무엇으로 아침 식사했나요? – 보통 때처럼 오렌지 주스 마시고, 버터와 잼을 바른 구운 빵을 먹었어요.

А ти какво закуси? – Изядох една филия, едно варено яйце и две парчета бекон. Изпих и една чаша кафе с мляко без захар.
너는 무엇으로 아침 식사했니? – 빵 한 조각이랑, 삶은 달걀 한 개, 베이컨 두 조각을 다 먹었지. 설탕은 넣지 않고 우유를 넣은 커피 한잔도 마셨어.

6. 응용해서 말하기

Диалог 1

– Видя ли Галя в киното?

– Да, видях я.

– И какво ѝ каза?

– Казах ѝ „здравей“!

대화 1

– 영화관에서 갈랴를 봤어?

– 응, 그녀를 봤어.

– 그래서 그녀에게 뭐라고 했는데?

– 그녀에게 “안녕!” 이라고 했지.

Диалог 2

– Всяка неделя пера, но вчера нямах време.

– Аз пък вчера прах и бърсах прах цял ден.

– Нямаш ли домашно за университета?

– В събота цял ден писах домашно.

대화 2

– 일요일마다 빨래를 하는데, 어제는 시간이 없었어.

– 나는 어제 하루 종일 빨래하고 먼지를 닦았어.

– 학교 숙제 없었어?

– 토요일에 하루 종일 숙제 했지.

Диалог 3

– Каним ви у нас на кафе!

– Кога?

– Утре вечер след 6.

– Благодаря. Ще ви донесем бисквити от Корея.

대화 3

– 커피 마시러 우리 집에 와!

– 언제?

– 내일 저녁 6시 이후.

– 고마워. 한국에서 가져온 과자 가져갈게.

Диалог 4

– Този уикенд искам да си почивам вкъщи.

– Няма ли да дойдеш с нас до Рилския манастир?

– Не, предпочитам да съм си вкъщи. Тези дни времето е много горещо.

– Наистина е много горещо. Но ние планирахме това пътуване преди две седмици.

대화 4

– 이번 주말에는 집에서 쉬고 싶어.

– 릴라 수도원에 우리랑 안 갈 거야?

– 응, 집에 있는 게 더 좋겠어. 요즘 날씨가 너무 더워.

– 진짜 많이 더워. 그러나 우리는 2주 전에 이 여행을 계획했잖아.

7. 함께 연습하기

1. [보기]를 보고 문장을 고치세요.

보기 Дора **ще чете** вестници. – Дора **снощи чете** вестници.

Ще му го дам. – **Снощи му го дадох**.

А. Ние **ще пишем** писма от 20 до 23 часа.

Б. Антон и Андрей **ще ни донесат** вино.

В. Майка ми **ще ги скрие** в шкафа.

Г. Тя **ще изяде ли** цялата торта?

Д. **Ще ти продам** две тетрадки.

Е. **Няма да си обуят** новите обувки.

Ж. **Ще си облечем** униформите.

З. **Ще седнеш** на онзи стол.

И. **Няма ли да пиете** ракия?

2. [보기]와 같이 밑줄 친 단어를 대명사로 고쳐 문장을 써 보세요.

> **보기** **Татко** купи **тази книга на брат ми**. → **Той му я** купи.
>
> **Крум** помогна **на Мая**. → **Той й** помогна.

А. **Майката** прочете **приказката на детето**.

Б. **Валентина** изпрати **колетите на нас**.

В. **Георги** написа **романа** преди две години.

Г. **Димитър** изпя **трите песни на студентките**.

Д. **Сестра му** чу **новината** тази сутрин.

Е. **Ние** видяхме **списанието** преди малко.

Ж. **Момичето** обу ли **обувките на бебето**?

З. **Момчето** занесе **чантата** там.

И. **Певицата не** разбра **шегата**.

Й. **Домакинята не** донесе **ли кафето на гостите**?

3. [보기]를 보고 문장을 고치세요.

> **보기** Павел иска да ходи на кино. → **На него му се ходи** на кино.

А. Преслава иска да яде малини.

Б. Виктор и Крум искат да ядат шоколад.

В. Студентите искат ли да пеят песни?

Г. Детето иска да слуша радио.

Д. Онази жена не иска да чете романтични романи.

Е. Данчо иска да свири на пиано.

Ж. Андрей и Юлиан искат да гледат комедия.

З. Аз не искам да говоря за това.

И. Вие не искате ли да тичате тази сутрин?

Й. Ти искаш да се разхождаш в парка.

13 На вечеря в ресторанта

식당에서 저녁 식사

1. 본문

(В ресторанта)

Сервитьорка – Добър вечер!

Лидия – Добър вечер! Имате ли маса за четирима?

Сервитьорка – Да, заповядайте!

Лидия – Благодаря!

Сервитьорка – Какво ще обичате?

Лидия – Дайте ми една гроздова ракия, една шопска салата и една кавърма.

Румен – За мене едни пържени картофи със сирене, една студена наливна бира и две свински шишчета с гарнитура.

Иван – Една салата зеле и моркови. Какво ще ми препоръчате от рибата?

Сервитьорка – Има много хубава прясна пъстърва на скара. Препоръчвам Ви я.

Иван – Добре. И една порция пъстърва за мене.

Мигьон – На мене ми е трудно да избера.

Иван – Аз ще ти помогна в избора. Какво ти се яде?

Мигьон – Искам някаква традиционна българска салата.

Иван – Ще ти препоръчам овчарска салата. В нея има много зеленчуци.

Лидия – Аз ти препоръчвам мусака с кайма и картофи. Много е вкусна.

Мигьон – Какво е кайма?

Лидия – Мляно месо.

Мигьон – Добре, избрах. Дайте ми овчарска салата и мусака, моля.

Сервитьорка – А за пиене?

Иван – Една чаша бяло вино за мене, ако обичате.

Мигьон – Една чаша червено вино за мене. Мавруд, нали имате?

Сервитьорка – Да, разбира се.

Румен – После ще поръчаме десертите.

(В кафето на следващата сутрин)

Суми – Къде вечеряхте снощи, Мигьон?

Мигьон – В ресторант „Бялата механа“. Бяхме там с Лидия, Румен и Иван.

Суми – И какво си поръчахте?

Мигьон – Аз си поръчах овчарска салата. Беше много вкусна. Препоръчвам ти я.

Суми – И какво друго ядохте?

Мигьон – Мусака с картофи и кайма. Беше страхотна. И червеното вино беше супер. Пих мавруд, моето любимо вино.

Суми – А за десерт?

Мигьон – За десерт всички си поръчахме палачинки с мед и орехи и айрян.

Суми – Какво е айрян?

Мигьон – Айрян е кисело мляко с вода и малко сол за пиене.

Суми Разбрах. А в колко часа се прибрахте?

Мигьон – Тръгнахме си от ресторанта около 11 и се прибрахме към 11:30.

(Шопинг: В супермаркета)

Ива – Хайде да купим зеленчуци за вечеря.

Ема – Добре. Какви зеленчуци обичаш?

Ива – Зеле, моркови, карфиол, червено цвекло, броколи, бяла ряпа. А ти?

Ема – Аз обичам краставици и домати. Обичам и чушки, репички, кисели краставички...

Ива – Добре. Аз ще си направя салата със зеле, моркови и цвекло.

Ема – Аз ще ям шопска салата.

Ива – Ето тук има страхотни домати. Краставиците също са много хубави.

Ема – Да, виждам. Ще си купя също лук и сирене за шопската салата.

Ива – Обичаш ли чесън?

Ема – Да. Аз обичам люта храна. Затова много обичам корейска храна.

Ива – А обичаш ли солена храна?

Ема – Не, не обичам солена и мазна храна.

Ива – Аз ще купя тиквички и патладжани. Утре имам време за готвене.

Ема – Тук има праз и пресен лук. Много обичам.

Ива – А какви плодове обичаш да ядеш?

Ема – Ябълки, круши и праскови. Обичам също и кайсии. А ти?

Ива – Аз обичам череши и вишни. Много обичам и ягоди, малини, къпини, боровинки...

Ема – А обичаш ли цитрусови плодове?

Ива – Да. Ям много портокали, мандарини и грейпфрути.

Ема – А лимони?

Ива – Лимоните са много кисели. Но понякога пия лимонада. Освен това много обичам сок от ананас.

Ема – Аз също. А, ето има и киви. Ще купя един килограм. Много обичам киви.

Ива – Аз ще купя два килограма банани. Виждам, че са едри и хубави.

Ема – Да, наистина. Сливите също изглеждат добре. Ще купя и една диня.

(식당에서)

종업원 – 안녕하세요!
리디야 – 안녕하세요! 4명을 위한 테이블이 있나요?
종업원 – 네, 오세요!
리디야 – 감사합니다!

종업원 – 뭘 좋아하세요? (뭘 주문하시겠어요?)
리디야 – 포도로 만든 라키야 하나 주시고, 숍스카 샐러드 하나랑 카바르마 하나 주세요.
루멘 – 저는 치즈를 얹은 감자튀김 하나랑, 차가운 생맥주 하나랑 가니쉬가 곁들어진 돼지고기 꼬치 두 개 주세요.
이반 – 양배추와 당근 샐러드 하나. 생선 요리 중에 저에게 추천해 주실만 한 것이 있나요?
종업원 – 신선한 송어 그릴 요리가 정말 훌륭합니다. 그것을 추천 드립니다.
이반 – 좋아요. 저는 송어요리 1인분이요.
미경 – 메뉴 고르기가 어렵다.
이반 – 선택하는 거 도와줄게. 뭐 먹고 싶은데?
미경 – 나는 불가리아 전통 샐러드 같은 것을 먹고 싶어.
이반 – 옵차르스카 샐러드를 추천해. 거기 안에는 채소가 많이 들어가 있어.
리디야 – 나는 카이마와 감자가 들어간 무사카를 추천해. 정말 맛있어.
미경 – 카이마가 뭔데?
리디야 – 간 고기야.
미경 – 좋아, 선택했어. 옵차르스카 샐러드와 무사카를 주세요.
종업원 – 마실 것은요?
이반 – 저 화이트 와인 한 잔 주세요.
미경 – 저 레드 와인 한 잔 주세요. 마브루드, 있으시죠?
종업원 – 네, 물론이죠.
루멘 – 이따가 디저트 주문할 거예요.

(아침에 카페에서)

수미 – 어제저녁에 어디서 저녁을 먹었니, 미경아?

미경 – '뱔라타 메하나' 라고 하는 식당에서. 거기에 리디야랑 루멘, 이반과 같이 있었어.

수미 – 뭘 주문했었는데?

미경 – 나는 옵차르스카 샐러드 주문했어. 정말 맛있었어. 너에게 추천해.

수미 – 그리고 다른 거 뭘 먹었어?

미경 – 감자와 카이마를 넣은 무사카. 완전 괜찮았어. 그리고 레드 와인도 진짜 좋았어. 마브루드를 마셨는데, 내가 좋아하는 와인이야.

수미 – 디저트는?

미경 – 디저트로는 모두 꿀이랑 호두를 넣은 팬케이크와 아이랸을 주문했어.

수미 – 아이랸이 뭔데?

미경 – 아이랸은 물이랑 소금을 아주 조금 넣은 시큼한 요구르트 음료수야.

수미 – 이해했어. 그럼 몇 시에 집에 왔는데?

미경 – 식당에서 11시쯤에 출발해서 11시 30분에 집에 도착했어.

(쇼핑: 수퍼마켓에서)

이바 – 저녁에 먹을 채소를 사자.
엠마 – 좋아. 어떤 채소를 좋아하니?
이바 – 상추, 당근, 콜리플라워, 비트(빨간 무), 브로콜리, 순무. 너는?
엠마 – 나는 오이랑 토마토를 좋아해. 고추랑 무, 오이 피클도 좋아해.
이바 – 좋아. 나는 상추, 당근, 무로 샐러드를 만들 거야.
엠마 – 나는 숍스카 샐러드를 먹을 거야.
이바 – 여기 토마토가 완전 좋다. 오이도 역시 진짜 싱싱해.
엠마 – 응, 보고 있어. 숍스카 샐러드에 넣을 양파랑 시레네도 사야겠다.
이바 – 마늘 좋아하니?
엠마 – 응, 난 매운 음식을 좋아해. 그래서 한국 음식을 정말 좋아해.
이바 – 짠 음식도 좋아해?
엠마 – 아니, 짠 음식과 기름진 음식은 안 좋아해.
이바 – 나는 작은 호박과 가지를 사야겠다. 내일 요리할 시간이 있어.
엠마 – 여기 리크와 파도 있다. 정말 좋아해.
이바 – 어떤 과일 먹는 것을 좋아하니?
엠마 – 사과, 배, 복숭아. 살구도 좋아해. 너는?
이바 – 나는 체리, 앵두를 좋아해. 딸기, 라즈베리, 블랙베리, 블루베리도 정말 좋아해.
엠마 – 너는 감귤류 과일도 좋아하니?
이바 – 응. 나는 오렌지, 귤, 자몽을 많이 먹지.
엠마 – 레몬은?
이바 – 레몬은 시큼하잖아. 때때로 레모네이드를 마시지. 이 외에도 파인애플주스도 많이 좋아해.
엠마 – 나도 역시 그래. 아, 키위도 있네. 1kg 사야겠다. 키위를 정말 좋아하거든.
이바 – 나는 바나나 2kg 사야겠다. 바나나가 크고 좋아 보인다.
엠마 – 그래, 진짜 그렇네. 자두도 좋아 보인다. 수박도 하나 사야겠다.

*리크 (leek): 대파처럼 생겼지만, 맵지 않은 채소

2. 질문

Какво си поръчва Лидия?

리디야는 무엇을 주문하나요?

А какво си поръчва Румен?

루멘은 무엇을 주문하나요?

Каква риба препоръчва сервитьорката?

웨이터는 어떤 생선을 추천하나요?

Какво ще пие Иван? А Мигьон?

이반은 무엇을 마실 건가요? 미경은요?

Какво е кайма?

카이마가 뭔가요?

Къде и кога разговаряха Суми и Мигьон?

수미와 미경은 어디에서 언제 대화했나요?

Какви зеленчуци обича Ива?

이바는 어떤 채소를 좋아하나요?

А Ема?

엠마는요?

Ема обича ли корейска храна? А Вие?

엠마는 한국 음식을 좋아하나요? 여러분은요?

Колко килограма банани ще купи Ива?

이바는 바나나 몇 킬로그램이나 살 건가요?

3. 단어 및 숙어

ако обѝчате = мòля 부탁드려요

ананàс 명 파인애플

банàн 명 바나나

боровѝнка 명 블루베리

брòколи 명 브로콜리

бя̀ло вѝно 화이트 와인

веднàга 부 즉시, 곧

вѝшна 명 앵두

гарнитỳра 명 가니쉬, 곁들이는 요리

грèйпфрут 명 자몽

грòзде 명 포도

грòздов, -а, -о, -и 형 포도의

грòздова ракѝя 포도로 만든 라키야

десèрт 명 디저트

дѝня 명 수박

домàт 명 토마토

зèле 명 양배추

избѝрам, избѝраш / изберà, изберèш 동 선택하다

кавърмà 명 카브르마 (불가리아 요리 종류)

каймà 명 간 고기

кайсѝев, -а, -о, -и 형 살구의

кайсѝя 명 살구

кебàпче 명 케밥체 (불가리아 요리 종류)

кѝви 명 키위

килò 명 킬로

килогрàм 명 킬로그램

кѝсел, -а, -о, -и 형 신맛의

кѝсели крàставички 오이 피클

крàставица 명 오이

крàставичка 명 오이 작은 것

крỳша 명 배

кỳфар 명 여행 가방, 캐리어

къпѝна 명 블랙베리

кюфтè 명 미트볼

лимòн 명 레몬

лук 명 양파

любѝм, -а, -о, -и 형 소중한, 매우 좋아하는

маврỳд 명 마브루드 (포도의 한 종류)

мàзен, -зна, -зно, -зни 형 기름진

малѝна 명 라즈베리

мандарѝна 명 귤

мед 명 꿀

механà 명 술집, 선술집

млян, мля̀на, мля̀но, млèни 분 간, 다진

мля̀но месò 갈아져 있는 고기

момèнт 명 순간, 때

мòрков 명 당근

мусакà 명 무사카 (불가리아 요리 종류)

налѝвна бѝра 생맥주

обясня̀вам, обясня̀ваш / обяснѝ, обяснѝш 동 설명하다

òрех 명 호두

палачѝнка 명 팬케이크, 크레페

патладжàн 명 가지

пѝене 명 마시기

плод 명 (복 плодовè) 과일

пòрция 명 1인분의 음식

поръ̀чвам, поръ̀чваш / поръ̀чам, поръ̀чаш 동 주문하다

праз 명 대파, 리크

пра̀скова 명 복숭아

прѐсен лук 쪽파

прѐсен, пря̀сна, пря̀сно, прѐсни 형 신선한

пъстъ̀рва 명 송어

рѐпичка 명 (복 **рѐпички**) 무

рѐсто 명 잔돈

ря̀па 명 (복 **рѐпи**) 순무

сви̇̀нски, -а, -о, -и 형 돼지의

сви̇̀нски шишчета 돼지고기 꼬치

сви̇̀нско (месо̀) 형/명 돼지고기의, 돼지고기 (형태는 형이지만, 명적으로 사용)

ска̀ра 명 그릴

скри̇̀вам, скри̇̀ваш / скрѝя, скрѝеш 동 숨기다

со̀джу 명 소주

сол 명 소금

солѐн, -а, -о, -и 형 짠

тѝква 명 호박

тѝквичка 명 호박 작은 것, 애호박

то̀чно 부 정확하게

традицио̀нен, -нна, -нно, -нни 형 전통적인

цвекло̀ 명 비트

цѝтрусов плод (복 **цѝтрусови плодовѐ**) 감귤류 과일

ча̀ша 명 컵

червѐно вѝно 레드 와인

чѐсън 명 마늘

чорба̀ 명 수프

шѝшче 명 꼬치

шкембѐ 명 위 (내장 기관), 복부

шкембѐ чорба̀ 쉬켐베 초르바 (불가리아 요리 종류)

шо̀пски, -ка, -ко, -ки 형 숍스카의

шо̀пска сала̀та 숍스카 샐러드

я̀бълка 명 사과

я̀года 명 딸기

4. 문법 따라잡기

1. к-로 시작하는 의문사가 있는 의문문의 어순

의문사는 항상 술어의 앞에 위치하고, 대부분의 경우는 문장의 첫 단어가 된다. 의문사 전에 올 수 있는 것은 문장의 주제에 해당하는 단어(주어)만 올 수 있다.

Мария си купува голяма черна чанта.
마리야는 큰 검정색 가방을 삽니다.

Кой си купува голяма черна чанта?
– Мария.
누가 큰 검정색 가방을 사나요? – 마리야.

Какво си купува Мария?
– Голяма черна чанта.
마리야는 무엇을 사나요? – 큰 검정색 가방.

Каква чанта си купува Мария?
– Голяма черна чанта.
어떤 가방을 마리야는 사나요? – 큰 검정색 가방.

Какво прави Мария?
– Мария си купува голяма черна чанта.
마리야는 무엇을 하나요? – 마리야는 큰 검정색 가방을 삽니다.

Иван ще даде две книги на Мария в класната стая утре.
내일 교실에서 이반은 마리야에게 두 권의 책을 줄 것입니다.

Кой ще даде две книги на Мария в класната стая утре?
– Иван.
내일 교실에서 누가 마리야에게 두 권의 책을 줄 건가요? – 이반.

Какво ще даде Иван на Мария в класната стая утре?
– Две книги (ще ѝ даде).

또는
Иван **какво** ще даде на Мария в класната стая утре?
– Две книги (ще ѝ даде).
내일 교실에서 이반은 마리아에게 무엇을 줄 건가요? – 두 권의 책.

Колко книги ще даде Иван на Мария в класната стая утре?
– Две (книги).

또는
Иван **колко книги** ще даде на Мария в класната стая утре?
– Две (книги).
내일 교실에서 이반은 마리야에게 몇 권의 책을 줄 건가요? – 두 권.

На кого ще даде Иван две книги в класната стая утре?
– На Мария.

또는
Иван **на кого** ще даде две книги в класната стая утре?
– На Мария.
내일 교실에서 이반은 누구에게 책 두 권을 줄 건가요? – 마리야에게.

Какво ще направи Иван в класната стая утре?
– Ще даде две книги на Мария.

또는
Иван **какво ще направи** в класната стая утре?
– Ще даде две книги на Мария.
내일 교실에서 이반은 무엇을 할 건가요? – 마리야에게 책 두 권을 줄 거예요.

Къде ще даде Иван две книги на Мария утре?

– В класната стая.

또는

Иван **къде** ще даде две книги на Мария утре?

– В класната стая.

내일 이반은 어디에서 마리야에게 책 두 권을 줄 건가요? – 교실에서.

В коя стая ще даде Иван две книги на Мария утре?

– В класната стая.

또는

Иван **в коя стая** ще даде две книги на Мария утре?

– В класната стая.

내일 이반은 어떤 방에서 마리야에게 책 두 권을 줄 건가요? – 수업이 있는 방에서 (교실에서).

Кога ще даде Иван две книги на Мария (в класната стая)?

– Утре.

또는

Иван **кога** ще даде две книги на Мария (в класната стая)?

– Утре.

언제 이반은 마리야에게 두 권의 책을 줄 건가요? – 내일.

2. 의문사가 없는 의문문(ли 의문문)의 어순

의문사가 없는 의문문(ли 의문문)은 да/не로 대답해야 한다. 의문소사 ли는 문장의 처음에 올 수 없고, ли는 묻고자 하는 단어 뒤에 오는 것이 원칙이다.

문장 전체를 물어보고자 할 때

문장 전체를 물어보고자 할 때 ли는 동사 다음에 바로 나온다. 동사가 두 개 이상 나오는 문장이라면 첫 번째 동사 뒤에 나오고, 동사가 현재시제 **със**일 경우는 명사절 뒤에 온다.

Пееш **ли**?	노래 부르니?
Студент **ли** си?	학생이니?
Беше **ли** студент тогава?	그때 학생이었니?
Искаш **ли** да пееш?	노래 부르고 싶니?
Трябва **ли** да пием?	우리 마셔야 하니?
Мария прочете **ли** книгата?	마리야는 책을 다 읽었니?
Иван прочете **ли** я?	이반은 그것을 다 읽었니?
Аз вчера дадох **ли** ти учебника?	내가 어제 네게 교과서를 주었니?
Дадоха **ли** ти го?	네게 그것을 주었니?

부정 의문문의 경우 '(...) не + 첫 번째 단어' 뒤에 의문소사 ли가 온다. 때로는 인칭대명사 짧은 형태가 연이어 나오는 경우 이를 두 부분으로 나누는 경우가 생기기도 한다.

Не пееш **ли**?	노래 안 부르니?
Не си **ли** студент?	학생이 아니니?
Не беше **ли** студент тогава?	그때 학생이 아니었니?
Не искаш **ли** да пееш?	노래 부르기를 원하지 않니?
Не трябва **ли** да пием?	우리 마셔야 하지 않니?
Мария не прочете **ли** книгата?	마리야는 책을 다 읽지 않았니?
Иван не я **ли** прочете?	이반은 그것을 다 읽지 않았니?
Аз вчера не ти **ли** дадох учебника?	내가 어제 네게 교과서를 주지 않았니?

Не ти **ли** го дадоха? (그들이) 네게 그것을 주지 않았니?

미래시제소사 ще와 의문소사 ли는 첫 번째 동사와 항상 같이 온다. 즉 'ще + (...) 동사 + ли'의 어순이 된다. 미래시제 부정문의 경우는 няма 다음에 ли가 온다.

Ще пееш **ли**? 노래 부를 거니?
Ще бъдеш **ли** студент тогава? 그때 학생이 될 거니?
Ще искаш **ли** да пееш? 노래 부르기를 원할 거니?
Ще трябва **ли** да пием? 우리 마셔야만 하니?
Мария ще прочете **ли** книгата? 마리야는 책을 다 읽을 거니?
Иван ще я прочете **ли**? 이반은 그것을 다 읽을 거니?
Аз утре ще ти дам **ли** учебника? 내가 내일 네게 교과서를 줘야 하니?
Ще ти го дадат **ли**? (그들이) 네게 그것을 줄까?
Няма **ли** да пееш? 노래를 부르지 않을 거니?
Няма **ли** да бъдеш студент тогава? 그때 학생이 되지 않을 거니?
Няма **ли** да искаш да пееш? 노래 부르기를 원하지 않을 거니?
Няма **ли** да трябва да пием? 우리가 마셔야 하지 않을까?
Мария няма **ли** да прочете книгата? 마리야는 책을 다 읽지 않을 거야?
Иван няма **ли** да я прочете? 이반은 그것을 다 읽지 않을 거야?
Аз утре няма **ли** да ти дам учебника? 내가 내일 네게 교과서를 주지 않을까?
Няма **ли** да ти го дадат? (그들이) 네게 그것을 주지 않을까?

Даниела изпрати имейл на брат си снощи.
다니엘라는 어제저녁에 (자기) 남동생에게 이메일을 보냈다.

→ Даниела **изпрати ли** имейл на брат си снощи?
다니엘라는 어제저녁에 (자기) 남동생에게 이메일을 보냈니?

Даниела ли изпрати имейл на брат си снощи?
어제저녁에 (자기) 남동생에게 이메일을 보낸 사람은 다니엘라니?

Имейл ли изпрати (Даниела) на брат си снощи?
(자기) 남동생에게 어제저녁에 보낸 것은 이메일이었니?

(Даниела **имейл ли** изпрати на брат си снощи?
Имейл ли изпрати на брат си снощи Даниела?)

На брат си ли изпрати Даниела имейл снощи?
다니엘라가 어제저녁에 이메일을 보낸 사람은 (자기) 남동생이었니?

Снощи ли изпрати Даниела имейл на брат си?
다니엘라가 (자기) 남동생에게 이메일을 보낸 것은 어제저녁이었니?

Даниела **ли**? 다니엘라야?	Даниела?
Имейл **ли**? 이메일이야?	Имейл?
На брат си **ли**? 자기 남동생한테니?	На брат си?
Снощи **ли**? 어제저녁이었니?	Снощи?
Този хотел **ли**? 이 호텔이야?	Този хотел?
На онази у**ли**ца **ли**? 저 거리에서니?	На онази у**ли**ца?
Миналата седмица **ли**? 지난주었니?	Миналата седмица?
Много бързо **ли**? 많이 빠르니?	Много бързо?

5. 표현 따라하기

Какво ще обичате? Какво ще поръчате? Какво да Ви донеса?
뭘 주문하시겠습니까?

Дайте ми една шопска салата. Донесете ми една ракия. Моля, две кюфтета с гарнитура.
숍스카 샐러드 하나 주세요. 라키야 하나 주세요. 미트볼 두 개랑 가니쉬 주세요.

Препоръчвам Ви кебапчетата. Много са хубави.
당신에게 케밥체를 추천합니다. 정말 훌륭해요.

Ще ти препоръчам шкембе чорба. Аз много я обичам.
쉬켐베 초르바를 추천해요. 나는 그것을 정말 좋아해요.

Много ми е трудно да избера.
나는 고르기가 정말 어려운데요.

Драган направи голяма торта тази сутрин много бързо.
오늘 아침 드라간은 커다란 케익을 무척 빨리 만들었어요.

Кой направи голяма торта?
누가 커다란 케익을 만들었나요?

Какво направи Драган?
드라간은 무엇을 했나요?

Каква торта направи Драган?
드라간은 어떤 케익을 만들었나요?

Кога направи голяма торта Драган?
드라간은 언제 커다란 케익을 만들었나요?

Как направи Драган тортата?
드라간은 케익을 어떻게 만들었나요?

Той им го обясни много спокойно.
그는 그들에게 그것을 아주 침착하게 설명했어요.

Как им го обясни?
그는 그들에게 그것을 어떻게 설명했어요?

Той **ли** им го обясни?
그가 그들에게 그것을 설명했어요?

Той обясни **ли** им го?
그가 그들에게 그것을 설명했어요?

Кой им го обясни?
누가 그들에게 그것을 설명했어요?

6. 응용해서 말하기

Диалог 1

– Какво ще поръчате?

– Какви аламинути имате?

– Имаме свински и пилешки пържоли, шишчета...

– Донесете ми една свинска пържола и една чаша червено вино!

대화 1

– 뭘 주문하실 건가요?

– 좀 빨리 되는 거 있어요?

– 돼지고기, 닭고기 스테이크랑 꼬치도 있고...

– 돼지고기 스테이크 하나랑 레드 와인 한 잔 주세요!

Диалог 2

– Каква салата ще ми препоръчате?

– Нашата салата на готвача – с най-различни зеленчуци и сирена.

– Добре. Една салата и една голяма кайсиева ракия.

– Разбира се, господине.

대화 2

– 어떤 샐러드를 저에게 추천해 주실 건가요?

– 우리 집 샐러드는 수방상 요리로 갖가지 채소와 치즈를 넣어요.

– 좋아요. 샐러드 하나랑 살구 라키야 큰 걸로 하나 주세요.

– 물론입니다, 선생님.

Диалог 3

(Шопинг: На пазара за плодове и зеленчуци)

– Добър ден! Моля, дайте ми три краставици от тези и два килограма домати.

– Добър ден! Изберете си краставиците.

– Ето тези три.

– От кои домати искате?

– От тези, които са три лева за килограм.

– Заповядайте. Нещо друго ще желаете ли?

– Да, два килограма чушки и един килограм картофи.

– Разбира се. А нещо друго?

– Да, дайте ми един килограм червени ябълки и един килограм круши.

– Веднага.

– И също така два килограма киви.

– Добре. А банани ще вземете ли?

– Да, един килограм банани. Ето тези.

– Излязоха кило и двеста грама.

– Добре. Колко струва всичко?

– Двайсет и седем лева и осемдесет стотинки.

– Ето ви петдесет лева.

– Момент. Заповядайте. Точно двайсет и два лева и двайсет стотинки ресто.

– Благодаря.

대화 3

(쇼핑하기: 청과 시장에서)

– 안녕하세요! 이것 중에서 오이 세 개 주시고 토마토 3kg 주세요.

– 안녕하세요! 오이를 골라주세요.

– 자, 여기 세 개요.

– 어떤 종류의 토마토에서 원하시나요?

– 여기 킬로그램당 3레바 하는 것에서요.

– 여기 있습니다. 다른 거 원하시는 거 있나요?

– 네, 피망 2kg이랑 감자 1kg요.

– 물론이죠. 다른 것은요?

– 빨간색 사과 1kg과 1kg 배도 주세요.

– 바로 드릴게요.

– 그리고 2kg 키위도 주세요.

– 네, 바나나도 가져가실 건가요?

– 네, 바나나 1kg 주세요. 여기 이거요.

– 이건 1.2kg이 되는데요.

– 네, 괜찮아요. 다 해서 얼마에요?

– 27레바 80스토틴키요.

– 여기 50레바요.

– 잠시만요. 여기 있어요. 정확하게 잔돈 22레바 20스토틴키요.

– 감사합니다.

7. 함께 연습하기

1. [보기]와 같이 문장의 밑줄 친 부분에 대한 질문을 만드세요.

보기 Студентката търси моливите в класната стая.
→ Кой търси моливите в класната стая?

Студентката търси моливите в класната стая.
→ Къде търси моливите студентката?

А. Студентът купи учебника в малката книжарница.

Б. Студентът купи учебника в малката книжарница.

В. Таня и Никол бяха на кино в петък.

Г. Таня и Никол бяха на кино в петък.

Д. Аз спортувах много във вторник.

Е. Аз спортувах много във вторник.

Ж. Петър подари голям куфар на Павел.

З. Петър подари голям куфар на Павел.

2. [보기]와 같이 주어진 문장을 의문문으로 바꾸세요.

> **보기** Ще ми направиш торта за рождения ми ден.
> → Ще ми направиш **ли** торта за рождения ми ден?

А. Тази жена е корейка.

____

Б. Димитър и Петър няма да ходят на кино довечера.

____

В. Ние танцуваме корейски танци всеки месец.

____

Г. Те ми подариха синя вратовръзка.

____

Д. Даниел изяде всички сандвичи.

____

Е. Ваня го изпи.

____

Ж. Вие му я изпратихте.

____

З. Ще чета много през ваканцията.

____

И. Ще го научиш бързо.

____

3. [보기]와 같이 주어진 의문문을 부정 의문문으로 바꾸세요.

> **보기** Ще ми купиш ли големия шоколад?
> → Няма ли да ми купиш големия шоколад?

А. Диана ще отиде ли на пазара?

Б. Ти ще ядеш ли тези круши?

В. Децата ще му подарят ли панталона?

Г. Виктор ще я изпрати ли на баба си?

Д. Ася и Галена ще ми го дадат ли?

Е. Вчера ти даде ли учебника на сестра си?

Ж. Снощи те видяха ли ви?

З. Обаждаш ли се на приятеля си всяка седмица?

И. Ние ще ходим ли на концерт довечера?

14 Под наем
집 구하기

1. 본문

(Минсу разговаря с български брокер във фирма за недвижими имоти)

Минсу – Здравейте!

Брокер – Добър ден! Как мога да Ви помогна?

Минсу – Бих искал да наема жилище за себе си в София, защото ще живея тук две години.

Брокер – Апартамент или къща?

Минсу – Апартамент.

Брокер – Добре. Колко голям апартамент?

Минсу – Едностаен апартамент близо да станция на метрото.

Брокер – Кои квартали предпочитате?

Минсу – Предпочитам квартал „Мусагеница“ или „Младост“, за да се придвижвам по-бързо до офиса.

Брокер – В момента имаме един едностаен в „Младост 1“. С нови мебели и с големи прозорци. Апартаментът е с южно изложение и е много светъл.

Минсу – Може ли да го разгледам?

Брокер – Разбира се. Може да отидем на оглед по всяко време. Ключовете са у мене.

Минсу – Чудесно! Хайде да отидем да го разгледаме веднага. Аз имам време.

Брокер – Добре. Само две минути. Трябва да си взема ключовете на колата, които са на бюрото ми. Ще отидем с колата, за да стигнем по-бързо. След малко започват задръстванията по булевардите.

(Минсу разказва за своя апартамент няколко седмици по-късно)

Казвам се Минсу и съм от Корея. В момента живея в България, защото съм на стаж в една фирма в София. Работя в един просторен и светъл офис, който се намира близо до метростанция „Г. М. Димитров". Живея в жилищен комплекс „Младост 1". Ходя на работа с метрото. От моя блок до метростанция „Младост 1" се стига за пет минути пеша, а пътуването с метрото е по-малко от десет минути. От моя апартамент до офиса мога да стигна за двайсет минути. Ако времето е слънчево и топло, не вземам метрото, а отивам пеша на работа.

Апартаментът ми е едностаен, с големи прозорци и с южно изложение. Затова е много светъл. Има антре, една голяма стая, кухня, тераса, баня и тоалетна. В антрето има закачалка и шкаф за обувки. В стаята има едно легло, един фотьойл, масичка, две табуретки и един гардероб. Ползвам я за всекидневна и спалня. В кухнята има мивка, печка и една пералня. Освен това има една дървена кухненска маса и два стола. Има и малка тераса. В банята има мивка, душ и вана. Тоалетната е много малка.

Апартаментът не е много голям, но е чист и удобен. Освен това има и парно. Затова през зимата е топъл. Аз съм в София само за две години. В края на лятото следващата година ще се върна в Корея.

(На улицата)

Ирина – Днес времето е много хубаво!

Джейн – Да, прекрасно е! Топло, приятно, слънчево...

Ирина – И съвсем ясно. Не се вижда нито един облак.

Джейн – Да, така е. А вчера беше много студено. Цял ден беше мрачно, имаше много облаци.

Ирина – А снощи имаше силен вятър и валя голям дъжд.

Джейн – По радиото казаха, че тази вечер може да ръми леко в района на София.

Ирина – Надявам се, че тук, в нашия квартал, няма да падне никакъв дъжд изобщо. А каква е прогнозата за утре?

Джейн – Топло, но малко облачно.

Ирина – Вече е пролет!

Джейн – Има ли опасност от градушки?

Ирина – Не. Градушките обикновено падат през лятото. През лятото в София обикновено е доста горещо.

Джейн – А през зимата вали ли сняг?

Ирина – Да, вали.

Джейн – Аз съм от Флорида. В нашия край никога не вали сняг.

Ирина – В София вали сняг всяка зима, но през някои зими вали съвсем малко. Тази зима, например, валя много малко сняг. Но щом стане студено, аз се приготвям за сняг.

Джейн – А урагани има ли? Във Флорида понякога има урагани.

Ирина – В София понякога има ураганни ветрове, но много рядко. Утре времето ще е хубаво. Хайде да отидем на пикник на Витоша.

Джейн – Щом ще е хубаво времето, да отидем.

(민수는 부동산 중개 사무소에서 불가리아 중개인과 이야기하고 있다)

민수 – 안녕하세요!

중개인 – 안녕하세요! 무엇을 도와드릴까요?

민수 – 소피아에서 거주지를 임대하고 싶은데요. 제가 2년을 여기서 살 거거든요.

중개인 – 아파트 아니면 단독주택이요?

민수 – 아파트요.

중개인 – 좋아요. 얼마나 큰 아파트요?

민수 – 지하철에서 가까운 방 한 개가 있는 아파트요.

중개인 – 어떤 지역을 선호해요?

민수 – '무사겐니차' 나 '믈라도스트' 지역을 선호해요. 사무실까지 보다 빨리 이동할 수 있거든요.

중개인 – 현재 '믈라도스트 1' 지역에 방 한 개짜리 아파트가 있어요. 새 가구가 있고 창문도 커요. 아파트가 남향이라 환해요.

민수 – 그 아파트 구경할 수 있을까요?

중개인 – 당연하죠. 언제든지 구경할 수 있어요. 열쇠가 저한테 있어요.

민수 – 완전 좋네요! 지금 바로 그것을 구경하러 가요. 제가 시간이 있거든요.

중개인 – 좋습니다. 잠시만 기다리세요. 책상 위에 있는 자동차 키를 가져와야 해요. 빨리 도착할 수 있도록 자동차로 가겠습니다. 조금 후면 교통체증이 시작될 거예요.

(몇 주 후에 민수는 자신의 아파트에 대해서 이야기한다)

나는 한국에서 온 민수라고 합니다. 나는 소피아에 있는 한 회사에서 인턴으로 있기 때문에, 현재 불가리아에 살고 있어요. 현재 나는 지하철역 'G. M. Dimitrov'에서 가까운 곳에 위치한 넓고 밝은 사무실에서 일해요. 'Mladost 1'이라는 주거 지역에 살고 있어요. 직장에는 지하철로 다녀요. 내가 사는 빌딩에서 지하철역 'Mladost 1'까지 걸어서 5분이고, 직장까지는 지하철 타고 10분도 채 안 걸려요. 내가 사는 아파트에서 사무실까지 20분이면 도착할 수 있어요. 만약 날씨가 햇살이 좋고 따뜻하면, 지하철을 타지 않고 걸어서 사무실에 갑니다.

내 아파트는 방이 한 개 있는, 커다란 창문들이 있는 남향집입니다. 그래서 정말 환합니다. 아파트에는 현관이 있고, 커다란 방이 한 개, 부엌, 베란다, 욕실과 화장실이 있어요. 현관에는 옷걸이와 신발장이 있어요. 방에는 침대 하나, 안락의자 한 개가 있고, 작은 테이블과 스툴 두 개, 옷장이 있어요. 이 방은 거실과 침실로 사용합니다. 부엌에는 개수대, 오븐, 세탁기가 있어요. 이 외에도 나무로 된 식탁과 두 개의 의자가 있습니다. 작지만 베란다도 있어요. 욕실에는 세면대, 샤워기와 욕조가 있어요. 화장실은 많이 작아요.

내 아파트는 많이 크지는 않지만, 깨끗하고 편리합니다. 또 중앙난방도 있어요. 그래서 겨울에도 따뜻해요. 나는 소피아에 2년 동안만 있을 거예요. 내년 여름이 끝날 무렵에는 한국으로 돌아갈 거예요.

(거리에서)

이리나 – 오늘 날씨가 정말 좋네요!

제인 – 그래, 멋지다! 따뜻하고, 기분 좋고, 햇살이 좋구나....

이리나 – 완전 맑다. 구름이 단 한 점도 보이지 않아.

제인 – 그래, 정말 그렇네. 어제는 많이 추웠는데. 하루 종일 어둑하고, 구름도 많았지.

이리나 – 어제저녁에는 강한 바람도 불고 큰비도 내렸어.

제인 – 라디오에서 그러는데, 오늘 저녁에 소피아 지역에 보슬비가 약간 내릴 수도 있대.

이리나 – 우리 지역에는 비가 한 방울도 안 내렸으면 좋겠다. 내일 날씨 예보가 어때?

제인 – 따뜻하고, 구름이 약간 있을 거래.

이리나 – 이제는 봄이구나!

제인 – 우박의 위험은 없어?

이리나 – 없어. 우박은 보통 여름에 있지. 여름에 소피아는 완전히 더워.

제인 – 겨울에는 눈이 와?

이리나 – 응, 내려.

제인 – 나는 플로리다에서 왔어. 우리 지역에는 눈이 내리지 않아.

이리나 – 소피아에는 매해 겨울 눈이 오긴 하지만, 어떤 겨울에는 완전히 조금만 내리기도 해. 예를 들면 이번 겨울에는 눈이 완전 조금 왔어. 많이 추워지면, 눈 올 것을 대비해.

제인 – 허리케인도 있어? 플로리다에는 때때로 허리케인이 있어.

이리나 – 소피아에는 때때로 돌풍이 있긴 하지만, 아주 드물어. 내일 날씨는 좋을 거야. 비토샤로 소풍이나 가자.

제인 – 날씨가 좋으면 가자.

2. 질문

За кого иска да наеме жилище Минсу?
민수는 누구를 위해서 주거지를 빌리려고 하나요?

Кои квартали предпочита?
어떤 지역을 선호하나요?

Може ли брокерът да заведе Минсу на оглед веднага?
중개인은 민수를 즉시 집 구경에 데려갈 수 있나요?

Къде се намира офисът на Минсу?
민수의 사무실은 어디에 있나요?

А къде е апартаментът му?
그의 아파트는 어디에 있나요?

Какво има в антрето? А в кухнята?
현관에는 무엇이 있나요? 부엌에는?

Има ли парно в апартамента?
라디에이터가 아파트에 있나요?

Къде е гардеробът? А къде има мивки?
옷장은 어디에 있나요? 어디에 세면대가 있나요?

Какво е времето днес?
오늘 날씨가 어떤가요?

Какво беше времето вчера?
어제 날씨는 어땠나요?

Валя ли дъжд вчера?
어제 비가 왔나요?

Кога вали сняг в София?
소피아에는 언제 눈이 오나요?

Кога падат градушките обикновено?
보통 언제 우박이 내리나요?

3. 단어 및 숙어

антрѐ 명 현관
в момѐнта 이 순간, 현재
валѝ, валя̀т 동 (비, 눈) 내리다
(* 3인칭 단수, 복수 형태만 쓰임)
вѝлица 명 포크
гардеро̀б 명 옷장
граду̀шка 명 우박
двуста̀ен, -а̀йна, -а̀йно, -а̀йни 형
방 두 개짜리의
дирѐктор 명 책임자, 감독
до̀ста 부 충분히
дъжд 명 (복 дъждовѐ) 비
едноста̀ен, -а̀йна, -а̀йно, -а̀йни 형
방 한 개짜리의
жѝлище 명 거주지
задръ̀стване 명 교통체증
замина̀вам, замина̀ваш / замѝна,
замѝнеш 동 떠나다, 출발하다, 지나쳐 가다
за̀пад 명 서쪽
за̀паден, -дна, -дно, -дни 형 서쪽의
затва̀рям, затва̀ряш / затво̀ря,
затво̀риш 동 닫다
идѐя 명 아이디어, 생각
изложѐние 명 방향, 전시회
ѝзток 명 동쪽
ѝзточен, -чна, -чно, -чни 형 동쪽의
интензѝвен, -вна, -вно, -вни 형
집중적인, 빡빡한
кабинѐт 명 사무실, 연구실
камио̀н 명 트럭
ка̀рам, ка̀раш 동 운전하다
кла̀сна ста̀я 교실
ключ 명 열쇠
колѐга 명 동료
култу̀ра 명 문화
лъжѝца 명 숟가락
ма̀ркер 명 보드 마카
мѐбел 명 가구
мѝвка 명 세면대, 씽크대
мо̀же (да) 동 (허락)
момѐнт 명 순간
мра̀чен, -чна, -чно, -чни 형 어둑한
на ръцѐ 손으로
наближа̀вам, наближа̀ваш /
наближа̀, наближѝш 동 가까이 가다
надя̀вам се, надя̀ваш се 동 희망하다
намерѐние 명 의도, 의지
нож 명 (복 ножо̀ве) 칼, 나이프
о̀блак 명 (복 о̀блаци) 구름
о̀блачен, -чна, -чно, -чни 형 구름의, 구름 낀
о̀глед 명 구경, 살펴봄
опозна̀вам, опозна̀ваш / опозна̀я,
опозна̀еш 동 잘 알다, 익숙하게 되다
отва̀рям, отва̀ряш / отво̀ря, отво̀риш
동 열다
па̀дам, па̀даш / па̀дна, па̀днеш 동
떨어지다
па̀зя, па̀зиш 동 ~을/를 지키다, 보호하다

па̀зя се, па̀зиш се (동) 자기자신을 지키다, 보호하다

па̀ркинг (명) 주차, 파킹

па̀рно (명) 중앙난방

плу̀вам, плу̀ваш (동) 수영하다

по всѐко врѐме 항상, 아무 때나

пока̀звам, пока̀зваш / пока̀жа, пока̀жеш (동) 보여주다

посеща̀вам, посеща̀ваш / посетя̀, посетѝш (동) 방문하다

прѝбор (명) 식기, 도구

пригот̀вям, пригот̀вяш / пригот̀вя, пригот̀виш (동) 준비하다, 챙기다

придвѝжвам се, придвѝжваш се / придвѝжа се, придвѝжиш се (동) 움직이다, 이동하다

прода̀вам, прода̀ваш / прода̀м, продадѐш (동) 팔다

проѐкт (명) 프로젝트

прогно̀за (명) 일기 예보

разглѐждам, разглѐжда / разглѐдам, разглѐдаш (동) 구경하다, 두루 살펴보다

рома̀н (명) 소설

ръмѝ (동) 보슬비가 오다 (3인칭 단수형만 쓰인다)

свѐтъл, -тла, -тло, -тли (형) 밝은, 환한

сѐвер (명) 북쪽

сѐверен, -рна, -рно, -рни (형) 북쪽의

слъ̀нчев, -а, -о, -и (형) 태양의, 햇볕이 가득한

сняг (명) ((복) снеговѐ) 눈

стѝгам, стѝгаш / стѝгна, стѝгнеш (동) 도달하다

су̀па то̀пчета 미트볼 수프

съвсѐм (부) 완전히

тѝчам, тѝчаш (동) 달리다

то̀пче (동) 작고 둥근 것, 미트볼

триста̀ен, -а̀йна, -а̀йно, -а̀йни (형) 세 개의 방의

трѐбва (да) ~해야 하다

у (전) ~ 곁에, 가까이, (+사람) ~의 소유의

у̀дрям, у̀дряш / уда̀ря, уда̀риш (동) 때리다, 치다

урага̀н (명) 허리케인

урага̀нен, -нна, -нно, -нни (형) 허리케인의

успя̀вам, успя̀ваш / успѐя, успѐеш (동) 성공하다

хладѝлник (명) 냉장고

цъфтя̀, цъфтѝш (동) 꽃이 피다, 번창하다

четириста̀ен, -а̀йна, -а̀йно, -а̀йни (형) 네 개의 방의

чудѐсен, -сна, -сно, -сни (형) 기적적인, 멋진

Чудѐсно! 아주 좋다!

шофѝрам, шофѝраш (동) 운전하다, 몰다

юг (명) 남쪽

ю̀жен, -жна, -жно, -жни (형) 남쪽의

то̀пъл, -пла, -пло, -пли (형) 따뜻한

горѐщ, -а, -о, -и (형) 뜨거운

хла̀ден, -дна, -дно, -дни (형) 추운

студѐн, -а, -о, -и (형) 추운, 차가운

4. 문법 따라잡기

1. да로 연결되는 동사들:

искам да	~하는 것을 원하다
бих искал(а) да	~하면 좋겠다 (격식 있고 공손한 표현)

Аз искам да отида на театър.	나는 극장에 가고 싶다.
Бих искал ти да дойдеш с мене.	나는 네가 나와 함께 가면 좋겠다.

мога да	~할 수 있다 (실력)

мога 동사는 인칭별로 활용한다.

Аз мога да плувам.	Ние можем да плуваме.
Ти можеш да плуваш.	Вие можете да плувате.
Тя може да плува.	Те могат да плуват.

Той може да плува от дете.	그는 어렸을 때부터 수영을 할 수 있다.

може да	~해도 된다 (허락)
Може ли да...?	~해도 될까요? (허락이나 요청을 하는 표현)

може 동사는 인칭별로 변하지 않는다.

Той не може да плува във вторник, защото е на работа.
그는 화요일에는 수영을 할 수 없다. 왜냐하면 회사에 있기 때문이다.

Може ли да отворя прозореца?
– Да, може. Не, не може.
창문을 열어도 될까? – 응, 열어도 된다. 아니, 열면 안 된다.

Утре може да дойдете по-късно на работа.
내일 늦게 출근해도 돼요.

трябва да ~해야만 한다

трябва 동사는 인칭별로 변하지 않는다.

Аз трябва да тръгна за работа преди 7 часà.

나는 7시 전에 출근해야 한다.

Ти трябва да си изпиеш млякото.

너는 우유를 다 마셔야 한다.

успявам/успея да ~하기를 성공하다

Надявам се да успея да спечеля конкурса.

대회에서 이기기를 소원한다.

Тя винаги успява да дойде на работа 10 минути по-рано.

그녀는 항상 10분 전에 출근하는 데 성공한다.

2. нося 파생 동사와 водя 파생 동사 비교하기

동사 нося 파생

занасям, занасяш / занеса, занесеш

1. (물건) 운반하다, 2. 들은 것을 전하다, 3. 농담하다

донасям, донасяш / донеса, донесеш

1. (주로 대화에 참석한 인물에게, 혹은 사건의 중심에 있는 인물에게) ~을 전하다, 2. (어떤 사건의 결과로써) ~을 초래하다

동사 водя 파생

завеждам, завеждаш / заведа, заведеш

(특정한 장소에) ~를 데려다주다, 데리고 가다

довеждам, довеждаш / доведа, доведеш

데리고 오다

동사 карам 파생

закарвам, закарваш / закарам, закараш
(특정한 장소에 운전해서) 가지고 가다, 데려다주다

докарвам, докарваш / докарам, докараш
(특정한 장소에 운전해서) 가지고 오다, 데려오다

3. 이유, 원인 표현: защото, тъй като, понеже

Мая обича големите градове. В тях има много театри и музеи.
마야는 큰 도시들을 좋아한다. 거기에는 많은 극장과 박물관이 있다.

Мая обича големите градове, **защото** в тях има много театри и музеи.
Мая обича големите градове, **тъй като** в тях има много театри и музеи.
Мая обича големите градове, **понеже** в тях има много театри и музеи.
Тъй като в големите градове има много театри и музеи, Мая много ги обича.
마야는 극장과 박물관이 많기 때문에 큰 도시들을 좋아한다.

4. 목적 표현: за да, да

Пътуваме много, **за да** опознаем по-добре света и хората.
세계와 사람들을 더 잘 알기 위해서 여행을 많이 한다.

동의 동사일 경우 목적을 да로만 표현할 수 있다.

Отивам **да** тичам на стадиона.
경기장에서 조깅하기 위해서 갔다.

Дойдох **да** пием кафе. = Дойдох, **за да** пием кафе.
커피를 마시기 위해서 왔다.

5. 관계대명사 **който, когото, която, което, които, където, когато**

Човекът, **който** беше тук тази сутрин, се казва Крум Щерев.
오늘 아침에 여기 있었던 사람의 이름은 크룸 쉬트레프이다.

Човекът, **когото** видяхме тази сутрин, е инженер от Корея.
오늘 아침에 우리가 본 사람은 한국에서 온 엔지니어이다.

Жената, **която** дойде тази сутрин, се казва Виктория Илиева.
오늘 아침에 도착한 여성의 이름은 빅토리야 일리에바이다.

Жената, **която** видяхме снощи, е актриса от Корея.
어제저녁에 우리가 본 여성은 한국에서 온 배우이다.

Списанието, **което** беше на масата, е на учителката.
책상 위에 있던 잡지는 선생님의 것이다.

Списанието, **което** купих вчера, е много интересно.
어제 내가 산 잡지는 정말 재미있다.

Хотелът, в **който** бяхме с Александра и Цветана миналата година, се намира много близо.
작년에 알렉산드라와 츠베타나와 함께 묵었던 호텔은 정말 가까이에 위치해 있다.

Ето това е магазинът, от **който** си купуваме хляб и кисело мляко.
여기가 바로 빵과 키셀로 믈랴코를 사는 가게이다.

Срещнахме се с хората, с **които** ще работим по новия проект.
새로운 프로젝트에 같이 일하게 될 사람들을 만났다.

Ето там, **където** има паркинг сега, ще построят нов мол.
저기, 지금 주차장이 있는 곳에 새로운 쇼핑몰이 세워질 거야.

Когато бях дете, много обичах да ям шоколад, но сега не обичам.
내가 어렸을 때, 초콜릿 먹는 것을 정말 좋아했는데, 지금은 안 좋아해.

Понякога, **когато** имам много пари, ходя в скъпи ресторанти.
때때로, 돈이 많이 있을 때, 비싼 레스토랑에 가기도 한다.

6. 접속사 ако: 조건문, 가정문의 접속사

유일한 조건인 경우는 **само ако**를 쓴다.

Ако утре вали сняг, няма да ходим в планината.
내일 눈이 내리면, 산에 가지 않을 것이다.

Ще отидем на кино, **само ако** и ти дойдеш.
네가 왔을 때만 우리는 영화관에 갈 것이다.

7. 접속사 щом

(1) ~하자마자, ~할 때의 뜻으로 접속사 щом이 이끄는 절은 주로 **완료상** 동사가 온다.
(2) ~이므로, ~이기 때문에의 뜻으로 접속사 щом이 이끄는 절은 주로 **불완료상** 동사가 온다.

щом + 완료상 동사

Щом дъждът спре, ще отидем на разходка в парка.
비가 그치자마자, 우리는 공원으로 산책을 갈 것이다.

Обади ми се по телефона, **веднага щом** пристигнеш в София.
소피아에 도착하자마자, 나에게 전화해.

щом + 불완료상 동사

Щом го няма във фирмата сега, ще се обадя по-късно.
회사에 지금 그가 없으니까 내가 나중에 전화할게.

Няма да го посещаваме повече, **щом** не иска.
그가 원하지 않다면 거기에 더 이상 방문하지 않을 것이다.

Няма да ходим в зоопарка, **щом** не искаш.
네가 원하지 않다면 동물원에 안 갈 것이다.

5. 표현 따라하기

Иван има рожден ден. Ние искаме да му подарим новата книга на нашия професор. – Добра идея. Подарете му я.
이반의 생일이야. 우리들은 우리 교수님의 신간을 그에게 선물하고 싶어. – 좋은 생각이야. 그에게 그것을 선물해.

Ти това списание за себе си ли го искаш? – Да, за себе си го искам.
너는 이 잡지를 너를 위해서 원하니? – 응, 나를 위해서 그것을 원해.

Паднах и се ударих по ръката. – Трябва да се пазиш повече. Внимавай!
넘어져서 팔을 다쳤어. – 좀 더 안전하게 다녀야겠다. 조심해!

Трябва да вървим бързо. Не искам да закъснея за работа.
서둘러야 해. 회사에 지각하고 싶지 않아.

Ти можеш ли да плуваш? – Да, мога. А ти?
수영할 수 있어? – 응, 할 수 있어. 너는?

Вие можете ли да карате кола? – Да, аз шофирам от седем години.
운전하실 수 있어요? – 네, 저는 운전을 7년 했어요.

Ще дойда у вас около 8. – Може да не съм вкъщи. Тази вечер ще чета в библиотеката до късно.
한 8시쯤 댁으로 도착할 것 같아요. – 제가 집에 없을 수도 있어요. 오늘 저녁에 도서관에서 늦게까지 책을 읽을 거예요.

Тук е много студено. Може ли да затворя прозореца? – Да, затвори го.
여기 정말 춥네요. 창문 닫아도 될까요? – 네, 닫으세요.

Тук е много студено. Може ли да затворете прозореца? – Да, разбира се. Веднага ще го затворя.
여기 정말 춥네요. 창문 닫아도 될까요? – 네, 물론이죠. 바로 제가 닫을게요.

Остават само 20 минути. Дали ще успееш да стигнеш навреме? – Да. Всеки ден успявам.
20분밖에 안 남았어요. 제시간에 도착할 수 있을까요? – 네, 매일 성공해요.

Успях да прочета книгата за три дена.
3일 만에 책을 다 읽는 데 성공했어요.

Ще успеем да стигнем до София преди 10 часа̀, но трябва да тръгнем веднага.
10시 전에 소피아까지 도착하는 데 성공하겠지만, 당장 출발해야 해요.

Ще занеса тези книги в кабинета на професорите.
교수님들의 사무실에 이 책들을 가져다 둘게요.

Може ли ми донесете едно кафе и малко вода?
저에게 커피 한 잔과 물 좀 갖다주시겠어요?

Всеки ден след часовете занасям маркерите в офиса.
매일 수업이 끝나고 사무실에 마커펜을 가지고 간다.

Доведи Катя и Мими на рождения ми ден.
– Добре, ще ги доведа.
내 생일에 카탸와 미미를 데리고 와. – 그래, 내가 걔들을 데리고 올게.

Моля, заведете госпожа Пенчева в класната стая.
펜체바 선생님을 그 교실로 모셔 가기를 부탁할게.

В новия апартамент няма прибори.
– Аз ще ти донеса ножове, вилици и лъжици. Имам много.
새집에는 커트러리가 없어. – 내가 나이프, 포크, 스푼을 가져갈게. 나 많아.

Заведи детето в спалнята. – То спи. Ще го занеса на ръце.
아이를 침실로 데리고 가. – 애가 잔다. 내가 애를 들어 가져 갈게.

Ще закарам детето на училище с колата.
아이를 학교까지 차로 태워서 데려다줄 것입니다.

Може ли да ги закарате до болницата, моля?
그들을 병원까지 태워 줄 수 있어? 부탁해.

Стоян докара банани и портокали с камиона.
스토얀이 트럭으로 바나나와 오렌지를 가져왔어요.

Заминавам за България. Искам да знам повече за българската култура.
불가리아로 갈 겁니다. 불가리아 문화에 대해서 더 알고 싶어요.

Заминавам за България, **защото** искам да знам повече за българската култура.
불가리아 문화에 대해 더 알고 싶어서, 불가리아로 가요.

Ходя на басейн всяка седмица, **за да** плувам.
매주 수영장에 수영하러 가요.

Той учи английски език, **за да** си намери по-добра работа.
그는 좀 더 좋은 직업을 찾기 위해 영어를 공부한다.

Той дойде **да** слуша музика у нас.
그는 음악을 듣기 위해서 우리 집에 왔다.

Тя замина за Франция **да** учи френски.
그녀는 프랑스어를 공부하기 위해 프랑스로 떠났다.

Приятелят ми, с когото пътувахме из Европа, сега заминава за Азия, но аз не мога да замина с него, **защото** имам нова работа и нямам свободно време.
유럽 여행을 같이한 내 친구가 지금 아시아로 떠났는데, 나는 새로운 직업으로 자유 시간이 없어서 그 친구와 같이 못 갈 거다.

Искам да имам колеги, с **които** да мога да излизам, да ходя на ресторант, на кафе.
나는 같이 외출할 수 있거나, 같이 레스토랑이나 카페에 갈 수 있는 동료들을 원한다.

Ще си купя дивана, **който** видяхме вчера в магазина.
어제 가게에서 본 소파를 살 것이다.

Ако си гладен, изяж плодовете в хладилника.
배고프면, 냉장고에 있는 과일을 먹어.

Ако искате да дойдете с нас, трябва да се приготвите за 15 минути.
우리랑 같이 가고 싶으면, 15분 내로 준비를 다 마쳐야 한다.

Веднага щом концертът започна, Веселина се премести по-близо до сцената.
콘서트가 시작하자마자, 베셀리나는 무대와 더 가까운 자리로 옮겼다.

Щом стана тъмно, ние си тръгнахме.
어두워지자, 우리는 출발했다.

6. 응용해서 말하기

Диалог 1

– Имам много работа във фирмата. Трябва да остана до късно.

– Кога ще се прибереш?

– Искам да се прибера по-рано, но най-вероятно ще се прибера около 11.

– Добре. Може да си легна преди това. Няма да те чакам.

대화1

– 회사에 일이 정말 많아. 늦게까지 남아 있어야 해.

– 언제 집에 돌아올 건데?

– 집에 좀 더 일찍 가고 싶지만, 아마 11시쯤 돌아갈 것 같아.

– 좋아. 그 전에 먼저 잘지도 몰라. 기다리지 않을게.

Диалог 2

– Колко кюфтета искаш? Аз ще взема три за себе си.

– Аз ще взема две.

– А какво искаш да пиеш?

– Лимонада. А ти?

– Бира.

대화2

– 큐프테 몇 개를 원하니? 나는 세 개 주문할 거야.

– 나는 두 개 주문할게.

– 뭐 마실 거야?

– 레모네이드. 너는?

– 맥주.

Диалог 3

– Не ми се яде пица. Искам да ям супа.

– Искаш ли супа топчета?

– Да, тя е моята любима супа.

– Добре. Сега ще ти я сготвя.

대화3

– 피자는 별로 먹고 싶지 않다. 수프 먹고 싶어.

– 토프체 수프를 원하니?

– 응, 내가 제일 좋아하는 수프야.

– 좋아. 지금 만들어 줄게.

Диалог 4

– Какво е времето в момента?

– Погледни през прозореца само. Мрачно и дъждовно!

– О, виждам. И има много облаци.

– Ще излизаш ли?

– Да, имам часове в университета. Надявам се, че следобяд няма да има дъжд и ще стане по-светло.

대화4

– 지금 날씨가 어때?

– 창밖을 한번 봐. 어둡고 흐리다.

– 오, 그렇네. 구름이 너무 많네.

– 외출할 거야?

– 응, 학교 수업이 있어. 오후에는 비가 안 내렸으면 좋겠어. 좀 더 밝아졌으면 해.

Диалог 5

– Искам да отида да плувам следобед.

– Добре. На мене също ми се плува, но днес нямам време, защото имам изпит утре и трябва да уча много.

– Тръгвам веднага, за да имам повече време за басейна. Довечера съм на театър.

– С кого?

– С колеги от университета.

대화5

- 오후에 수영하러 가고 싶어.
- 좋아. 나도 수영하고 싶어. 그런데 오늘은 시간이 없네. 왜냐하면 내일 시험이 있어서 공부를 많이 해야 해.
- 수영장에서 좀 더 많은 시간을 가지려고 바로 출발할 거야. 저녁에는 극장에 있을 거야.
- 누구랑?
- 학교 동료들이랑.

Диалог 6

– Влакът заминава след 30 минути.
– Значи, трябва да тръгнем сега, за да не закъснеем.
– Добре. Тръгваме.
– Багажът готов ли е?
– Да, всичко е готово.

대화6

- 30분 뒤에 기차가 출발할 거야.
- 그럼, 안 늦으려면 지금 출발해야겠네.
- 좋아, 출발하자.
- 짐은 다 준비되었지?
- 응, 다 준비되었다.

Диалог 7

– Извинете, търся г-н Петров.
– В момента го няма. Какво да му предам?
– Щом го няма сега, ще се обадя по-късно.
– Ако искате, оставете име и телефон. Ще му ги предам, когато дойде.

대화 7

- 미안하지만, 페트로프 선생님을 찾고 있어요.
- 현재 안 계십니다. 그에게 뭔가 전달해 드릴까요?
- 지금 안 계신다면, 나중에 전화드릴게요.

– 괜찮으시면 이름과 전화번호를 남기세요. 돌아오시면 전해 드릴게요.

Диалог 8

– Ще ми донесеш ли книгите, които оставих в кабинета?

– Да. Къде са?

– На моето бюро. Три книги са.

– Видях ги. Ще ти ги донеса.

대화8

– 사무실에 남겨둔 책을 나에게 갖다줄래?

– 응, 어디에 있는데?

– 내 책상 위에. 책 세 권이야.

– 봤다. 갖다줄게.

7. 함께 연습하기

1. 빈칸에 알맞은 단어를 고르세요.

А. Можеш ли да ________ детето с колата до училището?

1) заведеш

2) закараш

3) заведете

4) закарате

Б. Сега ще донеса тортата от съседната ________ .

1) стая

3) държава

3) село

4) град

В. Диана ще учи английски език, ________ има намерение да работи в Ирландия.

1) поради

2) за да

3) което

4) защото

Г. Искам да пътувам из целия свят, ________ науча много за другите култури.

1) защото

2) тъй като

3) за да

4) заради

Д. Теджин заминава за България ______ учи български език там една година.

1) заради

2) поради

3) да

4) дали

Е. Ние ______ искали да се срещнем с вас следващата седмица.

1) бих

2) бихме

3) бяхме

4) бяха

2. 빈칸에 들어갈 알맞은 단어를 보기에서 고르세요.

보기	големи	масички	взема	да	наема	чист
	стаж	мивка	до	мебели	жилище	

А. Бих искал да ______ едностаен апартамент близо ______ станция на метрото.

Б. В този апартамент има нови ______ и ______ прозорци.

В. Ще отида да ______ ключовете от масата.

Г. Колко голямо ______ търсите?

Д. Ще дойда ______ разгледам къщата утре сутрин.

Е. В момента съм на _______________ в една фирма в София.

Ж. В кухнята има само една _______________ .

З. Колко _______________ има в хола?

И. Моят апартамент е малък, но _______________ и удобен.

3. [보기]와 같이 문장을 고치세요.

보기 **Ще чета** цял ден. → **Четох** цял ден. **Чете** цял ден. **Четохме** цял ден. **Четохте** цял ден. **Четоха** цял ден.

А. **Ще готвя** цяла сутрин.

____

Б. **Ще пиша** имейли.

____

В. **Ще стана** много рано.

____

Г. **Ще отида** бързо.

____

Д. **Ще взема** лаптопа.

____

Е. **Ще купя** храна.

____

Ж. **Ще донеса** учебниците.

З. **Ще продам** колата.

И. **Ще изпия** млякото.

Й. **Няма да дойда** с директора.

К. **Няма ли да пея**?

Л. **Ще тичам ли**?

М. **Ще живея** в Пусан пет години.

Н. **Ще чуя** песента.

4. [보기]와 같이 문장을 고치세요.

> **보기** Детето отиде на училище. То се казва Никола.
>
> → Детето, **което** отиде на училище, се казва Никола

А. Книгата беше на бюрото. Тя е първият роман на брат ми.

Б. Жената дойде в офиса снощи. Тя е съпругата на Стоянов.

В. Видяхме човека на улицата. Той е новият директор на училището.

Г. Вечеряхме в ресторанта миналата седмица. Той е на Мишо.

Д. Дадохме наградата на студента. Той е от Инчон.

Е. Вчера изядохме тортата. Майка я направи.

5. 문장이 되도록 연결하세요.

А. Ако имам много пари	1. веднага щом се прибереш вкъщи.
Б. Ако утре вали дъжд	2. щом настъпи пролетта.
В. Искам да ми се обадиш по телефона	3. ще си купя самолет.
Г. Аз ще дойда с вас да гледам този филм	4. само ако и Димитър дойде.
Д. Щом тя иска да ходи в университет	5. ако на партито дойдат много гости.
Е. Щом сега го няма	6. трябва да учи много в гимназията.
Ж. Дърветата ще започнат да цъфтят	7. ще гледаме телевизия вкъщи цял ден.
З. Наистина ще се радваме	8. ще го потърся по-късно.

6. 빈칸에 알맞은 단어를 고르세요.

А. Искам да имам повече свободно време, ______ уча повече български език.

а) за да

б) ако

в) защо

г) ако

Б. ______________ ще ходиш на планина този уикенд, подготви се добре за студеното време.

а) който

б) за да

в) щом

г) това

В. Карай по-бързо, ________________ закъсняваме.

а) когото

б) която

в) трябва

г) защото

Г. Учебникът, ________________ професорът ми даде, е много интересен.

а) което

б) който

в) когато

г) защо

Д. Ще може ______ да ме закарате до Младежкия тетър?

а) ти

б) ли

в) ни

г) му

15 Пловдив
플로브디프

1. 본문

Пловдив е вторият най-голям град в България. Намира се в Горнотракийската низина, в центъра на Южна България. През него тече река Марица. Над нея има няколко моста. Градът се простира около седем хълма от сиенит. На юг се виждат Родопите.

Пловдив е административният център на област Пловдив. Градът е едно от най-старите селища в света. Тук има останки от Първото, Второто и Третото българско царство, както и от цивилизациите на древните траки, гърци и римляни, от Византийската и Османската империя. Може да се видят античен театър, римски стадион, одеон, форум, а в Стария град има къщи, които са прекрасни образци на архитектурата на Българското Възраждане. Пловдив е известен с процъфтяващите си изкуства и култура. В града има много музеи и галерии. Провеждат се много музикални и други фестивали. Пловдив е избран да бъде Европейска столица на културата през 2019 година.

Пловдив е един от най-важните търговски, икономически и индустриални центрове на България. В него се организират различни международни панаири и технически изложения. Около Пловдив има много заводи и фабрики. В последно време промишлените зони растат и се развиват с голяма скорост. Земята на област Пловдив е изключително плодородна, а климатът е умерен и благоприятен за земеделие. Селското стопанство в региона е много добре развито. Пловдив става все по-привлекателен за живеене.

(Телефонен разговор в понеделник)

Таня – Здравей, Галя!

Галя – Здравей, Таня! Радвам се да те чуя.

Таня – Как си?

Галя – Добре, благодаря. А ти?

Таня – Аз също. С Крум планираме да посетим Пловдив този уикенд. Или в събота, или в неделя. Ще се разходим из града. Искаме и тебе да видим.

Галя – Страхотно. Елате ми на гости за целия уикенд. У нас има свободна стая. Ще ми е много приятно да ви бъда домакиня. Нямам други планове за този уикенд. Ще имаме повече време да се видим и да бъдем заедно.

Таня – Чудесно. Благодаря много! Много обичам да си говоря с тебе.

Галя – Кога планирате да пътувате?

Таня – Не сме сигурни.

Галя – Елате още в петък вечерта.

Таня – Да, може. Ако тръгнем от София около 5 с колата, до 7 часа ще сме при тебе. Още ще е светло.

Галя – Точно така. Обадете ми се, когато тръгнете.

Таня – А в неделя ще се приберем по-рано, защото в понеделник сме на работа от 8. Сигурно ще си тръгнем около 4, за да може до 6 да сме си вкъщи.

Галя – Няма проблеми. Искате ли да ходим на опера в събота вечерта в Античния театър? Тогава точно започва Оперният фестивал.

Таня – Да, искаме. С Крум разгледахме програмата на фестивала и говорихме за това.

Галя – Отлично. Още днес ще купя три билета.

Таня – Звучи много добре. Искаме да се разходим из „Капана“ и из Стария град също.

Галя – Добре. В събота ще обядваме вкъщи и после ще отидем да се разходим. Може да вечеряме в някой ресторант в Стария град и после направо да отидем в Античния театър.

Таня – Да. А в неделя ще се качим на Бунарджика и ще си направим снимки. Мисля, че на Крум ще му хареса. Той не познава Пловдив, но съм сигурна, че гледката от върха на тепето ще му направи голямо впечатление.

(Малко по-късно)

Крум – Говори ли с Галя?

Таня – Да, говорих.

Крум – Какво каза тя?

Таня – Аз ѝ казах, че планираме да посетим Пловдив, а тя каза, че няма други планове за този уикенд и ще ѝ е много приятно да ни бъде домакиня. Кани ни на гости у тях.

Крум – Прекрасно!

Таня – Попита кога планираме да пътуваме. Казах ѝ, че може да тръгнем с колата около 5 часа в петък вечерта. Каза да ѝ се обадим, когато тръгнем.

Крум – Ще ѝ се обадим.

Таня – Попита дали искаме да ходим на опера в Античния театър в събота вечерта. Казах ѝ, че да. Тя каза, че ще купи билети.

Крум – А каза ли ѝ, че искаме да се разходим из Стария град и „Капана".

Таня – Да. Тя ще дойде с нас. А в неделя ще се качим на Бунарджика, преди да си тръгнем за София. Надявам се, че ще ти хареса гледката от върха.

플로브디프

플로브디프는 불가리아에서 두 번째로 큰 도시이다. 불가리아 남부 지역 중심에 있는 고지 트라키아 평원에 위치하고 있다. 도시 한 가운데는 마리짜강이 흐른다. 강을 가로지는 다리가 몇 개 있다. 도시는 섬장암으로 된 일곱 개의 구릉 사이에 펼쳐져 있다. 남쪽으로는 로도피산맥이 있다.

플로브디프는 플로브디프주의 행정도시이다. 이 도시는 세계에서 가장 오래된 거주지 가운데 하나이다. 이곳에는 제1 불가리아 왕국, 제2 불가리아 왕국, 제3 불가리아 왕국, 그리고 고대 트라키아 문명, 그리스와 로마 문명, 비잔틴 제국과 오스만 제국의 유산이 남아 있다. 고대 극장, 로마 경기장, 그리스의 음악당(오데온), 로마의 광장(포룸)을 볼 수 있으며, 구시가지에는 불가리아 르네상스 시기(1762-1878년) 건축 양식으로 된 오래된 집들을 볼 수 있다. 플로브디프는 예술과 문화가 번성한 곳으로 잘 알려져 있다. 플로브디프에는 박물관과 미술관이 많이 있다. 음악 축제나 다른 여러 축제들이 많이 열린다. 플로브디프는 2019년 유럽의 문화 수도로 선정되었다.

플로브디프는 불가리아의 주요한 무역, 경제, 산업의 중심지 중 하나이다. 플로브디프에는 다양한 국제 박람회, 기술 전시회가 열린다. 플로브디프주변에는 공장이 많이 있다. 최근에 산업 단지가 조성이 되고 엄청난 속도로 발전하고 있다. 플로브디프의 토질은 굉장히 비옥하고, 날씨는 농업에 적합하다. 이 지역의 농업은 많이 발전되어 있다. 플로브디프는 더욱 살기 좋은 곳이 되고 있다.

(월요일에 전화로 대화)

타냐 – 안녕, 갈랴!

갈랴 – 안녕, 타냐! 통화하게 되어서 기쁘다.

타냐 – 어떻게 지내니?

갈랴 – 잘 지내, 고마워. 너는?

타냐 – 나도 잘 지내지. 크룸이랑 같이 이번 주에 플로브디프에 가려고 했어. 토요일이나 일요일에. 같이 도시를 이리저리 둘러보려고 해. 너도 만나고 싶은데.

갈랴 – 정말 좋아. 주말 내내 우리 집으로 와. 우리 집에 빈방이 있어. 너희들을 초대하면 진짜 기쁠 것 같아. 이번 주에는 다른 계획은 없거든. 같이 만나고 있을 수 있는 시간이 훨씬 더 많아.

타냐 – 잘 됐다. 정말 고마워! 너랑 얘기하는 거 정말 즐거워.

갈랴 – 언제 여행할 계획이니?

타냐 – 아직 확실하지는 않아.

갈랴 – 금요일 저녁에 와.

타냐 – 응, 갈 수 있어. 소피아에서 한 5시 정도에 차로 출발하면, 7시까지는 너네 집에 도착할 거야. 그때까지 밝을 거야.

갈랴 – 맞아. 출발할 때 전화해.

타냐 – 일요일에는 좀 일찍 돌아와야겠어. 왜냐하면 월요일에 8시까지 출근해야 하거든. 6시에 집에 도착하려면 한 4시쯤에는 출발해야 할 거야.

갈랴 – 좋아. 토요일 저녁에 고대 극장에서 하는 오페라 보러 갈래? 그때 오페라 축제가 시작하거든.

타냐 – 응, 갈래. 크룸이랑 축제 프로그램을 보고 여기에 대해서 이야기했어.

갈랴 – 정말 잘 됐다. 오늘 미리 티켓 3장 사야겠다.

타냐 – 좋은 것 같아. '카파나'랑 구시가지도 걸어보고 싶어.

갈랴 – 좋아. 토요일에 집에서 점심을 먹고 나서 산책하러 가자. 아마도 구시가지에 있는 레스토랑에서 저녁을 먹고 바로 고대 극장으로 가자.

타냐 – 그래. 일요일에 '부나르쥐카' 언덕에 올라가서 거기서 사진을 찍자. 내 생각에는 크룸도 좋아할 것 같아. 크룸은 플로브디프를 잘 몰라. 언덕 꼭대기에서 경치가 크룸한테는 인상적일 것 같아.

(얼마 후에)

크룸 – 갈랴랑 이야기했어?

타냐 – 응, 얘기했어.

크룸 – 갈랴가 뭐라고 해?

타냐 – 내가 우리 플로브디프에 가는 것을 계획하고 있다고 말하니까, 갈랴가 이번 주에 다른 계획이 없다고, 갈랴네 집에 손님으로 오면 좋겠다고 했어. 우리를 집으로 초대한 거야.

크룸 – 잘됐네!

타냐 – 우리가 언제 여행할 거냐고 물어봤어. 내가 금요일 저녁 5시쯤에 차로 출발할 거라고 했어. 출발할 때 전화한다고 말했어.

크룸 – 그녀에게 전화해야지.

타냐 – 갈랴가 토요일 저녁에 고대 극장에서 하는 오페라에 가고 싶으냐고 물어봤어. 가고 싶다고 했지. 갈랴가 티켓을 산다고 했어.

크룸 – 구시가지와 '카파나'를 산책하고 싶다고 그녀에게 말했어?

타냐 – 응. 갈랴가 우리랑 같이 가겠대. 일요일에 소피아로 출발하기 전에는 '부나르쥐카' 언덕에 같이 갈 거야. 꼭대기에서 보는 풍경이 네 마음에 들었으면 좋겠다.

2. 질문

Къде се намира Пловдив?
플로브디프는 어디에 있나요?

Коя река тече през него?
플로브디프 가운데는 무슨 강이 흐르나요?

Как се казва планината, която е на юг от Пловдив?
플로브디프에서 남쪽에 있는 산은 무엇인가요?

Какъв център е Пловдив?
플로브디프는 어떤 중심지인가요?

Какво планират да правят Таня и Крум този уикенд?
이번 주에 타냐와 크룸은 무엇을 계획하고 있나요?

При кого ще отидат на гости?
그들은 누구에게 손님으로 갈 예정인가요?

Кога планират да тръгнат от София за Пловдив?
소피아에서 플로브디프로 언제 출발할 것을 계획하고 있나요?

Какво планират да правят в събота? А в неделя?
토요일에는 무엇을 할 것을 계획하고 있나요? 일요일에는요?

Колко билета ще купи Галя?
갈랴는 몇 장의 표를 살 것인가요?

администратѝвен, -вна, -вно, -вни 형 행정의, 행정적인

антѝчен, -чна, -чно, -чни 형 고대의

бѝя, бѝеш 동 때리다

бѝя се, бѝеш се 동 싸우다

благоприя̀тен, -тна, -тно, -тни 형 좋은, 순조로운, 알맞은

Византѝйска импѐрия 비잔틴 제국

впечатлѐние 명 인상

връх 명 (복 върховѐ) 정상, 꼭대기

възра̀ждане 명 중흥, 부흥, 르네상스

га̀дже 명 여자친구/남자친구, 애인

глѐдка 명 경치, 풍경

големина̀ 명 크기

Горнотракѝйска низина̀ 고지 트라키아 평원

грък, гъ̀рци 명 그리스인

дрѐвен, -вна, -вно, -вни 형 오래된, 고대의

живѐене 명 삶, 살기, 생활

забранѐн, -а, -о, -и 분 금지된

заво̀д 명 공장

земедѐлие 명 농업, 농사

земя̀ 명 토지, 땅

зо̀на 명 구역

избра̀н, -а, -о, -и 분 선택된

изключѝтелен, -лна, -лно, -лни 형 예외적인, 유례없는, 특별한

изключѝтелно 부 오로지, 예외적으로, 특별히

изку̀ство 명 예술

изложѐние 명 박람회, 전시회

изморя̀вам, изморя̀ваш /изморя̀, изморѝш 동 지치게 하다, 피곤하게 하다

изморя̀вам се, изморя̀ваш се /изморя̀ се, изморѝш се 동 지치다, 피곤해지다

ико̀на 명 이콘화, 성상화

икономѝчески, -ка, -ко, ки 형 경제의

ѝмам ну̀жда от 동 ~필요하다

импѐрия 명 제국

индустриа̀лен, -лна, -лно, -лни 형 산업의

климат 명 기후

летѝще 명 공항

макаро̀ни 명복 마카로니 (파스타)

междунаро̀ден, -дна, -дно, -дни 형 국제적인

мост 명 다리

музика̀лен, -лна, -лно, -лни 형 음악의

непрекъ̀снато 부 계속해서, 연속적으로

низина̀ 명 평원, 들판

обита̀ван, -а, -о, -и 분 ~에 사는, 거주하는

о̀бласт 명 주, 구역

образѐц 명 (복 образцѝ) 모형, 견본, 표본

одео̀н 명 오데온, 고대 그리스식 극장이나 음악당

о̀перен, -рна, -рно, -рни 형 오페라(의)

организѝрам, организѝраш 동 조직화하다

организѝрам се, организѝраш се 동

조직화되다

Османска империя 오스만 제국

останка 명 유물, 유품, 잔존물, 잔해

пàзя тишинà 조용히 하다

панайр 명 박람회

пѝтам, пѝташ / попѝтам, попѝташ 동 묻다

плодорòден, -дна, -дно, -дни 형 비옥한

подходя̀щ, -а, -о, -и 형 적절한

поп 명 신부, 성직자

привлекàтелен, -лна, -лно, -лни 형 마음을 끄는, 매혹적인

провèждам, провèждаш / проведà, проведèш 동 열다, 개최하다

провèждам се, провèждаш се / проведà се, проведèш се 동 열리다, 개최되다

промѝшлен, -а, -о, -и 형 산업의

простѝрам се, простѝраш се 동 펼쳐지다, 퍼지다

процъфтя̀ващ, -а, -о, -и 분 번창한, 융성한

развѝвам, развѝваш / развѝя, развѝеш 동 발전하다, 발전시키다

развѝвам се, развѝваш се / развѝя се, развѝеш се 동 발전되다

развѝт, -а, -о, -и 분 발전된, 발전한

разрешèн, -а, -о, -и 분 허가된, 용인된

растà, растèш 동 자라다, 크다

региòн 명 지역, 지방

рѝмлянин, рѝмляни 명 로마인

рѝмски, -ка, -ко, -ки 형 로마의

сèлски, -ка, -ко, -ки 형 시골의

сèлско стопàнство 농업

сиенѝт 명 섬장암(閃長岩)

скòрост 명 속도

снѝмам, снѝмаш 동 (사진 등) 찍다

стенопѝс 명 벽화, 프레스코

стопàнски, -ка, -ко, -ки 형 경제의, 경영의

стопàнство 명 경제체제

събѝрам, събѝраш / съберà, съберèш 동 모으다, 모이게 하다

събѝрам се, събѝраш се / съберà се, съберèш се 동 모이다

твòрчески, -а, -о, -и 형 창조적인, 독창적인

тепè = хълм 명 언덕

технѝчески, -ка, -ко, -ки 형 기술적인

тишинà 명 침묵, 무언

тракѝец, трàки 명 트라키아인

търгòвски, -ка, -ко, -ки 형 상업의

умèрен, -а, -о, -и 형 중용의, 온화한

фàбрика 명 공장

фестивàл 명 축제

фòрум 명 광장, 포룸

хълм 명 언덕

цàрство 명 왕국

цъ̀рква 명 교회

цивилизàция 명 문명, 개화

4. 문법 따라잡기

1. 평서문의 직접 화법과 간접 화법

평서문의 경우, 간접 화법의 종속절을 이끄는 접속사는 **че**이다.

Аз към Мария: „Концертът започва в 9 часа."
나는 마리야에게 "9시에 콘서트가 시작한다."

Аз казвам на Мария, **че** концертът започва в 9 часа.
나는 마리야에게 9시에 콘서트가 시작한다고 말한다.

Казах на Мария, **че** концертът започва в 9 часа.
마리야에게 9시에 콘서트가 시작한다고 말했다.

Ще кажа на Мария, **че** концертът започва в 9 часа.
마리야에게 9시에 콘서트가 시작한다고 말할 것이다.

2. к-의문문의 직접 화법과 간접 화법

Димитър към Йордан: „Йордане, къде се намира банката?"
디미트르는 요르단에게 "요르단, 은행이 어디에 있어?"

Димитър **пита** Йордан **къде** се намира банката.
드미트르는 요르단에게 은행이 어디에 있냐고 묻는다.

Анета към Боряна: „Как се ходи до новия мол?"
아네타는 보랴나에게 "새로 생긴 쇼핑센터까지 어떻게 가면 되니?"

Анета **пита** Боряна **как** се ходи до новия мол.
아네타는 보라냐에게 새로 생긴 쇼핑센터까지 어떻게 가면 되냐고 묻는다.

Ангел към Веселина: „Кога почва филмът?"
앙겔은 베셀리나에게 "언제 영화가 시작해?"

Ангел **пита** Веселина **кога** почва филмът.
앙겔은 베셀리나에게 언제 영화가 시작하냐고 묻는다.

3. ли의문문의 직접 화법과 간접 화법

Ема към Ива: „Познаваш ли госпожа Попова?“
엠마는 이바에게 “포포바 선생님을 알아?”

Ема **пита** Ива **дали** познава госпожа Попова.
엠마는 이바에게 포포바 선생님을 아는지 묻는다.

Ема **пита** Ива познава **ли** госпожа Попова.
엠마는 이바에게 포포바 선생님을 아는지 묻는다.

Ива към Ема: „Има ли яйца в хладилника?“
이바는 엠마에게 “냉장고에 계란이 있어?”

Ива **пита** Ема има **ли** яйца в хладилника.
이바는 엠마에게 냉장고에 계란이 있냐고 묻는다.

Ива **пита** Ема **дали** има яйца в хладилника.
이바는 엠마에게 냉장고에 계란이 있냐고 묻는다.

4. 명령문의 직접 화법과 간접 화법

Майката към детето: „Прибери се вкъщи преди 8 часа!“
엄마는 아이에게 “8시 전에 집에 와!”

Майката каза на детето **да** се прибере вкъщи преди 8 часа.
엄마는 아이에게 8시 전에 집에 오라고 말했다.

Вие към нас: „Разгледайте Античния театър!“
당신은 우리에게 “고대 극장을 구경하세요!”

Вие ни казахте **да** разгледаме Античния театър.
당신은 우리에게 고대 극장을 구경하라고 말했다.

Тина към Тодор: „Сготви пилешка супа!“
티나는 토도르에게 “닭고기 수프를 만들어!”

Тина каза на Тодор **да** сготви пилешка супа.
티나는 토도르에게 닭고기 수프를 만들라고 말했다.

5. 동사에서 파생된 명사

동사 파생 명사는 불완료상 동사에서만 만들 수 있다.

동사 -а 그룹: **-не**

плащ**ане**, отив**ане**, връщ**ане**, паркир**ане**, излиз**ане**, вечер**яне**
지불하기, 가기, 돌아오기, 주차하기, 나가기, 저녁 먹기

동사 -и 그룹: **-ене/-ане**

работ**ене**, уч**ене**, пуш**ене**, нос**ене**, стро**ене**, върв**ене**, лет**ене**
일하기, 공부하기, 담배 피우기, 운반하기, 건축하기, 걷기, 날기

예외

спане
잠자기

동사 -е 그룹: **-ене/-ане**

чет**ене**, яд**ене**, игра**ене**, живе**ене**, пе**ене**, пи**ене**
읽기, 먹기, 놀기, 살기, 노래하기 마시기

예외

пр**ане**, бр**ане**, къп**ане**, ряз**ане**, пис**ане**
빨래하기, (과일, 야채, 꽃) 따기, 목욕하기 자르기, 쓰기

5. 표현 따라하기

Виктория и Милена казаха на другите студенти да се съберат в класната стая.
빅토리아와 밀레나는 다른 학생들에게 교실에 모이라고 말했다.

Той ни каза, че Пловдив е един от най-старите градове в Европа.
그는 우리에게 플로브디프는 유럽에서 가장 오래된 도시 가운데 하나라고 말했다.

Ние питахме дали може да снимаме стенописите в църквата.
우리들은 교회에 있는 벽화를 사진 찍어도 되냐고 물었다.

Един поп дойде и ни каза да не снимаме иконите.
한 성직자가 와서 우리에게 성상화를 사진 찍으면 안 된다고 말했다.

За плащането имам нужда от много повече пари.
지불하기 위해서 돈이 더 필요하다.

На приема ще има много ядене и пиене. Ела с нас.
리셉션에는 많은 음식과 마실 것들이 있을 거다. 우리와 함께 가자.

Тази чанта е много тежка. Изморих се от носенето.
이 가방은 진짜 무겁다. 들고 다니기가 피곤하다.

Този град е привлекателен за живеене.
이 도시는 살기에 정말 좋다.

Утре имам часове по творческо писане.
내일 창작 글쓰기 수업이 있다.

Това дете има проблеми с четенето на български език.
이 아이는 불가리아어를 읽는 것에 어려움이 있다.

Пушенето е забранено в ресторанта.
흡연은 레스토랑에서 금지되어 있다.

6. 응용해서 말하기

Диалог 1

– Искате ли нещо за ядене?

– Да. Дайте ми макарони със сирене.

– А за пиене?

– Една чаша бяло вино, ако обичате.

대화1

– 뭐 좀 드시겠어요?

– 네. 시레네가 들어간 마카로니를 주세요.

– 마실 것은요?

– 화이트 와인 한 잔 주세요.

Диалог 2

– Какво ви каза учителката?

– Да пазим тишина.

– А друго?

– Да не се бием в коридора.

대화2

– 선생님이 당신들에게 무엇을 말씀하셨나요?

– 조용히 하라고.

– 그리고 다른 거는?

– 복도에서 싸우지 말라고요.

Диалог 3

– Мария ме пита дали с тебе сме гаджета.

– И ти какво ѝ отговори?

– Да си гледа работата.

– Добре.

대화3

- 마리야가 나한테 너랑 애인 사이냐고 물어봤어.
- 너는 뭐라고 답했는데?
- 남의 일에 참견 말라고.
- 잘했다.

※ Гледай си работата! (관용 표현) 네 일이나 잘해!

Диалог 4

- Как намери нашата къща?
- Питах една жена на улицата къде живеят Петър и Галя.
- Добре ли ти обясни?
- Много добре. Веднага намерих къщата.

대화4

- 우리 집 어떻게 찾았어?
- 거리에서 페트르와 갈랴가 어디에 사는지 한 여자분한테 물어봤어.
- 너한테 잘 설명해 줬어?
- 잘 해줬어. 금방 집을 찾았어.

Диалог 5

- Извинявай, че закъснях.
- Защо закъсня?
- Нямаше място за паркиране.
- Добре. Какво искаш за пиене?
- Само лимонада. С колата съм.

대화5

- 늦어서 미안해.
- 왜 늦었어?
- 주차할 데기 없었어.
- 괜찮아. 뭐 마실래?
- 레모네이드만. 차 가져와서.

7. 함께 연습하기

1. [보기]처럼 문장을 고쳐 쓰세요.

> **보기** Мая към Диана: „Знаеш ли къде е пощата?"
> → Мая пита Диана дали знае къде е пощата.
>
> Иван към Яница: „Професорът ще дойде след половин час."
> → Иван каза на Яница, че професорът ще дойде след половин час.

А. Бащата към детето: „Новата играчка е в синята кутия."

→ ______________________________

Б. Майката към дъщерята: „Донеси ми един стол от кухнята!"

→ ______________________________

В. Драган към Елисавета: „Кога ще се срещнем довечера?"

→ ______________________________

Г. Ивана към Преслава: „Гледай си работата!"

→ ______________________________

Д. Цветелина към Константин: „Има ли още торта в хладилника?"

→ ______________________________

Е. Петър към Ахмед: „Този уикенд ще ходя на планина."

→ ______________________________

Ж. Боряна към Айше: „Тук пушенето е разрешено."

→ ______________________________

2. [보기]처럼 동사 파생 명사를 보고 알맞은 동사를 쓰세요.

보기 пушене → пуша　　　　пране → пера

А. четене → ______

Б. писане → ______

В. плащане → ______

Г. викане → ______

Д. идване → ______

Е. носене → ______

Ж. летене → ______

З. получаване → ______

И. пиене → ______

3. 빈칸에 알맞은 단어를 고르세요.

А. Ние с Никол не сме ______ .

а) хартия

б) гаджета

в) музей

г) посетим

Б. Пловдив е вторият по ______ град в България.

а) големина

б) разглеждаме

в) процъфтяващи

г) неделя

В. В Пловдив се провеждат много ________________ фестивали.

а) фабрика

б) галериите

в) пътувате

г) музикални

Г. Тук земята е ________________ и подходяща за селско стопанство.

а) изпращат

б) промишленост

в) плодородна

г) четене

Д. А: Какво ще искате за ________?

Б: Малко червено вино, ако обичате.

а) пиене

б) индустриален

в) център

г) разбиране

나의 첫!
불가리아어

• 연습 문제 정답
• 단어장

연습 문제 정답

Урок 1

1.

България, Корея, това, карта, Гърция, Балкански полуостров, езеро, онова, река, Европейски съюз, Европа, Азия, море, Турция, Румъния, маса, бюро, дърво, столица

2.

А. какво; Б. това, онова; В. къде; Г. карта; Д. столица; Е. до; Ж. в; З. на; И. на; Й. река

3.

А. Инчон е до Сеул.; Б. Това Ана ли е?; В. Какво е това?; Г. Сеул е в Корея.; Д. Онова е карта.; Е. Това е дърво.; Ж. Онова море ли е?; З. Онова не е море.; И. Къде е Сеул?; Й. Това бюро ли е?

Урок 2

1.

здравейте, госпожа, казвам се, добро утро, извинявайте, откъде, сте, господин, довиждане, лека нощ, благодаря, приятно ми е, добър ден, госпожица

2.

А. си; Б. е, се казва; В. сме; Г. са; Д. се казва; Е. са; Ж. сте; З. сме; И. е; Й. са, се казват

3.

А. как, откъде; Б. как; В. ли; Г. е, се казва; Д. са, се казват; Е. си, се казваш; Ж. не; З. аз; И. са; Й. си, се казваш

4.

А. госпожо; Б. госпожа; В. госпожица; Г. господин; Д. господине; Е. госпожице; Ж. госпожо; З. госпожице; И. госпожа; К. господин

Урок 3

1.

стол, диван, маса, нямам, ваза, език, химикалка, следвам, вестник, прозорец, телевизор, таблет, компютър, телефон, врата, списание, имам, книга, роза

2.

А. един вестник; Б. едно бюро; В. една флашка; Г. една стая; Д. една етажерка; Е. едно списание; Ж. една лекция; З. едно дърво; И. една река; Й. едно море; К. един таблет; Л. един речник; М. една тетрадка; Н. едно растение; О. една роза

3.

А. Къде е бюрото? - То е до вратата.; Б. Къде се намира телевизорът? - Той се намира до прозореца.; В. Къде е картината? - Тя е над телевизора.; Г. Къде е книгата? - Тя е на леглото.; Д. Къде е вестникът? - Той е на масичката.; Е. Къде е учебникът? - Той е до вестника.; Ж. Къде е списанието? - То е до вазата.; З. Къде е картината? - Тя е на стената.; И. Къде се намира диванът? - Той се намира зад масичката.; Й. Къде е речникът? - Той е под учебника.

4.

А. Да, в стаята има стол.; Б. То се намира до стената.; В. Не, до бюрото няма етажерка.; Г. Картината е на стената.; Д. На масичката има чаша кафе и вестник.; Е. До вазата има ли книга?; Ж. Къде е мишката?; З. Къде има стол?/ Какво има до бюрото?; И. В стаята има ли климатик?; Й. Къде се намира лампата?

Урок 4

1.

А. този пилот; Б. това дърво; В. тази тетрадка; Г. тази книга; Д. това море; Е. тези американци; Ж. този човек; З. тези японци; И. този таблет; Й. тази столица

2.

А. онази корейка; Б. онзи японец; В. онази картина; Г. онази лампа; Д. онова легло;

Е. онова дете; Ж. онзи професор; З. онази жена; И. онези американци; Й. онези американки

3.

А. Да, те са българи.; Б. Да, те са американки.; В. Да, те са корейци.; Г. Да, той е германец.; Д. Да, тя е англичанка.; Е. Да, той е китаец.; Ж. Да, той е французин.; З. Да, те са японци.; И. Да, тя е италианка.; Й. Да, той е румънец.

4.

А. Каква е Ана по професия?, Какво работи Ана?; Б. Какви са те по народност?, Откъде са те?; В. Какъв сте по професия?, Какво работите?; Г. Какъв е по професия г-н Петров?, Какво работи г-н Петров?; Д. Какви сте по народност?, Откъде сте?; Е. Какъв сте по народност?, Откъде сте?, Какъв си по народност?, Откъде си?; Ж. Каква е тя по професия?, Какво работи тя?; З. Какви са те по професия?, Какво работят те?; И. Каква е по народност Силви?, Силви каква е по народност?, Откъде е Силви?; Й. Каква е по народност Мария?, Мария каква е по народност?, Откъде е Мария?

5.

А. Не, Мария не е фризьорка.; Б. Това е госпожа Пак.; В. Той работи в Сеулския университет. Г. Говорите ли английски език?, Говориш ли английски език?; Д. Каква сте по народност?, Каква си по народност?, Откъде сте?, Откъде си?; Е. Какъв е по професия господин Смит?, Какво работи господин Смит?; Ж. Какви сте по народност?, Откъде сте?; З. Вие преподавателка ли сте?, Преподавателка ли си?; И. Какви са те по професия?, Какво работят?; Й. Те в Софийския университет ли учат?

Урок 5

1.

библиотека, библиотеката, библиотеки, библиотеките; стол, столът/стола, столове, столовете; компютър, компютърът/компютъра, компютри, компютрите; пазар, пазарът/пазара, пазари, пазарите; поща, пощата, пощи, пощите; кино, киното, кина, кината; галерия, галерията, галерии, галериите; кафе, кафето, кафета, кафетата;

музей, музеят/музея, музеи, музеите; станция, станцията, станции, станциите; храм, храмът/храма, храмове, храмовете; банкомат, банкоматът/банкомата, банкомати, банкоматите; химикалка, химикалката, химикалки, химикалките; молив, моливът/молива, моливи, моливите; турист, туристът/туриста, туристи, туристите; метро, метрото, метра, метрата; тролей, тролеят/тролея, тролеи, тролеите; чай, чаят/чая, чайове, чайовете; парк, паркът/парка, паркове, парковете; театър, театърът/театъра, театри, театрите; упражнение, упражнението, упражнения, упражненията; вестник, вестникът/вестника, вестници, вестниците; прозорец, прозорецът/прозореца, прозорци, прозорците; легло, леглото, легла, леглата; море, морето, морета, моретата.

2.

А. Ето го.; Б. Ето го.; В. Ето го.; Г. Ето я.; Д. Ето ги.; Е. Ето я.; Ж. Ето го.; З. Ето ги.; И. Ето я.; Й. Ето ги.

3.

А. Пощата е срещу банката.; Б. Станцията на метрото е до мола.; В. Около пазара има много кафенета.; Г. Хотелът е далече оттук.; Д. Този трамвай отива до Софийския университет.; Е. Наоколо има много театри, галерии и музеи.; Ж. Библиотеката е вляво от университета.; З. Болницата е вдясно, а полицията е отсреща.; И. Този автобус идва от летището и отива на автогарата.; Й. Летището не е много далече от центъра на София.

Урок 6

1.

А. три молива; Б. двадесет и два стола; В. няколко сока; Г. много магазини; Д. много легла; Е. две картини; Ж. колко чая; З. колко айрана; И. двадесет и една банички; Й. много столове.

2.

А. гладен студент; Б. гладна студентка; В. гладно дете; Г. гладни студенти; Д. малко бюро; Е. голям парк; Ж. голяма болница; З. къс молив; И. дълга лекция; Й. дълго кафе.

3.

А. Моля, дайте ми две кафета и две коли.; Б. Имате ли мляко?/Има ли мляко?; В. Колко струва сокът?; Г. Тя пие кафе със захар.; Д. Аз не обичам кафе, но обичам зелен чай.; Е. Те не обичат сладко кафе.; Ж. Ние поръчваме две банички, два айрана и две дълги кафета.; З. Сега ние сме на ред.; И. Лек ден!; Й. Искаш ли нещо сладко?

Урок 7

1.

А. бюрата ни; Б. родителите ви; В. баща ѝ; Г. сестра ѝ; Д. семейството ми; Е. нашата стая; Ж. нейната баба; З. нейният/нейния брат; И. вашето училище; Й. неговият/неговия учител.

2.

А. Този мол е по-голям от онзи.; Б. Това е най-големият мол в града.; В. Тази сграда е по-висока от онази.; Г. Чантата на Мария е по-нова от чантата на Зоя.; Д. Моето кафе е по-сладко от твоето.; Е. Неговата сестра е по-малка от моята.; Ж. Това е най-голямата болница в Сеул.; З. Летището в Инчон е най-голямото в Корея.; И. Летището в Бусан е по-малко от летището в Инчон.; Й. Коя е най-високата сграда в Сеул?

3.

А. Чия е тази чанта? / На кого е тази чанта?; Б. Чий е този компютър? / На кого е този компютър?; В. Чии са тези тетрадки? / На кого са тези тетрадки?; Г. Чии са тези учебници? / На кого са тези учебници?; Д. Чие е това кафе? / На кого е това кафе?; Е. Чие е това кафе? / На кого е това кафе?; Ж. Чия е тази чаша? / На кого е тази чаша?; З. Чий е този телефон? / На кого е този телефон?

Урок 8

1.

А. Те в колко часа стават?; Б. Ти пиеш ли бира?; В. Соня се прибира винаги късно.; Г. Ние често ходим в библиотеката.; Д. Вие играете ли тенис?; Е. Мария и Ива пеят много добре.; Ж. Фернандо не говори български.; З. Той какво чете?; И. Ти сега за какво мислиш?; Й. Кристина не вечеря, защото е на диета.

2.

А. тридесет и първи май две хиляди и седемнайсета година; Б. осемнайсети декември хиляда деветстотин деветдесет и девета година; В. петнайсети януари две хиляди и втора година; Г. първи април две хиляди и първа година; Д. трети март хиляда осемстотин седемдесет и осма година.

3. 복수 정답

Урок 9

1.

А. тръгна; Б. облека; В. отида; Г. се върна; Д. идвам; Е. купувам

2.

А. Георги няма да говори по телефона. Георги ще говори ли по телефона? Георги няма ли да говори по телефона?; Б. Той няма да пътува до Пловдив утре. Той ще пътува ли до Пловдив утре? Той няма ли да пътува до Пловдив утре?; В. Ние няма да ходим на кино довечера. Ние ще ходим ли на кино довечера? Ние няма ли да ходим на кино довечера?; Г. Детето няма да учи пеене. Детето ще учи ли пеене? Детето няма ли да учи пеене?; Д. Те няма да четат български списания. Те ще четат ли български списания? Те няма ли да четат български списания.; Е. Аз няма да ям мусака в ресторанта. Аз ще ям ли мусака в ресторанта? Аз няма ли да ям мусака в ресторанта?; Ж. Вие няма да пишете нова книга. Вие ще пишете ли нова книга? Вие няма ли да пишете нова книга?

3.

А. бъда; Б. бъдат; В. бъде; Г. бъде; Д. бъдем; Е. бъдете; Ж. бъдеш

Урок 10

1.

А. тях; Б. него; В. нея; Г. нея; Д. тях; Е. него; Ж. нея

2.

А. се обади; се обадете; Б. говори; говорете; В. яж; яжте; Г. пий; пийте; Д. учи; учете; Е. пуши; пушете; Ж. спортувай; спортувайте; З. гледай; гледайте; И. дръж; дръжте

3.

А. зелен; Б. големи черни; В. малка черна; Г. синьо; Д. бяла; Е. дълъг червен; Ж. къса жълта; З. сиво; И. оранжева

Урок 11

1.

А. вчера работи; Б. вчера учиха; В. вчера гледа; Г. вчера слушахме; Д. вчера ти пратих; Е. вчера им ги пратихме; Ж. вчера видяхме; З. вчера обядвахме; И. вчера закуси

2.

А. му; Б. ти; В. им; Г. ми; Д. ми; Е. ти; Ж. ми; З. ѝ; И. ни; Й. ви; К. ѝ; Л. му

3.

А. Студентите я харесват. Те я харесват. Харесват я. На студентите им харесва тази книга. На студентите тя им харесва. На тях тя им харесва. Харесва им.; Б. Димитър я харесва. Той я харесва. Харесва я. На Димитър му харесва тази люта супа. На Димитър тя му харесва. На него тя му харесва. Харесва му.; В. Петя го харесва. Тя го харесва. Харесва го. На Петя ѝ харесва Борис. На Петя той ѝ харесва. На нея той ѝ харесва. Харесва ѝ.; Г. Борис я харесва. Той я харесва. Харесва я. На Борис му харесва Петя. На Борис тя му харесва. Не него тя му харесва. Харесва му.; Д. Иван и Драган я харесват. Те я харесват. Харесват я. На Иван и Драган им харесва Мария. На Иван и Драган тя им харесва. На тях тя им харесва. Харесва им.; Е. Мария ги харесва. Тя ги харесва. Харесва ги. На Мария ѝ харесват Иван и Драган. На Мария те ѝ харесват. На нея те ѝ харесват. Харесват ѝ.; Ж. Суми и Инсу я харесват. Те я харесват. Харесват я. На Суми и Инсу им харесва България. На Суми и Инсу тя им харесва. На тях тя им харесва. Харесва им.; З. Тези студенти го харесват. Те го харесват. Харесват го. На тези студенти им харесва новият учител. На тези студенти той им харесва. На тях той им харесва. Харесва им.; И. Тяхното дете не ги харесва. То не ги харесва. Не ги харесва. На тяхното дете не му харесват тези бонбони. На тяхното дете те не му харесват. На него те не му харесват. Не му харесват.; Й. Вашите деца харесват ли ги? Те харесват ли ги? Харесват ли ги? На вашите деца харесват ли им онези играчки? На вашите деца те харесват ли им? На тях те харесват ли им? Харесват ли им?; К. Певецът не я хареса. Той не я хареса. Не я хареса. На певеца хареса ли му тази песен? На певеца тя хареса ли му? На него тя хареса ли му? Хареса ли му?; Л. Ти и Жана харесвате ли го? Вие харесвате ли го? Харесвате ли го? На тебе и на Жана харесва ли ви апартаментът? На тебе и на Жана той харесва ли? На вас той харесва ли? Харесва ли?; М. Брат ми и аз ги харесахме. Ние ги харесхаме. Харесахме ги. На брат ми и на мене ни харесаха учебникът и тетрадката. На брат ми и не мене те ни харесаха. На нас те ни харесаха. Харесаха ни.; Н. Преподавателката не я ли хареса? Тя не я ли хареса? Не я ли хареса? На преподавателката не ѝ ли хареса вечерята? На преподавателката тя не ѝ ли хареса? Не нея тя не ѝ ли хареса? Не ѝ ли хареса?

Урок 12

1.

А. снощи писа; Б. снощи донесоха; В. снощи скри; Г. снощи изяде ли; Д. снощи ти продадох; Е. снощи не си обух; Ж. снощи си облякох; З. снощи седна; И. снощи не пихте ли

2.

А. **Тя му я** прочете.; Б. Тя ни ги изпрати.; В. Той го написа преди две години.; Г. Той им ги изпя.; Д. Тя я чу тази сутрин.; Е. Ние го видяхме преди малко.; Ж. То обу ли му ги?; З. **То я** занесе там.; И. **Тя не я** разбра.; Й. **Тя не им ли го** донесе?

3.

А. Не нея ѝ се ядат малини.; Б. На тях им се яде шоколад.; В. На тях пеят ли им се песни?; Г. На него му се слуша радио.; Д. На нея не ѝ се четат романтични романи.; Е. На него му се свири на пиано.; Ж. На тях им се гледа комедия.; З. На мене не ми се говори за това.; И. На вас не ви ли се тича тази сутрин?; Й. На тебе ти се разхожда в парка.

Урок 13

1.

А. Какво купи студентът в малката книжарница? Б. В коя книжарница купи учебника студентът? В. Къде бяха Таня и Никол в петък? Г. Кой беше на кино в петък? Д. Кога спортувах много аз? Е. Какво правих аз във вторник? Ж. Какъв куфар подари Петър на Павел? З. На кого подари голям куфар Петър?

2.

А. Тази жена корейка ли е? Б. Димитър и Петър няма ли да ходят на кино довечера? В. Ние танцуваме ли корейски танци всеки месец? Г. Те подариха ли ми синя вратовръзка? Д. Даниел изяде ли всички сандвичи? Е. Ваня изпи ли го? Ж. Вие изпратихте ли му я? З. Ще чета ли много през ваканцията? И. Ще го научиш ли бързо?

3.

А. Диана няма ли да отиде на пазара? Б. Ти няма ли да ядеш тези круши? В. Децата няма ли да му подарят панталона? Г. Виктор няма ли да я изпрати на баба си? Д. Ася и Галена няма ли да ми го дадат? Е. Вчера ти не даде ли учебника на сестра си? Ж. Снощи те не ви ли видяха? З. Не се ли обаждаш на приятеля си всяка седмица? И. Ние няма ли да ходим на концерт довечера?

Урок 14

1.

А. 2); Б. 1); В. 4); Г. 3); Д. 3); Е. 2)

2.

А. наема; до; Б. мебели; големи; В. взема; Г. жилище; Д. да; Е. стаж; Ж. мивка; З. масички; И. чист

3.

А. готвих; готви; готвихме; готвихте; готвиха; Б. писах; писа; писахме; писахте; писаха; В. станах; стана; станахме; станахте; станаха; Г. отидох; отиде; отидохме; отидохте; отидоха; Д. взех; взе; взехме; взехте; взеха; Е. купих; купи; купихме; купихте; купиха; Ж. донесох; донесе; донесохме; донесохте; донесоха; З. продадох; продаде; продадохме; продадохте; продадоха; И. изпих; изпи; изпихме; изпихте; изпиха; Й. не дойдох; не дойде; не дойдохме; не дойдохте; не дойдоха; К. не пях ли; не пя ли; не пяхме ли; не пяхте ли; не пяха ли; Л. тичах ли; тича ли; тичахме ли; тичахте ли; тичаха ли; М. живях; живя; живяхме; живяхте; живяха; Н. чух; чу; чухме; чухте; чуха

4.

А. Книгата, която беше на бюрото, е първият роман на брат ми. Б. Жената, която дойде в офиса снощи, е съпругата на Стоянов. В. Човекът, когото видяхме на улицата, е новият директор на училището. Г. Ресторантът, в който вечеряхме миналата седмица, е на Мишо. Д. Студентът, на когото дадохме наградата, е от Инчон. Е. Майка направи тортата, която изядохме вчера.

5.

А. 3.; Б. 7.; В. 1.; Г. 4.; Д. 6.; Е. 8.; Ж. 2.; З. 5.

6.

А. а); Б. в); В. г); Г. б); Д. б).

Урок 15

1.

А. Бащата каза на детето, че новата играчка е в синята кутия. Б. Майката каза на дъщерята да ѝ донесе един стол от кухнята. В. Драган пита Елисавета кога ще се срещнат довечера. Г. Ивана каза на Преслава да си гледа работата. Д. Цветелина пита Константин дали има още торта в хладилника. / Цветелина пита Константин има ли още торта в хладилника. Е. Петър каза на Ахмед, че този уикенд ще ходи на планина. Ж. Боряна каза на Айше, че тук пушенето е разрешено.

2.

А. чета; Б. пиша; В. плащам; Г. викам; Д. идвам; Е. нося; Ж. летя; З. получавам; И. пия

3.

А. б); Б. а); В. г); Г. в); Д. а)

단어장

а 접 그런데, 그리고 (대화의 주제나 대상이 바뀔 때 사용)

àвгуст 명 8월

автогàра 명 버스터미널

адвокàт 명 변호사

администратѝвен, -вна, -вно, -вни 형 행정의, 행정적인

аз 대 나(1인칭 단수)

Àзия 명 아시아

айрàн 명 아이란 (음료수의 일종)

ако обѝчате = мòля 부탁드려요

актрѝса 명 여배우

актьòр 명 (남)배우

амбѝция 명 야망, 소망

ананàс 명 파인애플

англѝйски = англѝйски езѝк 영어

антѝчен, -чна, -чно, -чни 형 고대의

антрè 명 현관

апрѝл 명 4월

аптèка 명 약국

аптèкар 명 약사

аптèкарка 명 여약사

асансьòр 명 엘리베이터

бàба 명 할머니

бàвно 부 천천히

Балкàнски полуòстров 명 발칸반도

банàн 명 바나나

бàница 명 바니짜

бàничка 명 바니츠카 (작은 바니짜, баница의 지소 형태)

бàнка 명 은행

банкомàт 명 ATM

бар 명 바(bar)

басèйн 명 수영장

бащà 명 아버지

без прекъ̀сване 중단 없이, 계속적으로

без 전 ~ 없이, 제외하고

бекòн 명 베이컨

бѝбимпап 명 비빔밥

библиотèка 명 도서관

бѝлков чай 허브차

бѝра 명 맥주

бѝя, бѝеш 동 때리다

бѝя се, бѝеш се 동 싸우다

благодаря̀, благодарѝш 동 감사하다

Благодаря̀! – Мòля! 감사합니다! – 천만에요.

благоприя̀тен, -тна, -тно, -тни 형 좋은, 순조로운, 알맞은

блѝзък, -зка, -зко, -зки 형 가까운

блу̀за 명 블라우스

бòлница 명 병원

бонбòн 명 사탕, 캔디

боровѝнка 명 블루베리

брат 명 (복 брàтя) 남자 형제 (오빠, 형, 남동생)

брòколи 명 브로콜리

броя̀, броѝш 동 세다

бръ̀сна се, бръ̀снеш се 동 면도하다

бу̀лгоги 명 불고기

Бургàс 명 부르가스 (불가리아의 도시)

бъ̀да 동 ~이다

България 명 불가리아
български езѝк 불가리아어
българско-корейски рѐчник
불가리아어-한국어 사전
бързам, бързаш 동 서두르다
бърша, бършеш 동 닦다
бюрò 명 책상
бя̀гане 명 달리기
бял, бя̀ла, бя̀ло, бѐли 형 흰색의
бя̀ло вѝно 화이트 와인
в момѐнта 현재는, 이 순간에는
в цѐнтъра 중심가에, 시내에
в 전 ~에 (장소/시간), 안에
ва̀жен, -жна, -жно, -жни 형 중요한
ва̀за 명 꽃병
вака̀нция 명 휴가, 방학, 바캉스
валѝ, валя̀т 동 (비, 눈) 내리다 (* 3인칭 단수, 복수 형태만 쓰임)
Ва̀рна 명 바르나 (불가리아의 도시)
варя̀, варѝш 동 끓이다
вдя̀сно 부 오른쪽에
вдя̀сно от ~의 오른쪽에
веднàга 부 즉시, 곧
Вѐлинград 벨린그라드 (불가리아 도시 이름)
веро̀ятно 부 아마도, 어쩌면
вѐстник 명 신문
вѐчер 명/부 저녁, 저녁에
вечѐря 명 저녁 식사
вечѐрям, вечѐряш 동 저녁 식사하다
взѐмам, взѐмаш / взѐма, взѐмеш душ 동 샤워를 하다
взѐмам, взѐмаш / взѐма, взѐмеш 동 잡다, 얻다, 획득하다, 가져가다
Вѝе 대 당신, 너희들(2인칭 단수/복수형)
вѝждам, вѝждаш / вѝдя, вѝдиш 동 보다
Византѝйска импѐрия 비잔틴 제국
вѝлица 명 포크
вѝнаги 부 항상, 언제나
вѝно 명 와인
висо̀к, -а, -о, -и 형 높은, 키가 큰
Вѝтоша 명 비토샤 (불가리아의 산)
вѝшна 명 앵두
включѝтелно 부 ~ 포함하여
вкус 명 맛
вку̀сен, -сна, -сно, -сни 형 맛있는
вкъщи 부 집에서, 집에, 집으로
влак 명 기차
влѝзам, влѝзаш / вля̀за, влѐзеш 동 들다, 들어가다, 들어오다
вля̀во 부 왼쪽에
вляво от ~의 왼쪽에
водà 명 물
впечатлѐние 명 인상
вратà 명 문
вратовръ̀зка 명 넥타이
врѐме 명 날씨, 시간
връх 명 (복 върховѐ) 정상, 꼭대기
връ̀щам се, връ̀щаш се / въ̀рна се, въ̀рнеш се 동 돌아가다, 되돌아가다
всѐки, вся̀ка, вся̀ко, всѐки 각자, 각각, ~마다
всѝчки 모두, 다, 모든
всѝчко 대 모든 것, 전부

вто̀рник 명 화요일
вход 명 입구
възра̀ждане 명 중흥, 부흥, 르네상스
въпреки това̀ 이럼에도 불구하고
въпреки 전 ~불구하고
вървя̀, вървѝш 동 걷다, 움직이다
га̀дже 명 여자친구/남자친구, 애인
галѐрия 명 갤러리, 미술관
га̀ра 명 기차역
гардеро̀б 명 옷장
гарниту̀ра 명 가니쉬, 곁들이는 요리
геро̀й 명 영웅
гимна̀зия 명 고등학교
гла̀ден, -дна, -дно, -дни 형 배고픈
глѐдам, глѐдаш 동 보다, 쳐다보다
глѐдка 명 경치, 풍경
го 대 인칭대명사 той의 목적격
говоря̀, гово̀риш 동 말하다
годѝна 명 해, 년
големина̀ 명 크기
голя̀м, -а, -о, голѐми 형 큰, 커다란
горѐщ, -а, -о, -и 형 뜨거운
Горнотракѝйска низина̀ 고지 트라키아 평원
готва̀ч 명 요리사
готва̀чка 명 여성 요리사
го̀твя, го̀твиш 동 요리하다, 준비하다
гото̀в, -а, -о, -и 형 준비된
град 명 도시
градѝна 명 정원
граду̀шка 명 우박
грѐйпфрут 명 자몽
гримѝрам се, гримѝраш се 동 화장하다
гро̀зде 명 포도
гро̀здов, -а, -о, -и 형 포도의
гро̀здова ракѝя 포도로 만든 라키야
грък, гъ̀рци 명 그리스인
гу̀бя, гу̀биш 동 잃어버리다
Гъ̀рция 명 그리스
да 소 네/응 (긍정 대답)
да̀вам, да̀ваш / дам, дадѐш 동 주다
далѐче 부 멀리
два са̀ндвича 샌드위치 두 개
Два̀десет и четвъ̀рти май – Ден на българската пѝсменост, нау̀ка и култу̀ра
5월 24일- 불가리아 문자와 문화의 날
две, два 수 이 (2), 둘
двуста̀ен, -а̀йна, -а̀йно, -а̀йни 형 방 두 개짜리의
дѐветгодишен, -шна, -шно, -шни 형 9년의, 아홉 살의
декѐмври 명 12월
ден 명 (복 дни) 날, 낮
десѐрт 명 디저트
детѐ 명 어린이
джоб 명 주머니
джо̀бен, -бна, -бно, -бни 형 주머니의
джо̀бни парѝ 용돈
дива̀н 명 소파
диѐта 명 다이어트
дѝня 명 수박
диплома̀т 명 외교관
дирѐктор 명 책임자, 감독

днес ㊇ 오늘

до ㊈ 옆에, ~까지 (장소/시간)

Добрò ỳтро! 아침에 하는 인사

Дòбър вèчер! 저녁에 하는 인사

Дòбър ден! 낮에 하는 인사

довèждам, довèждаш / доведà, доведèш ㊊ 데리고 오다

довèчера ㊇ 오늘 밤

Довѝждане! 헤어질 때 하는 인사

докàрвам, докàрваш / докàрам, докàраш ㊊ (탈것을 타고) 데리고 오다

докатò ㊌ (주절의 동작과 동시에 작동하는 시간) ~하면서

Дòкторската градѝна 의사 공원

докумèнт ㊎ 서류, 문서

домакѝн ㊎ 주인, 호스트

домакѝня ㊎ 여자 주인

домàт ㊎ 토마토

домàшно ㊎ 숙제

донàсям, донàсяш / донесà, донесèш ㊊ 가지고 오다

допàдам, допàдаш / допàдна, допàднеш ㊊ ~의 마음에 들다, ~에게 어울리다

дòста ㊇ 꽤

дòста добрè 꽤 잘

дрàма ㊎ 드라마

дрèвен, -вна, -вно, -вни ㊔ 오래된, 고대의

дрèха ㊎ 옷

душ ㊎ 샤워

дъжд ㊎ (㊐ дъждовè) 비

дъ̀лго еспрèсо 물이 많이 들어간 에스프레소

дъ̀лъг, -лга, -лго, -лги ㊔ 긴

дървò ㊎ 나무

държà, държѝш ㊊ (손에) 들다, 갖고 있다, 지탱하다

дъщерỳ ㊎ 딸

дя̀до ㊎ (㊐ дя̀довци) 할아버지

е ㊊ ~이다 (동사 съм의 3인칭 단수)

Еврòпа ㊎ 유럽

Европèйски съюз ㊎ 유럽 연합 (EU)

èвтин, -а, -о, -и ㊔ 값이 싼

едѝн ㊉ 하나/하나의(남)

еднà ㊉ 하나/하나의(여)

еднò ㊉ 하나/하나의(중)

едностàен, -àйна, -àйно, -àйни ㊔ 방 한 개짜리의

ежеднèвие ㊎ 일상

езѝк ㊎ 언어

екскỳрзия ㊎ 가벼운 여행, 소풍, 견학

èкшън ㊎ 액션

електрòнен, -нна, -нно, -нни ㊔ 전자의

електрòника ㊎ 전자 공학, 전자 제품

електрòнна поща = имейл 이메일

ескалàтор ㊎ 에스컬레이터

еспрèсо ㊎ 에스프레소

етàж ㊎ 층

етажèрка ㊎ 책장

èто ㊏ (무엇을 가리키며) 자, 여기

желàя, желàеш ㊊ 소원하다

женà ㊎ 여자

живèене ㊎ 삶, 살기, 생활

живèя, живèеш ㊊ 살다

живòт ㊎ 삶, 인생

животно ㉮ (㉯ животни) 동물

жѝлище ㉮ 거주지

жълт, жъ̀лта, жъ̀лто, жъ̀лти ㉻ 노란색의

за ㉶ ~위해, ~대해

забранѐн, -а, -о, -и ㉷ 금지된

завѐждам, завѐждаш / заведà, заведѐш ㉹ 데리고 가다

завѝвам, завѝваш / завѝя, завѝеш ㉹ ~로 방향을 바꾸다

завòд ㉮ 공장

завъ̀ршвам, завъ̀ршваш / завъ̀рша, завъ̀ршиш ㉹ 마치다, 졸업하다

зад ㉶ ~뒤에

задàча ㉮ 과제

задръ̀стване ㉮ 교통체증

зàедно ㉺ 함께, 같이

заѐт, -а, -о, -и ㉻ 바쁜, (자리 등이) 차지된, 점령된

закàрвам, закàрваш / закàрам, закàраш ㉹ (탈것을 타고) 데리고 가다

закỳсвам, закỳсваш / закỳся, закỳсиш ㉹ 아침 식사하다

закỳска ㉮ 아침 식사

закъснявам, закъснѝваш / закъснѐя, закъснѐеш ㉹ 지각하다

заминàвам, заминàваш / замѝна, замѝнеш ㉹ 떠나다, 출발하다, 지나쳐 가다

занàсям, занàсяш / занесà, занесѐш ㉹ 가지고 가다

зàпад ㉮ 서쪽

зàпаден, -дна, -дно, -дни ㉻ 서쪽의

заплàта ㉮ 월급

Заповя̀дай! (어떤 행동이나 물건 등을 권할 때) Заповядайте! 보다 덜 격식적 표현

Заповя̀дайте! (어떤 행동이나 물건 등을 권할 때) 자, ~하세요! ~ 받으세요! 어서 오세요!

запознàвам се с, запознàваш се с / запознàя се с, запознàеш се с ㉹ 서로 인사하다

запознàвам, запознàваш / запознàя, запознàеш ㉹ 소개하다

запòчвам, запòчваш / запòчна, запòчнеш ㉹ 시작하다

заспѝвам, заспѝваш / заспя̀, заспѝш ㉹ 잠들다, 자기 시작하다

затвàрям, затвàряш / затвòря, затвòриш ㉹ 닫다

затвòрен, -а, -о, -и ㉷ 닫힌

затовà ㉺ 그래서, 그 때문에

зàхар ㉮ 설탕

защò ㉼ 왜

защòто ㉽ 왜냐하면

звездà ㉮ 별

Здравѐй! 안녕!

Здравѐйте! 안녕하세요!

Здрàсти! 안녕! (격식 없는 사이에 나누는 인사)

зѐле ㉮ 양배추

зелѐн чай 녹차

зелѐн, -а, -о, -и ㉻ 초록색의, 녹색의

зеленчỳк ㉮ (㉯ зеленчỳци) 채소 (※보통 복수형을 많이 사용한다.

земедѐлие ㉮ 농업, 농사

земя̀ ㉮ 땅, 대지, 토지

Земя̀ ㉮ 지구 (항상 대문자로 시작)

зна̀чи (결론, 결말) 그러니까, 결국, 그렇다면

зна̀чи ㉯ 의미하다

зна̀я (знам), зна̀еш ㉯ 알다

зо̀на ㉮ 구역

зоопа̀рк ㉮ 동물원

ѝ ㉰ 그녀의 (인칭대명사 3인칭 단수, 여성 тя의 여격)

игра̀ ㉮ 게임

игра̀чка ㉮ 장난감

игра̀я, игра̀еш ㉯ 경기하다, 놀다

игра̀я компю̀търни игрѝ 컴퓨터 게임을 하다

игра̀я тѐнис 테니스를 치다

игра̀я фу̀тбол 축구를 하다

ѝдвам, ѝдваш / до̀йда, до̀йдеш ㉯ 오다

идѐя ㉮ 아이디어, 생각

избѝрам, избѝраш / избера̀, изберѐш ㉯ 선택하다, 선거하다

избра̀н, -а, -о, -и ㉱ 선택된

избръ̀свам се, избръ̀сваш се / избръ̀сна се, избръ̀снеш се ㉯ 면도를 다 끝내다

избъ̀рсвам, избъ̀рсваш / избъ̀рша, избъ̀ршеш ㉯ 다 닦다

Извинѐте! 실례합니다!

Извиня̀вай! 미안해! Извиня̀вайте!보다 덜 격식적 표현

Извиня̀вайте! 미안합니다!

извъ̀н ㉲ ~의 밖에

изглѐждам, изглѐждаш ㉯ ~처럼 보이다, 훑어보다

изгу̀бвам, изгу̀бваш / изгу̀бя, изгу̀биш ㉯ 잃어버리다

изключѝтелен, -лна, -лно, -лни ㉳ 예외적인, 유례없는, 특별한

изключѝтелно ㉴ 오로지, 예외적으로, 특별히

изку̀ство ㉮ 예술

излѝзам, излѝзаш / изля̀за, излѐзеш ㉯ 나다, 나오다, 나가다

изложѐние ㉮ 방향, 전시회, 박람회

измѝвам, измѝваш / измѝя, измѝеш ㉯ 다 씻어 주다, ~을/를 다 씻다

измѝвам се, измѝваш се / измѝя се, измѝеш се ㉯ 자기자신을 다 씻다

изморѐн, -а, -о, -и ㉱ 피곤한

изморя̀вам, изморя̀ваш /изморя̀, изморѝш ㉯ 지치게 하다, 피곤하게 하다

изморя̀вам се, изморя̀ваш се /изморя̀ се, изморѝш се ㉯ 지치다, 피곤해지다

ѝзпит ㉮ 시험

изпра̀щам, изпра̀щаш / изпра̀тя, изпра̀тиш ㉯ 보내다

изпъ̀ржвам, изпъ̀ржваш / изпъ̀ржа, изпъ̀ржеш ㉯ 바싹 튀기다

ѝзток ㉮ 동쪽

ѝзточен, -чна, -чно, -чни ㉳ 동쪽의

изя̀ждам, изя̀ждаш / изя̀м, изядѐш ㉯ 다 먹다

ико̀на ㉮ 이콘화, 성상화

иконо̀мика ㉮ 경제, 경제학

икономѝчески, -ка, -ко, ки ㉳ 경제의

илѝ ㉵ 혹은, 또는

ѝма ㊐ (~이) 있다

ѝмам ㊐ 가지고 있다

ѝмам нѝжда от ㊐ ~필요하다

ѝме ㊔ 이름

имо̀т ㊔ 재산, (땅, 집 등) 소유물

импѐрия ㊔ 제국

индустриа̀лен, -лна, -лно, -лни ㊒ 산업의

инженѐр ㊔ 엔지니어, 기술자

интензѝвен, -вна, -вно, -вни ㊒ 집중적인, 빡빡한

интервю̀ ㊔ 인터뷰

интерѐсен, -сна, -сно, -сни ㊒ 재미있는

ѝнтернет ㊔ 인터넷

ѝскам да ~하기를 원하다, ~하고 싶다/싶어 하다

ѝскам, ѝскаш ㊐ 원하다

кабинѐт ㊔ 사무실, 연구실

кавърма̀ ㊔ 카브르마 (불가리아 요리 종류)

ка̀звам, ка̀зваш / ка̀жа, ка̀жеш ㊐ 말하다

ка̀звам се, ка̀зваш се ㊐ 이름은 ~입니다.

кайма̀ ㊔ 간 고기

кайсѝев, -а, -о, -и ㊒ 살구의

кайсѝя ㊔ 살구

как ㊇ 어떻게

Как си? – Добрѐ! 어떻게 지내니? – 잘 지내!

Как сте? – Добрѐ! 어떻게 지내나요? – 잘 지냅니다!

каква̀ ба̀ничка 어떤 바니짜

какво̀ ㊇ 무엇

Какво обѝчате? 무엇을 좋아하나요?

какъ̀в, каква̀, какво̀, каквѝ ㊇ 무슨, 어떤

Какъв е по наро̀дност? (그/그녀는) 국적이 무엇입니까?

Какъв е по профѐсия? 직업이 무엇입니까?

камио̀н ㊔ 트럭

ка̀ня, ка̀ниш ㊐ 초대하다, 권하다

капучѝно ㊔ 카푸치노

ка̀рам, ка̀раш ㊐ 운전하다

ка̀рта ㊔ 지도

картѝна ㊔ 그림

карто̀ф ㊔ 감자

катѐря се, катѐриш се ㊐ 오르다, 등반하다

като̀ ㊅/㊈ ~처럼 / ~하는 동안에, ~할 때

кафѐ ㊔ 커피

кафенѐ = кафѐ ㊔ 카페

кафя̀в, -а, -о, -и ㊒ 갈색의

кашкава̀л ㊔ 치즈

квартàл ㊔ 지역, 동네

кеба̀пче ㊔ 케밥체 (불가리아 요리 종류)

кѝви ㊔ 키위

кило̀ ㊔ 킬로

килогра̀м ㊔ 킬로그램

кѝмчи ㊔ 김치

кѝно ㊔ 영화관

кѝсел, -а, -о, -и ㊒ 신맛의

кѝсели кра̀ставички 오이 피클

клас ㊔ 학년

кла̀сна стая̀ 교실

клиѐнт ㊔ 고객

клѝмат ㊔ 기후

климатѝк ⓜ 에어컨

ключ ⓜ 열쇠

кнѝга ⓜ 책

книжа̀рница ⓜ 서점

кога̀ ⓘ 언제

кой, коя̀, коѐ, кои̇̀ ⓘ 누구, 어느, 어떤, 무슨

ко̀ка-ко̀ла 코카콜라

кола̀ ⓜ 자동차

колѐга ⓜ 동료

Ко̀леда ⓜ 크리스마스

колѐт ⓜ 소포

ко̀лко ⓘ 얼마나(양)

Ко̀лко стру̀ва? 얼마입니까?

комѐдия ⓜ 코미디

комента̀р ⓜ 논평, 코멘트

компю̀тър ⓜ 컴퓨터

ко̀нсул ⓜ 영사

конферѐнтен телфо̀нен ра̀зговор 전화 회의

корѐец ⓜ 한국인

коридо̀р ⓜ 복도

ко̀тка ⓜ 고양이

красѝв, -а, -о, -и ⓗ 아름다운

кра̀ставица ⓜ 오이

кра̀ставичка ⓜ 오이 작은 것

крѝя, крѝеш ⓓ 숨기다

кру̀ша ⓜ 배

култу̀ра ⓜ 문화

купо̀н ⓜ 파티

купу̀вам, купу̀ваш / ку̀пя, ку̀пиш ⓓ 사다

ку̀фар ⓜ 여행 가방, 캐리어

ку̀че ⓜ 개

към ⓙ ~를 향해

къпѝна ⓜ 블랙베리

къс, къ̀са, къ̀со, къ̀си ⓗ 짧은

къ̀сен, -сна, -сно, -сни ⓗ 늦은

къ̀сно ⓑ 늦게

къ̀со еспрѐсо 에스프레소 숏 사이즈

къ̀ща ⓜ 집

кюфтѐ ⓜ 미트볼

ла̀мпа ⓜ 전등

ла̀птоп ⓜ 노트북

лев ⓜ 레프(불가리아 지폐 단위)

легло̀ ⓜ 침대

лежа̀, лежѝш ⓓ 누워 있다

Лѐка нощ! (자기 전에 하는 인사) 잘 자! 안녕히 주무세요!

лѐкар ⓜ 의사

лѐкарка ⓜ 여의사

лѐкция ⓜ 강의

лѐля ⓜ 고모, 이모, 숙모, (나이가 더 많은) 아주머니

лѐсен, -сна, -сно, -сни ⓗ 쉬운

лѐсно ⓑ 쉽게

летѝще ⓜ 공항

летя̀, летѝш ⓓ 날다

ли ⓢ 의문사 없는 의문문을 만들 때 쓰임

лимо̀н ⓜ 레몬

лимона̀да ⓜ 레모네이드

лицѐ ⓜ 얼굴

лук ⓜ 양파

лъжа, лъжеш ⓓ 거짓말하다, 속이다

лъжѝца ⓜ 숟가락

любѐзен, -зна, -зно, -зни ⓗ 친절한,

상냥한, 호의적인

любѝм, -а, -о, -и 형 사랑하는, 소중한, 매우 좋아하는

лют, -а, -о, -и 형 매운

лягам си, лягаш си 동 잠자러 가다 (# лягам 눕다)

маврỳд 명 마브루드 (포도의 한 종류)

магазѝн 명 가게, 상점

мàзен, -зна, -зно, -зни 형 기름진

май 명 5월

мàйка 명 어머니, 엄마

макарòни 명복 마카로니 (파스타)

мàкколи 명 막걸리

малѝна 명 라즈베리

мàлко 부 조금, 약간

мàлък, -лка, -лко, -лки 형 작은, 어린

мàма 명 엄마

манастѝр 명 수도원

мандарѝна 명 귤

мàркер 명 보드 마카

март 명 3월

мàса 명 식탁, 테이블

мàсичка 명 작은 탁자

математѝка 명 수학

математѝчески, -ска, -ско, -ски 형 수학의

мèбел 명 가구

мед 명 꿀

междунарòден, -дна, -дно, -дни 형 국제적인

мèниджър 명 매니저

мèсец 명 달, 월

месò 명 고기

метà, метèш 동 쓸다

метрò 명 지하철

механà 명 술집, 선술집

ми 대 나의 (인칭대명사 1인칭 단수 аз의 여격)

мѝвка 명 세면대 씽크대

мил, -а, -о, -и 형 귀여운, 사랑스러운

минàвам, минàваш / мѝна, мѝнеш 동 지나가다

минерàлна водà 물(미네랄 워터)

минѝстър 명 장관

минувàч 명 행인

мѝсия 명 미션

мѝсля, мѝслиш 동 생각하다

мѝшка 명 마우스, 쥐

мѝя, мѝеш 동 씻어 주다, ~을/를 씻다

мѝя се, мѝеш се 동 자기자신을 씻다

млякo 명 우유

млян, мляна, мляно, млèни 분 간, 다진

мляно месò 갈아져 있는 고기

мнòго добрè 아주 잘

мнòго 부 많이, 정말, 아주

мòга, мòжеш 동 할 수 있다

мòе 대 (중성 단수형) 나의

мòже (да) 동 (허락)

мòже би 아마, 어쩌면

мол 명 몰(mall), 쇼핑몰, 쇼핑센터

молѝв 명 연필

мòля 동 부탁하다, 부디

момèнт 명 순간, 때, 시기

момѝче 명 소녀

момчè 명 소년, 청년

mòрков ⓜ 당근
мост ⓜ 다리
мрàчен, -чна, -чно, -чни ⓗ 어두운
музèй ⓜ 박물관
мỳзика ⓜ 음악
музикàлен, -лна, -лно, -лни ⓗ 음악(의)
мусакà ⓜ 무사카 (불가리아 요리 종류)
мъж ⓜ (ⓑ мъжè) 남자
мълчà, мълчѝш ⓓ 침묵하다
мя̀сто ⓜ (ⓑ местà) 장소
на ⓙ ~의, ~에/~ 위에 (on)
на гòсти 손님으로
на диèта съм 다이어트 중이다
На кòлко годѝни си? 몇 살이니?
На кòлко годѝни сте? 연세가 어떻게 되시나요?/너희들 몇 살이니?
на открѝто 야외의, 개방된
на ръцè 손에 들고
наближàвам, наближàваш / наближà, наближѝш ⓓ 가까이 가다
наблѝзо ⓑ 가까이
над ⓙ ~ 위쪽에 (above)
надя̀вам се, надя̀ваш се ⓓ 희망하다
наèмам, наèмаш / наèма, наèмеш ⓓ 빌리다, 렌트하다
наѝстина ⓑ 정말로
налѝвна бѝра 생맥주
намерèние ⓜ 의도, 의지
намѝрам, намѝраш / намèря, намèриш ⓓ 찾나, 발견하다
намѝрам се, намѝраш се ⓓ ~에 위치해 있다
наòколо ⓑ 주위에, 근방에
напѝсвам, напѝсваш /напѝша, напѝшеш ⓓ (완전히) 다 쓰다, 적다
напослèдък ⓑ 요즘, 최근에, 근래에
напрàвям, напрàвяш / напрàвя, напрàвиш ⓓ 만들다, 하다
напрѝмер ⓑ 이를테면, 예컨대
нарòден, -дна, -дно, -дни ⓗ 국민의
Нарòдно събрàние 국회
нарòдност ⓜ 국적
наря̀звам, наря̀зваш / нарèжа, нарèжеш ⓓ 자르다
населèние ⓜ 인구, 주민, 거주자
научàвам, научàваш / наỳча, наỳчиш ⓓ 잘 배우다, 다 익히다, 암기하다
Национàлен прàзник 국경일
национàлен, -на, -но, -ни ⓗ 국가의, 국가적인
национàлност = нарòдност ⓜ 국적
нàше ⓓ (중성 단수형) 우리의
НДК ⓜ 문화궁전 (NDK) (Национàлен дворèц на културата)
не ⓢ 아니요/아니 (부정 대답)
небè ⓜ 하늘
недèля ⓜ 일요일
непрекъснато ⓑ 계속해서, 연속적으로
нèщо ⓜ 무엇인가, 어떤 것
нèщо за пѝене 뭐 마실 것
нèщо за я̀дене 뭐 먹을 것
низинà ⓜ 평원, 들핀
нѝкога (не) ⓑ 아무 때도 ~ 않는다

нѝсък, -ска, -ско, -ски 형 낮은, 키가 작은

нѝщо 명 없음, 존재하지 않는 것, 아무것(도 없다)

но 접 하지만, 그런데

нов, -а, -о, -и 형 새로운

Нòва годѝна 새해, 신년, 신정

новинà 명 소식

ноèмври 명 11월

нож 명 (복 ножòве) 칼, 나이프

нòмер 명 번호, 숫자

нòся, нòсиш 동 입고 다니다, 들고 다니다

нѐкой, нѐкоя, нѐкое, нѐкои 대 (부정(否定)대명사) 어떤 (사람), 무언가

нѐма 동 (~이) 없다

Нѐма защò! 천만에요!

нѐмам 동 가지고 있지 않다

обàждам се на, обàждаш се на / обàдя се на, обàдиш се на 동 ~에게 전화하다

òбед 명 점심

òбеден, -дна, -дно, -дни 형 점심의

òбедна почѝвка 점심 휴식, 점심시간

обикàлям, обикàляш 동 돌아다니다

обикновèно 부 대개, 보통, 일반적으로

обитàван, -а, -о, -и 분 ~에 사는, 거주하는

обѝчам, обѝчаш 동 사랑하다, 좋아하다

обѝчам да ~하기를 좋아하다

обѝчам да четà 읽기를 좋아하다

òблак 명 (복 òблаци) 구름

òбласт 명 주, 구역

òблачен, -чна, -чно, -чни 형 구름의, 구름 낀

облèчен, -а, -о, -и 분 (옷) 입은

облѝчам, облѝчаш / облекà, облечèш 동 옷을 입히다, ~을/를 입다

облѝчам се, облѝчаш се / облекà се, облечèш се 동 옷 입다, 자기자신을 입히다

образèц 명 (복 образцѝ) 모형, 견본, 표본

обỳвам, обỳваш / обỳя, обỳеш 동 신발을 신다

обỳвка 명 구두

обѐд 명 점심 식사

обѐдвам, обѐдваш 동 점심 식사하다

обяснѐвам, обяснѐваш / обяснѐ, обяснѝш 동 설명하다

òглед 명 구경, 살펴봄

огледàло 명 거울

одеòн 명 오데온, 고대 그리스식 극장이나 음악당

òколо 부 근처에

òколо 전 근처에, 둘레에

октòмври 명 10월

òнзи 대 저

онова 대 저것은 (저 사람은)

òпера 명 오페라

òперен, -рна, -рно, -рни 형 오페라(의)

опѝтвам се, опѝтваш се 동 시도하다, 한번 해 보다

опознàвам, опознàваш / опознàя, опознàеш 동 잘 알다, 익숙하게 되다

орàнжев, -а, -о, -и 형 주황색의

организѝрам, организѝраш 동 조직화하다

организѝрам се, организѝраш се 동 조직화되다

òрех ⓜ 호두

освèн товà 이것을 제외하고는

Османска империя 오스만 제국

оставам, оставаш / остàна, остàнеш ⓓ 남기다

остàнка ⓜ 유물, 유품, 잔존물, 잔해

от ⓙ ~에서부터 (장소, 시간)

от къщи 집에서, 집으로부터

от мене 나보다, 나로부터

от три дèна 3일 전부터

отвàрям, отвàряш / отвòря, отвòриш ⓓ 열다

Отдàвна не сме се вѝждали. 오랜만이다. (오래전부터 우리는 서로 보지 않았구나)

отѝвам, отѝваш / отѝда, отѝдеш ⓓ 가다

откòлкото ⓑ ~보다, ~할 바에는

откъдè ⓘ 어디에서부터

отлѝчен, -чна, -чно, -чни ⓗ 완벽한, 훌륭한

òтпуска ⓜ 휴가

оттỳк ⓑ 여기에서부터

òфис ⓜ 사무실, 오피스

официàлен, -лна, -лно, -лни ⓗ 공식적인, 정장의

очилà ⓜ 안경 (항상 복수형)

òще ⓑ 아직

пàдам, пàдаш / пàдна, пàднеш ⓓ 떨어지다

пазàр ⓜ 시장

пàзя, пàзиш ⓓ ~을/를 지키다, 보호하다

пàзя се, пàзиш се ⓓ 자기자신을 지키다, 보호하다

пàзя тишинà 조용히 하다

палачѝнка ⓜ 팬케이크, 크레페

панаѝр ⓜ 박람회

панѝран, -а, -о, -и ⓑ 튀김 옷을 입힌 (밀가루 반죽이나 달걀 물을 입혀 튀김 옷을 만들어서 튀기는)

панталòн ⓜ 바지

парѝ ⓜ 돈

парк ⓜ 공원

пàркинг ⓜ 주차, 파킹

пàрно ⓜ 중앙난방

патладжàн ⓜ 가지

певèц ⓜ 가수

певѝца ⓜ 여가수

пèене ⓜ 노래하기, 노래 부르기

пекà, печèш ⓓ 굽다

перà, перèш ⓓ 세탁하다, 빨래하다

пèсен ⓜ (ⓑ пèсни) 노래

пèтък ⓜ 금요일

пешà ⓑ 걸어서

пещерà ⓜ 동굴

пиàно ⓜ 피아노

пѝене ⓜ 마시는 것, 음료수

пиèса ⓜ 희곡

пѝле ⓜ 닭고기

пѝлешки, -ка, -ко, -ки ⓗ 닭고기의

пѝлешки хàпки 닭고기 조각

пилòт ⓜ 파일럿

писмò ⓜ 편시

пѝтам, пѝташ / попѝтам, попѝташ ⓓ

묻다

пѝша, пѝшеш ⓢ 쓰다

пѝя, пѝеш ⓢ 마시다

планинà ⓜ 산

планѝрам, планѝраш ⓢ 계획하다

плàча, плàчеш ⓢ 울다

плàщам, плàщаш ⓢ 지불하다

Плòвдив ⓜ 플로브디프 (불가리아의 도시)

плод ⓜ (ⓑ плодовè) 과일

плодорòден, -дна, -дно, -дни ⓗ 비옥한

плỳвам, плỳваш ⓢ 수영하다

плỳване ⓜ 수영

по вся̀ко врѐме 항상, 아무 때나

по прѝнцип 원칙적으로

пòвече от ~보다 더 많이

под ⓙ ~ 아래에

подàрък ⓜ 선물

подаря̀вам, подаря̀ваш / подаря̀, подарѝш ⓢ 선물하다

подгòтвям се, подгòтвяш се / подгòтвя се, подгòтвиш се ⓢ (자신을) 준비하다, 예비하다, 대비하다

подходя̀щ, -а, -о, -и ⓗ 적절한

поѐзия ⓜ 시

познàвам, познàваш ⓢ 잘 알다, ~와 아는 사이다

покàзвам, покàзваш / покàжа, покàжеш ⓢ 보여주다

покàна ⓜ 초대, 초대장

покàнвам, покàнваш / покàня, покàниш ⓢ 초대하다, 부르다

полà ⓜ 스커트, 치마

политѝка ⓜ 정치

политѝчески, -ка, -ко, -ки ⓗ 정치적인, 정치의

полицàй ⓜ 경찰

полѝция ⓜ 경찰서

получàвам, получàваш / полỳча, полỳчиш ⓢ 받다

поля̀на ⓜ 풀밭, 공터

помàгам, помàгаш / помòгна, помòгнеш ⓢ 돕다

по-мàлък, по-мàлка, по-мàлко, по-мàлки (형용사 비교급) 더 어린, 더 작은, 더 조금

понѐ ⓑ 적어도, 최소한

понедѐлник ⓜ 월요일

поня̀кога ⓑ 종종, 때때로, 가끔

поп ⓜ 신부, 성직자

популя̀рен, -рна, -рно, -рни ⓗ 인기 있는

портмонѐ ⓜ 지갑

портокàл ⓜ 오렌지

пòрция ⓜ 부분, 1인분, 몫

поръ̀чвам, поръ̀чваш / поръ̀чам, поръ̀чаш ⓢ 주문하다

поръ̀чвам, поръ̀чваш ⓢ 주문하다

посещàвам, посещàваш / посетя̀, посетѝш ⓢ 방문하다

послàник ⓜ 대사, 사절

пòсле ⓑ 후에, 나중에, 그리고 나서

постанòвка ⓜ 연극, 작품

почѝвам, почѝваш ⓢ 쉬다

почѝвен, -вна, -вно, -вни ⓗ 쉬는, 휴식의

почѝвен ден 쉬는 날, 휴일
почѝвка 명 휴식, 휴가
почтѝ 부 거의
пòща 명 우체국
прàвя, прàвиш 동 하다, 만들다
праз 명 대파, 리크
прàскова 명 복숭아
прах 명 가루, 세제
превèждам, превèждаш 동 번역하다, 통역하다
преводàч 명 번역가
преводàчка 명 여성 번역가
пред 전 ~앞에
предàване 명 전달, 송신
предварѝтелно 부 사전에, 예비의
предѝ да ~하기 전에
предиòбед 명/부 오전, 점심 전, 오전에
предмèт 명 1. 사물, 물체 2. 과목
предпочѝтам да пѝя 마시는 것을 선호하다
предпочѝтам, предпочѝташ / предпочетà, предпочетèш 동 선호하다
през сèдмицата 주중에
през уѝкенда 주말에
през 전 (기간으로 표현되는 시간) ~에, 동안에
президèнт 명 대통령
прекрàсен, -сна, -сно, -сни 형 근사한, 멋진
прекъ̀свам, прекъ̀сваш / прекъ̀сна, прекъ̀снеш 동 끊다, 중단하다
преоблѝчам, преоблѝчаш / преоблекà, преоблечèш 동 ~을/를 갈아입다, 갈아입히다, 다시 옷을 입다
преоблѝчам се, преоблѝчаш се / преоблекà се, преоблечèш се 동 자기자신의 옷을 갈아입다
преподавàтел 명 선생님, 교사
преподавàтелка 명 여선생님, 여교사
препоръ̀чвам, препоръ̀чваш / препоръ̀чам, препоръ̀чаш 동 추천하다
прèсен лук 쪽파
прèсен, пря̀сна, пря̀сно, прèсни 형 신선한
пресèчка 명 골목
пресѝчам, пресѝчаш / пресекà, пресечèш 동 건너다
прибѝрам се, прибѝраш се / приберà се, приберèш се 동 (집에) 돌아가다
прѝбор 명 커트러리
привлекàтелен, -лна, -лно, -лни 형 마음을 끄는, 매혹적인
пригòтвям, пригòтвяш / пригòтвя, пригòтвиш 동 준비하다, 챙기다
придвѝжвам се, придвѝжваш се / придвѝжа се, придвѝжиш се 동 움직이다, 이동하다
прѝем 명 파티, 행사
приèмам, приèмаш / приèма, приèмеш 동 받아들이다, 수용하다, 접견하다
прѝказка 명 이야기, 농화
прилѝчам, прилѝчаш (на) 동 닮다,

비슷하다
приятел ⓜ 친구
приятелка ⓜ 여자 친구
Приятен ден! 좋은 하루!
Приятна почѝвка! 좋은 휴일! 즐거운 휴식 보내세요!
провѐждам, провѐждаш / проведà, проведѐш ⓓ 열다, 개최하다
провѐждам се, провѐждаш се / проведà се, проведѐш се ⓓ 열리다, 개최되다
провѝнция ⓜ 지방, 시골
прогнòза ⓜ 일기 예보
прогрàма „Хоризòнт" 프로그램 '호리존트'
продàвам, продàваш / продàм, продадѐш ⓓ 팔다
продавàч ⓜ 판매인
продавàчка ⓜ 여성 판매인
проèкт ⓜ 프로젝트
прозòрец ⓜ 창문
промѝшлен, -а, -о, -и ⓗ 산업의
простѝрам се, простѝраш се ⓓ 펼쳐지다, 퍼지다
профѐсия ⓜ 직업
профѐсор ⓜ 교수
процъфтя̀ващ, -а, -о, -и ⓑ 번창한, 융성한
пу̀скам, пу̀скаш / пу̀сна, пу̀снеш ⓓ 놓아주다, (기계) 움직이게 하다
пу̀ша, пу̀шиш ⓓ (담배를) 피우다
пълнен, -а, -о, -и ⓑ 꽉 채운, 가득 찬
пълнена чу̀шка, пълнени чу̀шки 속을 채운 피망
първи, -а, -о, -и ⓢ 첫 번째의
пържа, пържиш ⓓ 튀기다
пържен, -а, -о, -и ⓑ 튀긴
пържени картòфи 튀긴 감자
пъстърва ⓜ 송어
път ⓜ (ⓑ **пъти**) ~번(회)
път ⓜ (ⓑ **пътища**) 길
рàбота ⓜ 일, 근무
рабòтя, рабòтиш ⓓ 일하다, 작동하다
радиостàнция ⓜ 라디오 방송국
разбѝрам се с, разбѝраш се с ~와 잘 어울리다
разбѝрам, разбѝраш / разберà, разберѐш ⓓ 이해하다
развѝвам, развѝваш / развѝя, развѝеш ⓓ 발전하다, 발전시키다
развѝвам се, развѝваш се / развѝя се, развѝеш се ⓓ 발전되다
развѝт, -а, -о, -и ⓑ 발전된, 발전한
разглѐждам, разглѐждаш / разглѐдам, разглѐдаш ⓓ 구경하다, 두루 살펴보다
разговàрям, разговàряш ⓓ 대화하다
разговàрям на английски (езѝк) 영어로 대화하다
рàзговор ⓜ 대화
рàзлика ⓜ 차이
различен, -чна, -чно, -чни ⓗ 다양한, 여러 종류의
разрешѐн, -а, -о, -и ⓑ 허가된, 용인된
разхòдка ⓜ 산책
разхòждам се, разхòждаш се /

разхòдя се, разхòдиш се ⓢ
산책하다
ракѝя 명 라키야 (불가리아 술의 일종)
рàнен, -нна, -нно, -нни 형 이른
рàно 부 일찍
растà, растѐш 동 자라다, 크다
растѐние 명 식물
региòн 명 지역, 지방
ред 명 순서, 열
редактѝрам, редактѝраш 동 편집하다
редòвно 부 정기적으로, 규칙적으로
рѐжа, рѐжеш 동 자르다 베다, 절단하다
режисьòр 명 영화감독
рекà 명 강
рекà Дỳнав 명 다뉴브강
рѐпичка 명 무
рѐсто 명 잔돈
ресторàнт 명 식당, 레스토랑
рѐчник 명 사전
решàвам, решàваш / решà, решѝш 동
결정하다, 마음먹다, (문제 등) 해결하다
рѝза 명 셔츠
рѝмлянин 명 (복 рѝмляни) 로마인
рѝмски, -ка, -ко, -ки 형 로마의
родѐн, -а, -о, -и 분 태어난
родѝтел 명 부모
Родòпи, Родòпите 명 로도피산맥
рождѐн ден 생일
ròза 명 장미
рòкля 명 원피스 드레스
ромàн 명 장편 소설
романтѝчен, -чна, -чно, -чни 형
로맨틱한, 낭만적인
Румъ̀ния 명 루마니아
ръкàв 명 소매, 옷자락
ръмѝ 동 보슬비가 오다 (3인칭 단수형만 쓰인다)
ря̀дко 부 드물게, 가끔
ря̀па 명 (복 рѐпи) 순무
с 전 ~와 함께
сакò 명 자켓
саксѝя 명 화분
салàта 명 샐러드
сàмо부사 오직, 단지
сàндвич 명 샌드위치
сармà 명 사르마 (불가리아 요리)
сваря̀вам, сваря̀ваш / сваря̀, сварѝш
동 끓이다, 삶다
свѐтъл, -тла, -тло, -тли 형 밝은, 환한
свѝнски шишчета 돼지고기 꼬치
свѝнски, -а, -о, -и 형 돼지의
свѝнско (месò) 형/명 돼지고기의, 돼지고기
(형태는 형용사이지만, 명사으로 사용)
свобòден, -дна, -дно, -дни 형 자유로운,
제한이 없는, 한가한, 여분의, 비어 있는
свъ̀ршвам, свъ̀ршваш 동 끝나다
свят 명 (복 световѐ) 세계
сгòтвям, сгòтвяш / сгòтвя, сгòтвиш 동
(음식) 만들다, 요리하다
сгрàда 명 건물, 빌딩
сѐвер 명 북쪽
сѐверен, -рна, -рно, -рни 형 북쪽의
Сѐверна Македòния 명 북마케도니아
сегà 부 지금, 현재
сѐдем лѐва и трѝдесет и пет

стотѝнки 7레바 35스토틴키

сѐдмица 명 주(週)

седя̀, седѝш 동 앉다

сѐлски, -ка, -ко, -ки 형 시골의

сѐлско стопа̀нство 농업

семѐйство 명 가족

септѐмври 명 9월

сервитьо̀р 명 웨이터

сервитьо̀рка 명 웨이트리스

сериа̀л 명 시리즈

сестра̀ 명 자매 (여동생, 누나, 언니)

Сеу̀л 명 서울

сив, сѝва, сѝво, сѝви 형 회색의

сиенѝт 명 섬장암(閃長岩)

син 명 아들

син, сѝня, сѝньо, сѝни 형 파란색의

сѝрене 명 시레네 (불가리아 전통 치즈의 일종)

ска̀ра 명 그릴

ско̀рост 명 속도

скрѝвам, скрѝваш / скрѝя, скрѝеш 동 숨기다

ску̀чен, -чна, чно, -чни 형 지루한

скъп, -а, -о, -и 형 값이 비싼, 소중한

сладолѐд 명 아이스크림

сла̀дък, сла̀дка, сла̀дко, сла̀дки 형 달콤한

след 전 후에, 뒤에

след това̀ 그 뒤에

слѐдвам, слѐдваш 동 전공하다

слѐдващ, -а, -о, -и 형 다음의

следо̀бед 명/부 오후, 오후에

слѝва 명 서양 자두

служѝтелка 명 여직원

служѝтел 명 직원

слу̀чай 명 경우, 계기

слу̀шам, слу̀шаш 동 듣다

слъ̀нчев, -а, -о, -и 형 태양의, 햇볕이 가득한

смета̀на 명 크림

снѝмам, снѝмаш 동 (사진 등) 찍다

снѝмка 명 사진

сно̀щи 부 어젯밤에, 어제저녁에

сняг 명 (복 снеговѐ) 눈

со̀джу 명 소주

сок 명 주스

сол 명 소금

солѐн, -а, -о, -и 형 짠

Софѝйски университѐт 소피아 대학교

Софѝйски университѐт „Светѝ Клѝмент О̀хридски" 소피아 대학교 '성 클리멘트 오흐리드스키'

Со̀фия 명 소피아 (불가리아의 수도)

спа хотѐл 스파 호텔

специа̀лен, -лна, -лно, -лни 형 특별한

спѐшен, -шна, -шно, -шни 형 긴급한, 다급한, 촉박한

спѝрка 명 정류장

списа̀ние 명 잡지

спортѝст 명 운동선수

спортѝстка 명 여성 운동선수

спя, спиш 동 자다

срѐща 명 만남

срѐщам се с, срѐщаш се с / срѐщна се с, срѐщнеш се с 동 (약속하여) 만나다

срѐщам, срѐщаш / срѐщна, срѐщнеш

동 (우연히) 만나다
срещу̀ 전 ~ 맞은편에
сря̀да 명 수요일
ста̀вам, ста̀ваш / ста̀на, ста̀неш 동 일어서다, 되다
стадио̀н 명 경기장, 스타디움
стаж 명 인턴십
стажа̀нт 명 인턴
ста̀нция на метро̀то 지하철역
ста̀нция 명 역
стар, -а, -о, -и 형 낡은, 늙은, 오래된
ста̀я 명 방
сте 동 ~이다(съм 동사의 2인칭 단수/복수형)
стена̀ 명 벽
стенопѝс 명 벽화, 프레스코
стѝгам, стѝгаш / стѝгна, стѝгнеш 동 도달하다
стол 명 의자
сто̀лица 명 수도
стопа̀нски, -ка, -ко, -ки 형 경제의, 경영의
стопа̀нство 명 경제체제
стотѝнка 명 스토틴카(불가리아 동전 단위)
стоя̀, стоѝш 동 서다
страна̀ 명 나라, 국가
страхо̀тен, -тна, -тно, -тни 형 무시무시한, 대단한, 엄청난
страхо̀тно 부 굉장하게, (구어) 정말 좋다
стра̀шен, -шна, -шно, -шни 형 무서운, 대단한
стра̀шно 부 무섭게, 엄청나게
строя̀, строѝш 동 짓다
стру̀вам, стру̀ваш 동 값을 하다
студѐн, -а, -о, -и 형 차가운
студѐнт 명 (남)학생
студѐнтка 명 여학생
стъ̀лби 명 계단(복수형)
су̀па то̀пчета 미트볼 수프
су̀па 명 수프
су̀трин 명/부 아침, 아침에
счетоводѝтел 명 회계사
счетоводѝтелка 명 (여) 회계사
събѝрам, събѝраш / събера̀, съберѐш 동 모으다, 모이게 하다
събѝрам се, събѝраш се / събера̀ се, съберѐш се 동 모이다
съблѝчам, съблѝчаш / съблека̀, съблечѐ 동 옷을 벗기다, ~을/를 벗다
съблѝчам се, съблѝчаш се / съблека̀ се, съблечѐш се 동 옷 벗다, 자기자신의 옷을 벗다
съ̀бота 명 토요일
събра̀ние 명 회의, 미팅, 모임
съвсѐм 부 완전히
съжаля̀вам, съжаля̀ваш 동 유감이다, 미안하다
съм 동 ~이다(1인칭 단수형)
съпру̀г 명 (복 съпру̀зи) 남편
съпру̀га 명 아내
Сърбия 명 세르비아
със 전 ~과 함께 (= с, 'с', 'з' 나로 시작하는 단어 앞에 쓰임)
състеза̀ние 명 경기
състоя̀ се, състоѝш се (от) 동 ~로 구성되어 있다

също 부 ~도, 역시
сядам, сядаш / седна, седнеш 동 앉다
таблѐт 명 태블릿 컴퓨터
така̀ 부 이렇게, 그리하여
такъ̀в, така̀ва, тако̀ва, такѝва 대 이러한, 그러한, 저러한
там 부 거기, 저기
танцу̀вам 동 춤추다
та̀тко 명 (복 та̀тковци) 아빠 (자기 아버지를 부르는 호칭으로 사용)
творчески, -а, -о, -и 형 창조적인, 독창적인
твъ̀рде 부 상당히, 꽤, 아주
теа̀тър 명 극장
тѐжест 명 무게, 역기
телевизио̀нен, -нна, -нно, -нни 형 텔레비전의
телевѝзия 명 티비 프로그램
телевѝзор 명 TV
тѐниска 명 티셔츠
тепѐ = хълм 명 언덕
терито̀рия 명 영토
тѐсен, тя̀сна, тя̀сно, тѐсни 형 좁은
тетра̀дка 명 노트
технѝчески, -ка, -ко, -ки 형 기술적인
тѝква 명 호박
тѝквичка 명 호박 작은 것, 애호박
тѝчам, тѝчаш 동 달리다
тишина̀ 명 침묵, 무언
това̀ 대 이것은 (이 사람은)
то̀кпоки 명 떡볶이
то̀лкова 대/부 그만큼
то̀пка 명 공
то̀пло 부 따뜻하게
то̀пче 동 작고 둥근 것, 미트볼
то̀пъл, -пла, -пло, -пли 형 따뜻한
то̀рта 명 케이크
то̀чно 부 정확하게
то̀чно така̀ 정확히 그러하다
традицио̀нен, -нна, -нно, -нни 형 전통적인
тракѝец 명 (복 тра̀ки) 트라키아인
трамва̀й 명 트램
трениро̀вка 명 트레이닝, 운동
три 수 삼, 셋
три дѐна 3일
трѝлър 명 스릴러
триста̀ен, -а̀йна, -а̀йно, -а̀йни 형 세 개의 방의
тролѐй 명 트롤리버스
тру̀ден, -дна, -дно, -дни 형 어려운
тру̀дно 부 어렵게
тръ̀гвам си, тръ̀гваш си / тръ̀гна си, тръ̀гнеш си 동 (집으로) 출발하다
тръ̀гвам, тръ̀гваш / тръ̀гна, тръ̀гнеш 동 출발하다
тря̀бва (да) ~해야 하다
тук 부 여기
турѝст 명 여행객
Ту̀рция 명 터키
търго̀вски, -ка, -ко, -ки 형 상업의
у 전 ~곁에, 가까이, (+사람) ~의 소유의
угова̀рям се, угова̀ряш се/догово̀ря се, угово̀риш се 동 약속하다
у̀дрям, у̀дряш / уда̀ря, уда̀риш 동

때리다, 치다

ỳжас (명) 공포

уикѐнд (명) 주말

ỳлица (명) 거리

умѐрен, -а, -о, -и (형) 중용의, 온화한

уморѐн, -а, -о, -и (분) 피곤한

университѐт (명) 대학교

Университѐт Хàнкук 한국 대학교

унифòрма (명) 유니폼

урагàн (명) 허리케인

урагàнен, -нна, -нно, -нни (형) 허리케인의

успѐх (명) 성공

успѐшен, -шна, -шно, -шни (형) 성공적인

успѐшно (부) 성공적으로, 훌륭하게

успя̀вам, успя̀ваш / успѐя, успѐеш (동) 성공하다

ỳтре (부) 내일

ỳча, ỳчиш (동) 공부하다

учàствам, учàстваш (동) 참여하다

учàстник (명) 참여자

учѐбник (명) 교과서

учѐбник по български езѝк 불가리아어 교과서

училище (명) ((복) учѝлища) 학교

учѝтел (명) 선생, 스승, 교사

учѝтелка (명) 여선생, 여교사

фàбрика (명) 공장

февруàри (명) 2월

фен (명) 팬

фестивàл (명) 축제

физѝк (명) ((복) физѝци) 물리학자

фѝзика (명) 물리학

филѝя (명) 빵 한 조각

филм (명) ((복) фѝлми) 영화

филм на ỳжасите 공포 영화

фѝрма (명) 회사

фѝтнес (명) 피트니스, 헬스장

фѝтнес зàла 피트니스, 헬스장

фѝтнес инструктор 트레이너

флàшка (명) USB

фòрум (명) 광장, 포룸

фризьòр (명) 미용사

фризьòрка (명) 여성 미용사

фỳдкорт (명) 푸드 코트

фỳтбол (명) 축구

футболѝст (명) 축구 선수

хàйде да ~하자

хàмбургер (명) 햄버거

хàпка (명) 한입(의 양)에 먹을 수 있는 음식

харѐсвам, харѐсваш / харѐсам, харѐсаш (동) 좋아하다

химикàлка (명) 펜

хѝмия (명) 화학

хлàден, -дна, -дно, -дни (형) 차가운

хладѝлник (명) 냉장고

хлàдно (부) 차갑게

хòдя, хòдиш (동) 가다, 다니다

хòдя (отѝвам) за рѝба 낚시 다니다 (가다)

хòдя (отѝвам) на английски език 영어 수업에 나가다 (가다)

хòдя (отѝвам) на йòга 요가 하러 다니다 (가다)

хòдя (отѝвам) на кѝно 영화 보러 가다

хòдя (отѝвам) на концѐрт 콘서트에

가다

хòдя (отѝвам) на теàтър 연극 보러 가다

хòдя (отѝвам) на тèнис 테니스 치러 다니다 (가다)

хòдя (отѝвам) на фѝтнес 피트니스에 다니다 (가다)

хòдя на екскỳрзия 가벼운 여행을 가다

хòра 명 사람들 (човек의 복수형)

хоризòнт 명 지평선

хорò 명 호로 (불가리아 전통춤)

хотèл 명 호텔

храм 명 사원, 성당

храм „Светѝ Алексàндър Нèвски" '성 알렉산드르 넵스키' 사원

хỳбав, -а, -о, -и 형 좋은, 잘생긴, 예쁜, 멋진

хълм 명 언덕

цàрство 명 왕국

цвеклò 명 비트

цвят 명 (복 цветовè) 색깔

цèнтър 명 센터, 시내

цивилизàция 명 문명, 개화

цигàра 명 담비 한 개비

цѝтрусов плод (복 цѝтрусови плодовè) 감귤류 과일

цъ̀рква 명 교회

цъ̀рква „Светà Сòфия" '성 소피아' 교회

цъфтя̀, цъфтѝш 동 꽃이 피다, 번창하다

цял, ця̀ла, ця̀ло, цèли 형 전체적인, 완전한

чадъ̀р 명 우산

чай 명 차

чàкам, чàкаш 동 기다리다

Чàо! 헤어질 때 하는 (비공식적) 인사

час 명 시간, 시, 수업

чàсова рàзлика 시차

часъ̀т, часà 시 (관사 형태)

чàша 명 컵

че 접 종속절을 이끄는 접

червèн, -а, -о, -и 형 빨간색의

червèно вѝно 레드 와인

червѝло 명 립스틱

чèрен чай 홍차

чèрен, -рна, -рно, -рни 형 검정색의

черèша 명 체리

Чèрно морè 명 흑해

чèрпя, чèрпиш 동 대접하다

чèсто 부 자주

чèсън 명 마늘

четà, четèш 동 읽다

четвъ̀ртък 명 목요일

четирѝма 4인

четиристàен, -àйна, -àйно, -àйни 형 네 개의 방의

числò 명 숫자

чѝстя, чѝстиш 동 깨끗이 하다, 청소하다

чифт 명 한 쌍, 한 벌

чѝчо 명 (복 чѝчовци) 숙부/백부/삼촌/(나이가 더 많은) 아저씨

човèк 명 (복 хòра) 사람

чорàп 명 양말

чорбà 명 수프

чỳвам, чỳваш / чỳя, чỳеш 동 듣다

чудèсен, -сна, -сно, -сни 형 기적적인, 멋진

Чудѐсно! 아주 좋다!

чужд, -а, -о, -и 형 외국의, 타인의, 낯선

чу̀шка 명 고추, 피망

шал 명 목도리, 스카프

ша̀лче 명 작은 스카프

ша̀пка 명 모자

шега̀ 명 농담

шеф 명 (회사나 조직의) 장, 사장

ши̇̀шче 명 꼬치

шкаф 명 캐비닛, 장

шкембѐ 명 위 (내장 기관), 복부

шо̀пски, -ка, -ко, -ки 형 숍스카의

шкембѐ чорба̀ 쉬켐베 초르바 (불가리아 요리 종류)

шо̀пска сала̀та 숍스카 샐러드

шофѝрам, шофѝраш 동 운전하다, 몰다

шофьо̀р 명 운전수, 기사

шу̀нка 명 햄

ъ̀гъл 명 (복 ъглѝ) 모서리, 귀퉁이

юг 명 남쪽

ю̀жен, -жна, -жно, -жни 형 남쪽의

ю̀ли 명 7월

ю̀ни 명 6월

я 대 тя의 목적격

я̀бълка 명 사과

явя̀вам се, явя̀ваш се / явя̀ се, явѝш се 동 나타나다 явявам се на изпит / на интервю

я̀года 명 딸기

я̀дене 명 먹는 것, 음식

яйцѐ 명 (복 яйца̀) 달걀

ям, ядѐш 동 먹다

януа̀ри 명 1월

я̀сен, -сна, -сно, -сни 형 맑은, 선명한, 또렷한

나의 첫! 불가리아어

초판 인쇄	2020년 8월 25일
초판 발행	2020년 9월 1일

지은이	채유정, Lyudmila Atanasova, Spas Rangelov
발행인	김인철
총괄 · 기획	윤성우 Director, University Knowledge Press
편집장	신선호 Executive Knowledge Contents Creator
전자책 · 사전	장혜린 Contents Creator
도서편집	이근영 Contents Creator
디자인	우승민 Designer
재무관리	하누리 Managing Creator
발행처	한국외국어대학교 지식출판콘텐츠원 02450 서울특별시 동대문구 이문로 107 전화 02)2173-2493~7 팩스 02)2173-3363 홈페이지 http://press.hufs.ac.kr 전자우편 press@hufs.ac.kr 출판등록 제6-6호(1969. 4. 30)
디자인 · 편집	(주)이환디앤비 02)2254-4301
인쇄 · 제본	(주)케이프린텍 053)313-3673

ISBN 979-11-5901-773-5 93790 정가 33,500원

*잘못된 책은 교환하여 드립니다.

HUINE은 한국외국어대학교 지식출판콘텐츠원의 어학도서, 사회과학도서, 지역학 도서 Sub Brand이다. 한국외대의 영문명인 HUFS, 현명한 국제전문가 양성(International +Intelligent)의 의미를 담고 있으며, 휴인(携引)의 뜻인 '이끌다, 끌고 나가다'라는 의미처럼 출판계를 이끄는 리더로서, 혁신의 이미지를 담고 있다.